Kalila
et Dimna

Kalila
et Dimna
Fables indiennes de Bidpaï

Choisies et racontées par Ramsay Wood

Préface de Doris Lessing

Traduction de Lucette Dausque
Illustrations de Margaret Kilrenny

Albin Michel

Ouvrage publié sous la direction
de Jean Mouttapa

« ... Je dirai par reconnaissance que je dois la plus grande partie [de mes fables] à Pilpay, sage indien. Son livre a été traduit en toutes les langues. Les gens du pays le croient fort ancien, et original à l'égard d'Ésope ; si ce n'est Ésope lui-même... »

Jean de La Fontaine
Avertissement du second recueil
des *Fables*, 1678

Préface

On a dit de ce livre qu'il a vu plus de pays que la Bible, en ce qu'il a au cours des siècles été traduit partout, de l'Éthiopie à la Chine. Mais on peut sans trop s'avancer affirmer qu'en Occident rares sont ceux qui de nos jours en ont entendu parler, alors que la grande majorité d'entre nous connaît à tout le moins l'existence des *Upanishad* ou des *Veda*. Or, jusqu'à des temps relativement récents, c'était tout le contraire. Quiconque prétendait posséder une certaine culture littéraire savait que *Kalila et Dimna* ou les *Fables de Bidpaï* – titres les plus couramment utilisés – était un grand classique oriental. Pendant la seule période comprise entre 1788 et 1888, l'ouvrage a fait l'objet d'au moins une vingtaine de traductions différentes en langue anglaise. Ces simples faits en disent long sur le sort des livres, qui n'est pas moins aventureux et imprévisible que celui des individus et des peuples.

Aussi passionnante que son contenu, l'histoire de ce livre fournirait à elle seule la matière de tout un volume.

Parue au seizième siècle, la première traduction en anglais de *Kalila et Dimna* est l'œuvre de sir Thomas

North, auteur également d'une traduction de Plutarque d'où Shakespeare tira sa connaissance du monde romain. Sa version de Plutarque connut une immense popularité ; il en alla de même de sa version des *Fables de Bidpaï*. Dans son introduction à la réédition de la traduction de North, au dix-neuvième siècle, Joseph Jacobs, de Cambridge (les Juifs jouèrent un rôle de premier plan dans l'histoire et l'adaptation de l'ouvrage), conclut ainsi : « Je prévois, si je poursuis encore, qu'une sorte de dialogue mental s'établira entre mon lecteur et moi : "Quoi ! s'exclamera-t-il, serait-ce là, écrit dans un anglais savoureux, avec des dialogues pleins de verve et une sorte d'intrigue, le premier lien littéraire entre l'Inde et l'Angleterre, entre le bouddhisme et le christianisme ! Allons, vous essayez sans doute de nous faire croire que vous avez redécouvert un classique anglais ! – C'est exactement ça", serai-je contraint de répondre et même, de crainte de me laisser tenter par une telle témérité, je vais m'arrêter ici. »

Ce qu'il fit, non sans d'ailleurs avoir écrit auparavant un nombre considérable de pages. Ramsay Wood m'a remis, afin de m'aider dans la présente tâche, une énorme pile de documents contenant de nombreuses versions des *Fables de Bidpaï* – dont quelques-unes rares et précieuses –, et j'ai tout de suite été frappée par l'extrême longueur des introductions : il est clair que leurs auteurs ont été, plus que séduits, ensorcelés par l'histoire de ce livre. Je n'ai pas échappé à ce phénomène. L'une des raisons en est que cette histoire dure depuis au moins deux mille ans. Cela dit, il est difficile de savoir où exactement elle a commencé – ce qui ne manque pas d'à-propos pour un récit qui a pour caractéristique d'enchâsser des contes à l'intérieur d'autres contes et de brouiller les frontières entre les faits historiques et la fiction.

Parmi les ancêtres de l'œuvre figure le cycle des vies antérieures du Bouddha (ou contes de Jâkata), où il apparaît sous la forme d'un singe, d'un cerf, d'un lion ou autres. Plusieurs des *Fables de Bidpaï* viennent en effet de ce cycle. On peut d'ailleurs en voir des scènes représentées dans des sculptures aux abords de sanctuaires bouddhistes qui remontent à plus de 200 avant J.-C. Le Bouddha lui-même emprunta quelques-unes de ses vies antérieures à des contes populaires qui mettaient en scène des animaux. Mais il n'est pas, depuis les Égyptiens – ou depuis des temps plus reculés encore, car il n'est plus question pour nous de penser que, dans son état actuel, notre connaissance de l'histoire ancienne soit exhaustive ou définitive –, de race ou de nation dont le patrimoine d'œuvres à visée éducative ne comporte de fables animalières. Si bien que le genre est aussi vieux que l'humanité même. D'après sir Richard Burton, qui, comme tous les orientalistes du dix-neuvième siècle, s'est intéressé aux *Fables de Bidpaï*, l'existence d'une littérature animalière serait, en quelque sorte, un hommage rendu à la connaissance instinctive qui nous est restée du fait que nous sommes sortis du règne animal, sur deux jambes certes, mais toujours armés de crocs et de griffes.

Autre source : cet ouvrage extraordinaire qu'est l'*Arthashâstra* de Kautilya, lequel remonterait aux environs de 300 avant J.-C. Il n'est pas facile de se le procurer, et c'est bien dommage, car à une époque où nous sommes tous, jusqu'au dernier citoyen, immergés dans la sociologie, obsédés par la bonne gouvernance, ce livre devrait se voir reconnu non pas tant comme le premier manuel sur la question, mais du moins comme le plus ancien que nous connaissions. Il décrit avec un luxe de détails d'une précision quasi maniaque comment gérer correctement les affaires d'un royaume. Cela va du type de marchandises que l'on doit trouver sur les marchés jusqu'au choix des conseillers du prince. On y apprend comment procéder pour fonder un nouveau village, et où l'implanter ; il y est question des conditions dans lesquelles il convient d'employer les artisans qui fabriquent les monnaies d'or et d'argent, des conflits entre voisins sur les limites de propriété, de la tenue d'une comptabilité, du système juridique, du recours aux espions. Tout y est. Et pour nous, quel alliage d'humanité et de brutalité ! Il était interdit, par exemple, de coucher avec une femme contre sa volonté, même s'il s'agissait d'une prostituée, mais on y trouve aussi des instructions détaillées concernant l'emploi de la torture comme châtiment. Kautilya avait la tête froide, c'est le moins que l'on puisse dire. Comment ne pas penser que ce livre a influencé Machiavel lorsqu'il écrivait *Le Prince* ? Sinon, c'est que les deux ouvrages ont pris naissance dans les mêmes régions de l'expérience humaine. Direct, simple, infiniment prosaïque, le ton est on ne peut plus éloigné du discours politique tel que nous le connaissons. Rien dans l'*Arthashâstra* ne vient voiler la dureté des choix nécessaires. L'ouvrage n'était nullement le premier de ces guides pratiques à l'usage des gouvernants, puisque Kautilya lui-même dit qu'il s'agit d'un condensé de « presque tous les *Arthashâstra* composés par les vieux maîtres en vue de l'acquisition de terres et de leur administration ». En d'autres termes, ce livre pour nous si ancien était pour lui le dernier en date d'une longue lignée de traités remontant à l'Antiquité. Tout au long de l'ouvrage, il cite tel et tel auteur, allant parfois jusqu'à dix, voire plus, puis à la fin il ajoute : « Mon maître dit... », mais il ne se montre généralement d'accord avec personne, pas même avec ledit maître. « Non, dit Kautilya... » ou « Il n'en est pas ainsi, dit Kautilya... », conclut-il, corrigeant tout et tout un chacun, de sorte que le livre donne l'impression d'être d'un jeune homme qui refuse de se laisser impressionner par la tradition – un peu comme ces étudiants qui, dans les années 1960, apportaient leurs propres livres aux cours et insistaient pour choisir leur propre programme.

Le cycle dit des *Fables de Bidpaï* a vu le jour de la manière suivante... mais choisissons une version qui, cas typique, tente d'asseoir la fiction sur des faits. Alexandre le Grand, après avoir conquis l'Inde, plaça les vaincus sous l'autorité d'un gouverneur injuste et détesté, mais ceux-ci parvinrent à renverser le tyran et choisirent leur propre souverain, le roi Dabschelim, qui, malheureusement, ne se révéla pas meilleur que son prédécesseur. Un homme sage et incorruptible du nom de Bidpaï, sachant qu'il y risquait sa vie, alla trouver le mauvais roi pour lui faire savoir que le ciel était courroucé contre lui à cause de ses déprédations, de ses cruautés et de son refus d'assurer comme c'était son devoir le bien-être du peuple qui lui était confié. Comme il fallait s'y attendre, le roi fit jeter Bidpaï dans le plus profond et le plus répugnant cul-de-basse-fosse ; mais radouci par le trouble que son propre comportement avait occasionné dans l'âme du souverain, le ciel l'amena à revenir sur sa décision... Puis le récit suit son cours selon la loi du genre. Ce type de littérature n'existe pas en Occident, sauf là où elle s'y est introduite du fait d'influences venues d'Orient : chez Boccace et Chaucer, par exemple. Ce mode narratif, ce type de construction, est censé illustrer la façon dont les choses s'enchaînent dans la vie, souvent de manière inattendue, ainsi que l'impossibilité d'enfermer les idées et les événements, ou les espoirs et les possibilités, dans des compartiments étanches et de déterminer avec certitude où une chose commence et où elle finit. Comme le prouve l'histoire contée dans ce livre. Lorsque l'histoire « cadre » s'interrompt provisoirement et qu'un groupe de contes s'y intercale, on voit, avant qu'elle ne reprenne son cours, s'éclairer tour à tour différentes facettes de la situation principale. Il peut même y avoir plusieurs histoires « cadres », si bien que nous sommes doucement conduits d'univers en univers, comme à travers des miroirs qui, sous la poussée, se révèlent être des portes qui s'ouvrent soudain.

Mais citons une autre version de l'origine de notre livre : Il était une fois un roi bon et honnête qui avait trois fils bêtes et paresseux. Les plus grands pédagogues multiplièrent les suggestions en vue de leur instruction, mais le roi était au désespoir, car il savait que pour leur faire acquérir les bases indispensables, il faudrait des années et que ce serait la ruine du royaume. Enfin, vint un sage qui dit pouvoir inculquer à ses fils les principes de l'art de gouverner et de se bien conduire au moyen de fables, ce qui nécessiterait très peu de temps, si les princes voulaient bien leur prêter attention. C'est ainsi que l'ouvrage finit par être connu sous le nom de *Miroir des princes*, et l'on raconte qu'on le donnait aux fils de monarques pour les préparer à leurs futures fonctions.

L'original sanskrit a disparu, mais des versions ultérieures furent retraduites en sanskrit à partir d'autres langues et l'Inde a produit autant de versions de ces contes « qu'il y a d'étoiles dans le ciel ». En Perse, l'ancien Roi des Rois Chosroês Anûshîrvân, ayant entendu parler de l'ouvrage, envoya des ambassades afin de s'en procurer le texte, et celui-ci fut traduit dans l'ancienne langue pehlvie, événement d'une portée qui parut tellement extraordinaire que Ferdowsi le célébra dans le *Shahnameh* (*Le Livre des Rois*). Les péripéties de ces contes ont été illustrées à l'infini, dans le présent livre et dans maints autres, si bien que quiconque s'intéresse un tant soit peu à l'art persan n'a pu manquer de les rencontrer, sous forme de miniatures ou sous d'autres formes. Mais cela ne se limite pas à l'art persan. J'ai sous les yeux une carte postale représentant une tortue que deux oies transportent dans les airs attachée à un bâton – les amies qui ne voulaient pas se séparer. Cette reproduction vient d'un manuscrit turc. Ce manuscrit ancien se trouve au British Museum, qui en possède bien d'autres, si précieux qu'il n'est permis de les contempler qu'à travers des vitres – comme les bijoux, auxquels ils ressemblent.

Lorsque, après la mort de Mahomet, les Arabes eurent conquis le vieux monde, leurs poètes et savants affluèrent en Inde, à la recherche de ce fameux livre dont ils avaient tant entendu parler. Comment ils parvinrent à leurs fins et comment, de leur côté, les ambassadeurs persans en trouvèrent un exemplaire, l'histoire est passionnante, pleine de suspense, de mystère et de péripéties dramatiques, à tel point que l'on en vient à soupçonner les conteurs de l'époque d'avoir voulu, en faisant assaut d'invention, célébrer à leur manière ce déjà célèbre ouvrage : certains firent de cette recherche une véritable « quête » et du livre un trésor caché. La traduction arabe la plus réputée est celle d'un zoroastrien converti à l'islam. Nous en devons une autre sans doute à un vénérable savant juif. En ces temps relativement mouvants, les érudits pouvaient plus aisément qu'aujourd'hui s'apprécier mutuellement et ignorer les frontières dans leurs travaux. Il y avait alors des religions, il n'y avait pas de nations – c'est un fait dont on a du mal à mesurer l'importance, lorsque l'on considère la manière dont les choses se passaient dans ce temps-là. Par exemple, lire la biographie de Mahomet par Ibn Ishaq, l'équivalent musulman du Nouveau Testament, d'où les nations et les nationalismes sont absents et où l'on fait référence aux hommes et aux femmes en tant que musulmans, juifs, chrétiens ou zoroastriens, où il n'est question ni d'Arabes ni de Juifs, au sens où nous l'entendons aujourd'hui, cette distinction étant propre à l'époque moderne –, lire ce livre ne va pas sans difficulté de nos jours pour les Occidentaux, car nous voyons tout en termes de nations et de nationalismes. Cela paraît si étrange que l'esprit se grippe à chaque instant, nous obligeant à interrompre puis à reprendre la lecture.

On s'est demandé quel pouvait être « l'ingrédient secret » de ce livre de *Bidpaï*, l'ingrédient grâce auquel cet « océan de contes » a pu être absorbé sans résistance et aimé aussi bien des bouddhistes que des zoroastriens, des chrétiens, des musulmans ou des juifs. L'une des réponses possibles est que, dans toutes ces traditions, contes et paraboles sont considérés comme destinés à instruire et à illustrer des idées, mais aussi, et tout autant, à divertir. L'Europe médiévale s'est précipitée sur l'ouvrage pour le traduire, car on le connaissait de réputation et l'on voulait y accéder pour apprendre à mieux vivre. Mais ces mots n'ont plus le même sens pour nous aujourd'hui.

Parmi les versions anciennes les plus célèbres et les plus marquantes, figure l'*Anwar-i-Suhaili* ou *Les Lumières de Canope*. Il y avait eu d'autres versions persanes antérieurement, mais elles passaient pour inadéquates, et même élitistes. Un émir, ou général, du nom de Suhaili (de Canope) invita donc un certain Al-Kashifi à en composer une nouvelle version. Que Canope ait été utilisé comme nom, voilà qui ne paraît pas sans intérêt dans une culture et à une époque où il arrivait souvent que l'on choisît les noms pour désigner des qualités, qu'elles fussent réelles ou qu'on désirât les acquérir. Ils faisaient pour ainsi dire fonction de signaux. *Les Lumières de Canope* font partie d'une série de classiques persans d'origine ou d'inspiration soufie, tous écrits vers la même époque. Cet ouvrage ressemble quant au climat et à la forme au *Jardin de roses* de Saadi. Il utilise en effet les *Fables de Bidpaï* comme cadre ou, si l'on veut, comme une sorte de « treillis » sur lequel viennent s'accrocher contes, anecdotes, réminiscences, informations scientifiques et poèmes divers. Il vaut la peine de souligner que ce grand classique, aujourd'hui considéré avec une révérence et une gravité proprement consternantes, était un livre populaire fait pour divertir tout autant que pour instruire. Mais qui donc était ce général ou ce gouverneur dont le nom, associé au livre, en vint, à la mode de ce temps et de ces contrées-là, à désigner tout à la fois un lieu, un homme et une tradition, et qui fut capable de susciter la création, à partir des vieux contes de Bidpaï, d'un nouveau classique soufi ? Et qui était cet Al-Kashifi, dont le nom signifie « ce qui est manifesté » ou « montré » ou « démontré » ?

Canope, l'étoile, est intimement mêlée à la mythologie des temps anciens et lorsqu'on la retrouve dans tel ou tel pays, on la voit se confondre avec d'autres noms, lieux, personnages. Pour illustrer la loi remarquable connue de tous les chercheurs, mais non encore formulée par la science – laquelle veut que dès que l'on s'intéresse à un sujet, des livres précédemment inconnus et insoupçonnés surgissent soudain de partout –, alors que je m'interrogeais sur Canope et sur ce que ce nom pouvait bien vouloir dire dans ce contexte, si toutefois il voulait dire quelque chose, je tombai sur un ouvrage paru en 1909, *Astronomical Curiosities*, dont l'une des principales sources d'information était Al-Soufi, un astronome du dixième siècle. Ce dernier parle beaucoup de Canope, qui appartient à la constellation Argo. Associée à l'arche de Noé, Argo représente aussi le premier navire jamais construit, la nef qui prit la mer en Thessalie sur l'ordre de Minerve et de Neptune pour conduire Jason à la conquête de la Toison d'or, expédition que l'on situe généralement vers 1400-1300 avant J.-C. Quant à Canope, l'actuelle Aboukir, en Égypte, elle devait, paraît-il, son nom à Canobus, le pilote de Ménélas, qui y avait trouvé la mort, « piqué par un serpent ». C'est également Canobus qui, selon certaines traditions, aurait donné son nom à l'étoile adorée par les anciens Égyptiens... mais Canope, c'est aussi le dieu Osiris, et elle occupe une position particulièrement remarquable et sans cesse changeante par rapport à Isis, qui se trouve être l'étoile Sirius... Et voilà comment on se laisse entraîner sur des chemins de traverse d'où l'on sort avec peine, mais aussi avec l'esprit débordant d'histoires que l'on ne peut s'empêcher de conter à son tour, rejoignant ainsi la cohorte des préfaciers trop prolixes, que l'honnêteté m'interdit désormais de condamner.

L'*Iliade* et l'*Odyssée* rejoignent les *Fables de Bidpaï* par une autre voie : au onzième siècle, en effet, un Grec du nom de Simeon Seth les traduisit en y introduisant toutes sortes d'éléments extraits de ces deux épopées – autre exemple, s'il en était encore besoin, de la manière dont ce genre de texte s'adapte à de nouveaux contextes et à de nouvelles époques. Que ce soit en hébreu, en turc, en latin, en russe, en malais ou en polonais – en fait, dans la quasi-totalité des langues auxquelles on peut penser –, ce récit a fait preuve d'une infinie capacité d'acclimatation. Inutile de chercher à y repérer des influences particulières : comme toujours, lorsqu'une œuvre est dotée d'un grand pouvoir de pénétration, elle finit par être totalement absorbée et transformée par les cultures d'accueil. On retrouve les fables de Bidpaï dans le folklore des pays d'Europe tout autant, ou presque, qu'en Orient. Certaines ont été adaptées par La Fontaine. Beaumont et Fletcher ont, pense-t-on, puisé l'idée de *Women Pleased* dans « Le derviche et le voleur ». Et les fables d'Ésope, telles que nous les connaissons, leur doivent elles aussi quelque chose.

C'est dans le respect de ce précédent, vieux de plus de deux mille ans, que Ramsay Wood a réuni, adapté et aménagé ces anciens contes en fonction des besoins contemporains. Sa version est actuelle, vivante, roborative, pleine de verve. Elle est aussi très divertissante. Je défie quiconque en entame la lecture de s'interrompre avant la fin : car Ramsay Wood a su faire du plaisir qu'il a lui-même trouvé dans la confection de ce livre un plaisir pour le lecteur.

Je noterai encore ceci de réjouissant. L'original comporte cinq sections : Comment perdre ses amis, Comment se faire des amis, Guerre et paix, Comment perdre ce que l'on a acquis, Les bienfaits de l'impatience. Le présent volume ne contient que les contes relatifs aux amis, c'est-à-dire les deux premières sections, habilement organisées en un tout qui se suffit à lui-même. Nous pouvons donc nous attendre à voir un jour paraître le reste – c'est ce que j'espère.

Doris Lessing

Kalila et Dimna

LE ROI DABSCHELIM

Il était une fois un roi jeune et puissant du nom de Dabschelim, qui régnait sur l'Inde. Comme il avait des insomnies, il entreprit, pour se distraire, de s'adonner à l'astronomie. Il fit donc construire à côté de la Chambre Royale un observatoire doté d'une ouverture sur le ciel et des mécanismes les plus perfectionnés que les savants pussent inventer. Il y avait là un astrolabe de laiton magnifiquement ouvragé, rehaussé de ravissantes incrustations d'argent, dont l'alidade pivotante était piquée çà et là de repères faits de rubis ou de diamants minuscules ; il y avait de lourdes règles et des rapporteurs du plus épais ivoire, des compas dorés, les meilleures cartes du ciel dessinées sur le plus beau parchemin, roulées et rangées dans des étuis d'ébène délicatement sculptés à la main, une sidérante sphère armillaire, une clepsydre et bien d'autres instruments mystérieux. Le roi Dabschelim consacrait ses nuits de veille à l'étude des astres. Captivé par la silencieuse musique des sphères, il passait des heures à observer la position des étoiles et des planètes, relevant la hauteur et l'azimut des différents corps célestes, se livrant à des calculs de trigonométrie sphérique et reportant soigneusement à l'encre ces mesures sur ses cartes personnelles. Ou, parfois, si l'humeur l'en prenait, il restait simplement assis dans son fauteuil préféré à contempler la Lune.

À un moment donné, généralement aux petites heures du jour, quelle que fût son activité, il était pris de bâillements, se mettait à loucher et commençait à dodeliner du chef, sur quoi ses serviteurs accouraient, l'empoignaient fermement sous les aisselles et le conduisaient dans la Chambre Royale. On le dévêtait prestement et on le mettait au lit auprès de l'Épouse de la Nuit qui, à cette heure, était d'ordinaire profondément endormie.

Une nuit, Dabschelim eut la chance de voir une extraordinaire étoile filante. Elle apparut, éclatante, à proximité du zénith, tomba en dessinant dans l'obscurité une lumineuse traînée d'étincelles et s'éteignit avec un tremblement à quelque distance de l'horizon. C'était une vision si saisissante que même l'un des serviteurs du roi, un garçon agréable bien qu'un peu rustaud, ne put retenir une exclamation.

En ce temps-là, l'astronomie et l'astrologie étaient comme sœurs siamoises. Il était tout simplement hors de question qu'un homme qui s'intéressait aux étoiles et au mouvement des planètes ne s'acharnât point du même coup à prédire l'avenir. Mais le roi Dabschelim n'était pas un passionné d'astrologie. Oh, bien sûr, il écoutait ce que les devins chenus racontaient sur les maisons du Zodiaque, les signes ascendants et la manière dont les dieux parlent aux humains des événements à venir en faisant varier la position et l'aspect des planètes. Et il était suffisamment prudent pour paraître prêter attention aux astrologues de sa cour et au chœur de leurs prédictions : il les laissait toujours établir leurs petites cartes pour déterminer les dates favorables avant d'entreprendre quoi que ce soit et il écoutait les conseils qu'ils lui donnaient concernant sa vie privée. Mais il n'y croyait pas vraiment. Non, il trouvait l'astrologie... enfin, ce n'était pas exactement des bobards, mais à vrai dire, elle lui paraissait manquer par trop de rigueur, de précision ; il y avait toujours tant de manières possibles d'interpréter les phénomènes que lui-même pouvait observer dans le ciel nocturne...

De toute façon, Dabschelim ne se souciait pas particulièrement de l'avenir. Après tout, il était roi et pouvait agir à peu près à sa guise. C'est à peine en fait s'il songeait jamais à l'avenir. Il aimait vivre dans l'instant, sans se demander ce qui pourrait ou non advenir plus tard. Quand ses astrologues lui annonçaient quelque chose qui n'était pas de son goût, c'est simple, il n'en tenait pas compte et allait de l'avant comme si de rien n'était. C'était lui le roi, voyez-vous, et il pouvait leur faire couper la tête si ça lui chantait. C'est pourquoi, dans l'ensemble, les barbons se gardaient de trop insister s'il négligeait leurs conseils.

Et pourtant, le jour où il vit cette étoile filante, Dabschelim, tout roi qu'il était, eut un frisson d'appréhension. Le spectacle était si frappant que même lui pensa qu'il devait s'agir d'un signe. Mais signe de quoi ? Il délaissa le rapporteur doré qu'il tenait à la main, s'assit dans son fauteuil préféré et s'absorba dans la contemplation de la Lune. Au début, très excité, il examina attentivement les curieuses irrégularités que présente sa surface. Tout lui paraissait si mystérieux, si compliqué, si étrange. Puis, peu à peu, l'humeur apaisée, il s'abandonna à la rêverie, se demandant vaguement quel pouvait bien être le sens de ce vaste Univers, tandis que, de là-haut, la Lune le fixait de son œil rond.

« Pourquoi, songeait-il, pourquoi moi, Dabschelim, pourquoi ai-je vu cette étoile filante cette nuit ? Qu'est-ce que cela veut dire ? Si cela veut dire quelque chose... » Il bâilla, sa tête s'alourdit et le sommeil le prit.

En un clin d'œil, ses serviteurs furent auprès de lui et le mirent debout. Les pieds de Dabschelim traînaient sur le sol de marbre de l'observatoire, tandis qu'ils le conduisaient dans la Chambre Royale. Il se sentait lourd, très lourd.

« Inouï, absolument inouï », se répétait-il à mi-voix.

Doucement, on le mit au lit, à côté de l'une de ses plus exquises épouses, une ravissante beauté brune à la longue chevelure, dont le regard, souligné par la plus habile application de khôl, brillait dans l'obscurité de la pièce. Oui, elle se tenait grand éveillée pour recevoir son roi et elle l'enlaça tendrement. Dabschelim sombra dans le plus profond sommeil et fit un rêve.

C'était un rêve étrangement fort. Dabschelim était dans son observatoire, assis à une table et réfléchissait à quelque configuration stellaire, quand un inconnu vint interrompre sa méditation. L'homme, qui portait une robe d'un vert immaculé, s'approcha rapidement, sans aucune des manifestations habituelles de déférence et de respect. On aurait dit qu'une lumière émanait de son visage et de son vêtement, et il marchait avec une suprême assurance. Instinctivement, Dabschelim se tassa sur son siège, craignant l'espace d'un terrible instant la botte d'un assassin. Mais le personnage s'arrêta net et prit la parole :

« Ne craignez point, ô Roi ! Je viens pour vous féliciter, non pour vous faire du mal. L'application avec laquelle vous étudiez notre ciel insondable est à ce jour le seul trait louable de votre règne et, à ce titre, elle mérite d'être encouragée. C'est pourquoi, depuis la source de toute récompense, je suis venu vous récompenser, si toutefois vous voulez bien concentrer votre attention sur les indices que je vais vous donner. »

Dabschelim était saisi de stupeur, incapable d'articuler une parole, respirant à peine. À part son père, qui l'avait précédé sur le trône, personne ou à peu près n'avait jamais osé s'adresser à lui d'une manière aussi directe. Il s'aperçut que ses doigts s'étaient crispés sur les accoudoirs de son fauteuil. L'homme en vert recula d'un pas, croisa les bras et poursuivit d'une voix pleine et sonore :

« Pensez à vous souvenir du météore que vous avez vu ce soir, dit-il d'un ton ferme. Par leur immensité, les cieux font entrevoir même aux rois les bornes de leur intelligence. Vous avez eu bien raison de suspendre vos activités pour vous interroger, Dabschelim, car il est des choses que vous ne saurez jamais. Cette étoile filante, c'est vous, ô Roi – un simple atome dans l'espace d'un instant... Ô Magnifique et Puissant Souverain, disparaîtrez-vous vous aussi dans l'obscurité sans laisser la moindre trace ? »

L'apparition se tut et se caressa lentement la barbe en considérant Dabschelim avec l'ombre d'un sourire. Puis elle se pencha vers lui, s'appuyant des coudes sur la table, le visage posé sur les mains. Dabschelim sentit soudain la fraîcheur du souffle de l'homme en vert sur ses joues et il se raidit, mais très vite il se détendit et reprit sa respiration. Tout proches qu'ils étaient, les yeux qui le fouillaient avaient quelque chose de mystérieusement apaisant.

« Je viens vous aviser d'un trésor plus riche que tout ce dont vous pouvez rêver, poursuivit doucement la voix. Partez dès l'aube pour les montagnes du nord-est en direction de Zindawar et allez chercher ce trésor avant qu'il soit trop tard. Si vous en êtes digne, vous le trouverez et vous apprendrez comment être vraiment riche, et non plus ce roi indigent et ignorant que vous êtes en réalité – un roi aveuglé par les plaisirs du pouvoir et appelé à disparaître bientôt sans profit pour personne. Allons maintenant – vous dans votre monde et moi dans le mien. » L'homme en vert se redressa et s'en alla, tout simplement, comme il était venu.

Plus tard, Dabschelim devait garder de ce moment l'impression d'être resté affalé dans son fauteuil, ni triste ni heureux, mais envahi par un sentiment tout ensemble d'espérance et de totale impuissance.

Le lendemain matin, il se réveilla frais et dispos dès avant le lever du soleil et se prépara immédiatement pour le voyage recommandé dans son rêve. Celui-ci lui était encore si présent que partout où il portait son regard il voyait, comme dans un miroir, le visage de l'homme en vert et son regard intense fixé sur lui.

« Votre Majesté n'a eu que quelques heures de sommeil et a sûrement besoin de se reposer encore, lui dit son épouse depuis les profondeurs du lit royal.

– Je me sens parfaitement bien, répondit le roi avec un sourire. Pourquoi ne dors-tu pas encore un peu, ma beauté ? » Ce qu'elle fit.

Dabschelim distribua des ordres partout dans le palais et, quand vint l'aube, il était parvenu à réveiller quelques courtisans, une paire de ministres somnolents et une poignée de cavaliers pour un voyage imprévu. Ils partirent vers le nord-est et chevauchèrent toute la journée et la plus grande partie du jour suivant, remontant la vallée balayée par les crues du puissant Indus. Ils passèrent la deuxième nuit à Chaudwan et le lendemain matin ils grimpèrent le long d'un affluent qui dévalait de la montagne en bouillonnant, jusqu'au moment où ils découvrirent Zindawar niché là-haut parmi les collines.

Les monts qui dressaient leurs faces de géants jusque dans les nuages derrière la ville bâillaient par la gueule noire d'innombrables cavernes. Comme la petite troupe poursuivait son chemin, Dabschelim avisa un homme assis, seul, à l'entrée d'une grotte non loin de laquelle ils passaient. Estimant qu'il pouvait commencer ses recherches aussi bien là que n'importe où ailleurs, il guida son cheval hors du sentier et s'approcha de lui. À l'instant même, comme s'il connaissait les désirs du roi, l'ermite se leva d'un bond et s'avança à grands pas résolus.

Une brusque vague d'espoir submergea Dabschelim quand il vit avec quel empressement le Vénérable venait le saluer. Le roi mit pied à terre, tendit les rênes à un serviteur et alla au-devant de l'ermite.

« Sire ! Sire ! s'écria celui-ci, tandis que par bonds il franchissait les derniers rochers qui les séparaient, c'est une grande joie pour moi de voir s'approcher votre turban orné de bijoux, ouioui – une grande joie ! Le roi le plus puissant de l'Orient s'approche du misérable logis du plus humble de ses sujets, hihi ! » Il s'interrompit pour reprendre son souffle, adressant à Dabschelim un sourire plus radieux qu'on ne saurait dire, un sourire si contagieux qu'il était impossible de ne pas y répondre. Cette manifestation de plaisir de la part du roi redoubla l'allégresse du vieil homme qui, sa longue barbe mal soignée se balançant follement de tous côtés, se mit à gambader et à sauter, d'abord sur un pied, puis sur l'autre, tournoyant en petits cercles béats.

« Ouioui, psalmodiait-il tout en dansant, ainsi le veut la coutume. Les grands rois viennent visiter les pauvres, c'est vrai. Ouioui ! Les grands rois deviennent encore plus grands, ouioui. Cela les grandit encore. Louanges ! Louanges aux Puissances Invisibles qui gouvernent les affaires des hommes ! Je savais que c'était mon jour de chance, je le savais ! »

Un ministre au port imposant apparut au côté de Sa Majesté et lui murmura quelque chose à l'oreille : peut-être Sa Majesté devrait-elle se retirer à une distance plus raisonnable, vu le danger potentiel résultant pour Sa Personne du comportement imprévisible de cet individu, et autres propos du même tabac... Dabschelim ne daigna même pas tourner la tête, mais se contenta de réduire au silence cette voix de la sagesse d'une imperceptible ondulation du plus minuscule des doigts de sa main droite. Le ministre recula de quelques pas, mais demeura dans le voisinage pour le cas où il y aurait urgence.

« Venez, venez, ô Roi... Venez me rendre visite, appelait l'ermite de sa voix chantonnante en sautillant de-ci de-là et en invitant du geste Dabschelim à avancer. Vous vivez dans un palais, moi je vis dans une grotte, haha ! Je vous en prie, venez, ô Roi, acceptez mon hospitalité !

– C'est bon, répondit Dabschelim d'une voix ferme et de manière à ce que chacun entendît, je viens. »

Il se retourna et, d'un froncement de sourcil, fit entendre à sa suite qu'il souhaitait qu'on restât où l'on était et que l'on s'abstînt d'intervenir. L'imposant ministre leva les yeux et la paume des mains au ciel, s'affaissa un instant dans une attitude de résignation devant le Tout-Puissant et revint vers ses collègues avec force hochements de tête accablés.

C'est ainsi que le roi Dabschelim, vêtu de la soie la plus fine, les mains ornées chacune de magnifiques bagues, les jambes emmaillotées dans des bandes molletières blanches du cuir le plus souple et toute sa personne exhalant les plus délicieux effluves d'essence de rose, s'éloigna à la suite d'un vieux mendiant décharné dont la nudité était à peine voilée par un vieux pagne.

« Sire, dit l'ermite lorsqu'ils furent dans la grotte, il n'appartient pas à mes pareils d'offrir des rafraîchissements à Votre Majesté. Non, non... Ce ne serait pas convenable ! Il n'y a ici que des bols ébréchés, indignes d'approcher les lèvres d'un grand roi. Mais j'ai un présent pour vous, Sire... Oui, c'est vrai, c'est vrai. S'il vous plaît de l'accepter, si cela vous est agréable.

– Ne vous inquiétez pas, l'ami, répondit Dabschelim, je n'ai pas soif, pas du tout. Je me plais en votre compagnie

33

et je serais ravi d'accepter votre cadeau. Qu'est-ce que c'est ?

— Ah, Votre Majesté, c'est un trésor, voyez-vous... un trésor caché. Et, qui plus est, Sire, ce trésor est réservé au roi Dabschelim, à lui seul, et depuis longtemps, très longtemps, ouioui. Son père a dit à mon père : "Garde ce trésor jusqu'à ce que le roi Dabschelim l'accepte", et mon père me l'a dit, vous voyez ? C'est un dépôt sacré confié à ma famille depuis des générations, ouioui... depuis avant même le père de mon arrière-arrière-grand-père. "Garde ce legs pour le roi Dabschelim." C'est ce qu'on nous a toujours dit, de père en fils. Et puisque, bien sûr, vous êtes le roi Dabschelim, c'est mon devoir de vous l'offrir... Ouioui, c'est mon devoir ! Mon devoir !

— Grands Dieux, l'ami ! s'exclama le roi. Où est-il ?

— Ah, ça... Je ne sais pas très bien, Sire », répondit l'ermite. Puis d'un geste vague du bras il décrivit un demi-cercle embrassant les alentours de la grotte. « Mais il est quelque part par là... Ouioui, cela, j'en suis sûr. Mon père me l'a dit. Mais où exactement, je ne puis le dire, parce que, voyez-vous, je n'en sais rien... Ordonnez à vos serviteurs de le chercher, Sire. Ouioui, ordonnez qu'on cherche le trésor. Et, pour sûr, on le trouvera. »

Dabschelim regagna l'entrée de la grotte d'un pas décidé et héla ses hommes, qui arrivèrent au galop en moins de temps qu'il n'en faut pour le dire. Il les répartit en petits groupes et leur ordonna de chercher un trésor qui se trouvait quelque part par là. Aussitôt, ils se mirent à creuser et à fouiller tous les coins et recoins imaginables, tandis que le roi se retirait au fond de la grotte.

« Votre présent, voyez-vous, est vraiment remarquable, dit-il à l'ermite. Et je vais vous dire pourquoi. »

Dabschelim s'assit sur un rocher et raconta au vieil homme l'histoire de l'étoile filante. Il lui raconta aussi son rêve. C'était la première fois qu'il en parlait à quiconque, mais il était sûr de pouvoir faire confiance à l'ermite.

« Haha, ouioui. Tout s'explique. Mais oui, Sire, tout ! s'exclama le vieillard quand le roi eut achevé son récit. Mon présent est conforme à la volonté suprême des Puissances Invisibles... Louées ! Louées soient-elles ! »

À ce moment, on entendit les hommes qui se trouvaient à l'extérieur pousser de grands cris et l'imposant ministre entra précipitamment dans la grotte.

« Sire, dit-il d'une voix haletante, que Votre Majesté vienne vite ! Nous avons trouvé quelque chose d'extraordinaire ! »

Pour une fois, l'imposant ministre n'avait pas exagéré. En déplaçant un énorme rocher, les hommes avaient découvert une petite caverne. Elle s'ouvrait par un orifice bas et étroit, juste assez large pour permettre d'y pénétrer en rampant, mais à l'intérieur elle était assez haute pour qu'on pût s'y tenir debout. Quand il se baissa pour regarder à l'intérieur, Dabschelim aperçut des dizaines de vieux coffres soigneusement empilés contre la paroi du fond. On les tira à l'air libre et on les ouvrit l'un après l'autre dans un climat d'excitation croissante. Un rêve à ne pas y croire : de l'or, de l'argent, des bijoux – de quoi troubler l'esprit.

Saisi, ébloui, Dabschelim restait assis là, passant et repassant la main dans un tas de rubis, de diamants, d'émeraudes, d'opales et Dieu sait combien d'autres gemmes d'une valeur inestimable, qu'il laissait couler entre ses doigts en un scintillant ruisseau. Quant à l'ermite, il gambadait de plus belle, bondissant de tous côtés avec une vigueur accrue et faisant des entrechats d'une agilité remarquable en vérité pour un homme d'un âge aussi avancé.

« Louanges ! Louanges ! Ouioui, louanges aux Puissances Invisibles ! » psalmodiait-il.

Mais, parmi les coffres, il en était un que personne ne parvenait à ouvrir. Il était extrêmement lourd, renforcé par des bandes de fer et solidement cadenassé en six points différents. Dabschelim fut pris d'une telle curiosité qu'il envoya à Zindawar des cavaliers chargés de ramener immédiatement un serrurier capable d'en venir à bout. En attendant, il fit faire l'inventaire de ce fabuleux trésor. On mit tous les rubis dans un coffre, dans un autre tous les diamants, et ainsi de suite, et l'on fit de l'or et de l'argent d'énormes monceaux à même le sol.

Bientôt, le serrurier arriva et s'attaqua au coffre récalcitrant. Avec quelque difficulté, il réussit à scier les cadenas. Mais quand il souleva le couvercle, Dabschelim eut la surprise de découvrir un autre coffre, plus luxueux, un coffre en argent massif incrusté sur toutes ses faces de riches motifs en or. Il était d'un si bel ouvrage que c'était pitié d'y toucher. Mais il n'y avait pas d'autre moyen d'en sonder le mystère ; le serrurier se remit donc au travail. Quand on finit par l'ouvrir, ce fut pour en découvrir un autre encore. Cette fois, il s'agissait d'une cassette en or, incrustée des diamants et des rubis les plus gros et les plus purs que le roi eût jamais vus. Une clef d'or était dans la serrure. Dabschelim la fit tourner et souleva le couvercle. À l'intérieur, il vit un rouleau de satin blanc serré par un ruban pourpre et scellé à la cire.

Le roi brisa le sceau et défit le ruban. Le rouleau de satin était assez long et portait sur sa face intérieure un texte calligraphié de main de maître, au bas duquel figurait à nouveau le sceau qui avait servi à fixer le ruban. Ce texte, malheureusement, était écrit dans une langue ancienne que personne ne connaissait.

« Voilà qui tourne à la farce », remarqua Dabschelim en riant. Il s'assit sur un coffre qui était près de là et contempla l'étrange écriture d'un air perplexe, incapable d'y entendre goutte. Ses ministres, ses courtisans, ses cavaliers, tous s'agglutinèrent autour de lui, proposant avis et interprétations. Certains pensaient que ce document était un talisman destiné à protéger le trésor, d'autres se demandaient s'il ne s'agissait pas du testament de son propriétaire, d'autres encore disaient qu'il y avait peut-être là une malédiction, un danger potentiel – et j'en passe. Un vif débat ne tarda pas à s'engager, chacun s'efforçant de rallier les autres à son propre point de vue.

« Silence ! rugit Dabschelim. Tous ces discours ne nous mènent à rien. Il nous faut un traducteur qui comprenne cette langue. À cheval, et fouillez-moi Zindawar et ses environs, jusqu'à ce vous trouviez un savant, un érudit qui connaisse les langues anciennes. Je ne veux pas d'excuses ! Allez, trouvez-moi ça, et que ça saute ! Alors, nous saurons ce que cette écriture veut dire et nous pourrons cesser de caqueter comme un tas de vieilles poules. J'attendrai ici avec le vieil homme. Allez, disparaissez !

– Mais, Sire, hasarda l'imposant ministre, qui s'était

avancé et incliné très, très bas, est-il sage que Votre Majesté reste seule ici avec cet énorme trésor ? Ne serait-il pas plus prudent, peut-être, qu'au moins quelques-uns d'entre nous restent pour veiller à la sécurité de Votre Majesté ?

– Vous avez entendu, répondit le roi sur un ton tellement implacable et lourd de menaces que le ministre, interloqué, recula d'un pas trébuchant. Cessez de traîner ! ajouta Dabschelim d'une voix cinglante. Je serai fort bien seul. À cheval et au galop ! Et ne revenez pas que vous n'ayez trouvé l'homme de l'art ! »

Ils partirent tous en grande hâte pour Zindawar, soulevant sur leur passage un nuage de poussière qui voila le paysage derrière eux, tandis que Dabschelim refermait le rouleau de satin et le serrait dans son vêtement.

Les hommes du roi eurent de la chance. Après d'actives recherches, ils mirent la main sur un homme de Shinghar qui était en visite chez des parents et qui était, disait-on, un savant extraordinaire. Ils le ramenèrent – c'était un homme à la silhouette menue et au visage en lame de couteau – monté en croupe derrière le Grand Intendant des Écuries du Roi.

Cet érudit s'appelait Farsi et, quand il souriait, ce qui arrivait souvent, il ne découvrait que les dents du bas, comme pour une grimace. Mais passons sur son apparence : il connaissait son affaire, on ne tarda pas à s'en apercevoir. Il s'assit sur un des coffres et s'absorba dans la lecture du rouleau, tandis que Dabschelim faisait impatiemment les cent pas.

« Hem, oui... très intéressant, Votre Majesté, très intéressant en vérité, dit-il sans lever la tête. Cette langue est de l'ancien syriaque, qui remonte à l'époque de Houschenk, comme le confirme le sceau, nul doute. Voyons un peu : *"Hre-ta-char-me-kou..."* Non, non, ce n'est pas ça. Heu... *"Kwa !"* Oui, c'est bien ça. Heu...*"Kwa-chon-pi-na-tuni."* Heu... ah, oui, bien sûr. Donc, voyons : *"Ki-ti-me-coso-na-ra-ta-par-sni-rue-bar..."* »

Il continua de marmotter et d'ânonner ainsi durant de longues minutes. De temps à autre, il se tiraillait la barbe ou se mordait la lèvre ; parfois, il fronçait les sourcils en se tapotant le menton, parfois encore, il rejetait la tête en arrière, scrutant des yeux le ciel à la recherche de quelque obscur indice. Les hommes tournaient respectueusement autour de lui, jetant de discrets coups d'œil sur le rouleau par-dessus son épaule et le pressant silencieusement d'avancer dans les passages épineux. Enfin, la lèvre inférieure de l'érudit se détendit et, le visage éclairé par ce curieux sourire, il se leva et se tourna vers le roi.

« Sire, en vérité, ce document est un trésor à lui seul. C'est une lettre du grand roi Houschenk, mort depuis longtemps, qui est personnellement adressée à Votre Majesté – fait en soi parfaitement stupéfiant, mais laissons cela. Le roi Houschenk vous y donne des conseils spécifiquement destinés à vous mener sur le chemin de la grandeur en tant que roi. Il énumère une série de préceptes qu'à son avis un roi avisé devrait appliquer. Sire, si Votre Majesté le souhaite, je vais m'efforcer de lire cette lettre à haute voix. Je crois en avoir saisi l'essentiel à présent, mais je dois avertir Votre Majesté qu'elle est plutôt longue. »

Dabschelim fit signe qu'il écoutait. Après s'être éclairci la gorge, d'une diction lente et claire, Farsi lut ce qui suit :

« Cher roi du Futur,
Moi, roi Houschenk, j'ai enterré ce trésor à l'intention du grand roi Dabschelim. Il m'a été révélé dans une vision que lui seul sera capable d'en faire usage conformément au dessein dans lequel il a été constitué.

Parmi ces monstrueuses richesses, j'ai caché ceci, qui contient mon testament, afin de témoigner de ce qu'il ne convient pas aux hommes de quelque intelligence de se laisser éblouir par ce qui brille. La richesse n'est qu'une commodité empruntée que l'on doit rendre à ses successeurs et, si les plaisirs de ce monde sont chose agréable, ils ne sont pas éternels.

La présente lettre est le trésor de mes trésors, car elle est d'une utilité beaucoup plus réelle que toutes les pierreries et les métaux précieux entassés auprès d'elle. J'ai ci-après résumé treize règles de conduite destinées aux rois. Sage, en effet, sera le prince souverain qui, dans son action, se conformera aux préceptes ici énoncés :

> *I. Ne renvoyez jamais un serviteur à la demande d'une tierce personne. Car quiconque fait partie de l'entourage direct d'un roi suscitera toujours, qu'il le veuille ou non, la jalousie et l'envie chez ceux qui n'ont pas le même privilège. Et quand ces derniers verront que le roi se prend d'affection pour l'un de ces serviteurs, ils n'auront de cesse, par toutes sortes de calomnies, de saper sa position et de le rendre odieux à son maître.*

II. Veillez toujours à préserver l'équilibre et la compréhension mutuelle entre vos ministres, conseillers et dignitaires, de manière à ce qu'ils œuvrent unanimement au bien de l'État.

III. Ne faites jamais confiance à l'ennemi qui a fait sa soumission. Plus il fait étalage d'affection et plus haut il se proclame à votre service, plus il faut se méfier de lui. On ne saurait compter sur l'amitié d'un ennemi. Comme la sirène qui charme pour mieux détruire, l'ennemi qui vous aborde avec le visage d'un ami est à éviter.

IV. Conservez soigneusement ce que vous vous êtes procuré à force de patience, car on n'a pas tous les jours la même possibilité d'obtenir ce que l'on désire. Lorsque l'on n'a pas su préserver ce que l'on a acquis en d'autres temps, il ne reste que le chagrin de l'avoir perdu. On ne saurait rattraper la flèche une fois décochée, dût-on s'en mordre les doigts jusqu'au sang.

V. Évitez la précipitation dans les affaires. Avant de se lancer dans une entreprise, l'on a intérêt à peser et à examiner de près sa stratégie. Ce que l'on fait dans la précipitation tourne souvent mal. Il se repent en vain, celui qui ne peut corriger ses erreurs.

VI. Ne méprisez jamais les bons conseils ni la prudence. Si un roi ne peut échapper à ses ennemis qu'en faisant la paix avec eux, qu'il la fasse sans hésiter.

VII. Évitez la société des hypocrites et ne prêtez jamais l'oreille à leurs beaux discours. Leur cœur ne recèle que les germes de la haine, d'où ne sauraient naître les fruits de l'amitié.

VIII. *Soyez toujours miséricordieux. Ne punissez jamais un sujet ou un serviteur pour des fautes commises en raison d'une infirmité. Considérez la faiblesse des êtres humains et souffrez leurs défauts avec charité et bonté. Les sujets commettent toujours des fautes, et les rois doivent leur pardonner, dès lors qu'ils ne sont coupables que des faiblesses ordinaires du genre humain.*

IX. *Ne causez jamais de mal ou de dommage à personne. Si vous faites le bien, il vous sera rendu ; si vous faites le mal, il vous en sera fait autant.*

X. *Ne recherchez jamais quoi que ce soit qui soit indigne de vous ou contraire à votre nature. Trop de gens délaissent leurs affaires pour se mêler de celles des autres, et finissent par ne rien faire du tout. Le corbeau qui voulut apprendre à voler comme la perdrix, ce qui est impossible, oublia comment lui-même volait et s'écrasa sur le sol.*

XI. *Soyez d'humeur douce et affable. La douceur en société est comme le sel dans les aliments ; comme le sel assaisonne et plaît au goût, la douceur procure de l'agrément à tout le monde. L'épée d'acier est moins effilée que l'épée de la douceur, car celle-ci vainc même des armées réputées invincibles.*

XII. *Recherchez les ministres fidèles et n'admettez jamais de filous ni de fourbes à votre service ou dans vos conseils. Avec des ministres avisés et loyaux, le royaume vivra dans la sécurité et les secrets du roi seront bien gardés.*

Le roi Dabschelim

XIII. *Ne vous laissez jamais troubler par les accidents du siècle. Un homme de décision et de vrai courage souffre l'adversité, quelle qu'elle soit, avec une inébranlable fermeté. Faites confiance à la bienveillance du Ciel. Il n'est que l'imbécile pour s'intéresser à ses seuls passe-temps et à ses seuls plaisirs.*

Un certain nombre de fables illustrent et éclairent le sens de ces préceptes. Si le roi Dabschelim souhaite les entendre, qu'il s'adresse au Médecin Miséricordieux, où qu'il puisse être. Sachez que l'homme qui a nom Bidpaï est le dépositaire de ces histoires, qui répondront, tel un oracle du Ciel, à toutes les questions que le roi pourra se poser en son cœur touchant le bonheur de son peuple. Qu'il en soit ainsi.

Houschenk, roi du Passé »

Maître Bidpaï

Ma femme se montrait inquiète et irritable, cependant qu'armée d'épingles elle m'aidait à ajuster ma grande tenue brahmanique. « Mais pourquoi, insistait-elle, pourquoi tiens-tu à rencontrer le roi ? Qu'est-ce qu'il peut faire pour toi et tes disciples ? »

Je posais, bras déployés, semblable à quelque étrange statue de Çiva dansant, attentif à me composer une attitude convenablement empreinte de hiératique hauteur, tandis que par petits gestes secs et précis elle arrangeait l'étoffe en plis bien nets autour de mon corps. Elle n'était pas seule à souffrir de cette poussée d'appréhension domestique. Son instinct ne l'avait pas trompée : j'étais terrifié. Mais je ne devais sous aucun prétexte rien manifester qui ne fût suprême assurance.

« Allons, ma chérie, voyons, fis-je du ton le plus impérieux dont je fusse capable, il n'y a aucune raison de s'inquiéter. Absolument aucune. » Je savais que ce genre de mâle arrogance lui communiquerait la force aveugle de la colère, et cela au moins valait mieux que l'impuissance où jette la peur. La peur, c'était à moi de l'assumer.

« Je veux simplement glisser un mot ou deux à l'oreille de Sa Majesté au sujet de certaine situation, poursuivis-je. C'est tout. Il se peut qu'elle soit en mesure d'agir pour le bien de tous.

– Il se peut aussi qu'elle te fasse ôter proprement la tête des épaules avant que le soleil soit couché, puis qu'elle extermine toute ta famille, jusqu'au dernier des cousins de nos cousins », marmonna-t-elle, la bouche hérissée d'épingles fantaisie. Elle en planta une d'un coup vigoureux dans un pli qu'elle tenait pincé entre ses doigts, puis elle se pencha en arrière pour juger de l'effet, lissant l'étoffe sans douceur. « On ne peut pas dire que Sa Majesté soit renommée pour sa bonté, dit-elle d'un ton irascible tout en arrachant une à une les épingles d'entre ses lèvres, sans jamais m'accorder un regard. Comment veux-tu qu'un vieux prêtre qui fourre son nez dans ce qui ne le regarde pas le change à présent ? Est-ce qu'il n'y a pas déjà eu assez de morts comme ça ? Les prisons ne sont-elles pas pleines d'hommes et de femmes qui n'ont commis d'autre crime que d'irriter le roi ? Que comptes-tu donc faire qui soit tellement différent ? »

Elle avait raison, bien sûr, et il n'y avait rien à répondre. Je poussai un profond soupir et me tus. Elle finirait bien par se calmer et par se consoler bon gré mal gré en songeant que, quoi qu'il advînt, au moins elle « me l'avait bien dit ».

« Voilà, dit-elle en se redressant et en prenant du recul pour une dernière inspection, ça ira à peu près comme ça. »

J'abaissai les bras et allai à elle. Nous nous regardâmes dans les yeux et je crus un instant qu'elle n'accepterait aucun apaisement. Mais elle se laissa embrasser.

« Ne te fais pas de souci, lui dis-je quand elle fut dans mes bras, tout ira bien, je te le promets.

– Ça suffit, fit-elle sèchement, puis elle me repoussa. Tu vas être tout froissé. » D'un léger tapotement, elle effaça un faux pli apparu près de mon épaule. « Tu ferais mieux d'y aller. Sinon, tu vas te mettre en retard », ajouta-t-elle. Et elle m'adressa ce petit sourire mi-figue mi-raisin que les femmes aimantes réservent aux maris têtus.

J'enfilai mes meilleures sandales et descendis dans la rue. L'habituel vacarme matinal assaillit mes oreilles : cris d'enfants, appels des hommes attelés à leur charrette, caquetage des femmes qui s'affairaient provisions sur la tête, grondement et grincement des chars à bœufs qui passaient chargés de hauts tas de bois. Chalands, flâneurs, marchands, mendiants, voleurs et sadhus apportaient leur part au tintamarre occasionné par la grouillante activité qui régnait dans cette partie de la ville.

Mon regard rencontra celui de trois de mes disciples qui attendaient dans l'encoignure d'une porte non loin de chez moi. Aussitôt, leur visage s'éclaira d'un franc sourire. L'un d'eux s'écria que j'avais superbe allure et autres amabilités rassurantes. Mais le plus âgé, plus ironique, remarqua avec pertinence que j'avais « une tenue bien chic pour un homme qui va se baigner en compagnie d'un crocodile ».

« En tout cas, nous aimerions vous accompagner jusqu'au palais, si vous n'y voyez pas d'inconvénient. »

Bien sûr que non. Nous nous mîmes donc en route, nous frayant des épaules un chemin à travers la foule. Ou, pour être plus précis, ils jouaient des épaules et j'allais dans leur sillage – j'avais bien de la chance, je suppose, de me

47

trouver encore fût-ce un seul disciple après la diatribe à laquelle je m'étais livré la veille au soir. Mais, en fait, ce n'était pas de la chance, je m'en rendis compte un instant plus tard, c'était de la férocité détournée : j'avais *vraiment* cherché à me débarrasser de toute la clique.

« Je n'ai nulle envie de rester pour la postérité ce pleutre de Bidpaï, ce philosophe sans caractère qui ne fit rien pour tenter de stopper les atrocités commises par le tyran Dabschelim », avais-je déclaré. Une bonne vingtaine de mâchoires s'affaissèrent dans un sursaut collectif : jamais au cours des longues années que j'avais passées à enseigner les rites, les histoires du temps jadis, les mélopées et les charmes traditionnels, je n'avais exprimé la moindre opinion politique. Et voilà que tout à coup je prêchais la trahison et la sédition. Vous pouvez parier que je leur expédiai un frisson le long de l'échine, ce qui était exactement ce que je voulais.

Je ne me souviens pas de toutes mes paroles par le menu, mais il faisait bon les dire. C'était comme si le désir de me battre s'était soudain emparé de moi et, de son irrésistible éperon, me conduisait à bride abattue. Je m'élevais sur les ailes de l'inspiration comme un aigle dans un courant ascendant. Je voyais la peur envahir leurs prunelles de lapin, tandis que je développais mon raisonnement. Oui, évidemment, à leurs yeux, j'étais complètement fou ; personne ne pouvait le nier. Alors, qu'en était-il de ces enragés qui me conduisaient à travers la foule ? Ou bien c'étaient trois débiles mentaux qui n'avaient pas le moindre sens du danger, ou alors le Grand Dispensateur me consentait pour mes derniers moments le luxe d'une compagnie juvénile. Mais quelle importance ? Je ne repousse jamais un don.

« Tiens... c'est maître Bidpaï et ses assistants qui s'en vont remettre le roi sur le droit chemin ! » railla un jeune sadhu en souriant. Il y eut un bref moment d'hésitation tandis que des douzaines de paires d'yeux papillonnaient entre nous et le visage réjoui du sadhu. Tous ceux qui effectivement remarquaient ma tenue immaculée confirmaient aussitôt : « Oui, c'est vrai, il s'en va voir le roi ! Comme c'est bizarre ! » Certains, comme le sadhu, étaient manifestement au courant de ma sortie du soir précédent. Quelques femmes se mirent à pouffer ouvertement.

« Eh bien, bonne chance, maître Bidpaï, me lança le sadhu, bonne chance à vous dans cette vie et dans la suivante. » Des rires fusèrent ici et là et se propagèrent par vagues du haut en bas de la rue. Je me joignis moi-même à l'hilarité générale, riant et agitant les bras, mais mes disciples, pris de peur, serrèrent les rangs comme des loups acculés dans un piège, l'expression sinistre.

« Avancez, avancez, imbéciles », sifflai-je en leur bourrant les côtes de mes doigts raidis. La foule riait en nous regardant passer. L'absurdité de la scène qui ne tarderait pas à transpirer – lorsque je mettrais, pour ainsi dire, ma tête dans la gueule du lion – faisait monter des larmes de joie dans tous les yeux. Et je reconnaissais sans réserve le bien-fondé de ce sentiment. Quoi qu'il en soit, je me trouvai bientôt au palais, marchant derrière le chambellan le long d'un frais corridor vers mon rendez-vous avec le roi.

Lorsqu'on m'introduisit en sa présence, je m'inclinai, mais sans dire mot. Sa Majesté était nonchalamment appuyée sur de magnifiques coussins aux couleurs vives jetés sur une estrade de teck et d'ivoire. Elle était en conversation avec quelques courtisans, et il régnait dans la pièce une atmosphère de frivolité, comme si l'on était occupé à combiner quelque réjouissance.

« Ho ! Menlipses !... » appela le roi. Son regard tomba sur moi et ses lèvres s'étirèrent en un large sourire.

« Sire ? » répondit ce délicat dandy en tendant le menton. D'un mouvement des plus gracieux, il s'avança d'un pas glissé et se posa sur un pied, tel, eût-on dit, un héron, les bras arrondis en avant du torse et les mains retroussées comme de minuscules ailes, cou tendu et barbe pointée en avant, en une attitude penchée reflétant la plus attentive obéissance. On aurait entendu battre ses cils.

« Veille à ce qu'on invite Kurkshar, poursuivit le roi. Sa nouvelle épouse est on ne

peut plus appétissante. Place-la à ma droite, et lui, mets-le à bonne distance vers la gauche, de manière à pouvoir le distraire personnellement de ton grotesque caquet.

– Ce sera fait, ô Votre Magnificence, répondit l'Attentif avec une bizarre torsion du chef. Sire, Votre Majesté désire-t-elle autre chose ?

– Non, ce sera tout, Menlipses, merci. » Le visage souriant du roi se détourna lentement jusqu'à ce que ses yeux se fixassent sur moi. Menlipses se redressa avec grâce, puis il s'éclipsa en minaudant pour aller s'acquitter de sa mission.

« Et maintenant, à nous, maître Bidpaï, commença le roi. Nous ne nous sommes jamais rencontrés mais, bien sûr, qui n'a pas entendu parler de vous ? Un savant aussi distingué, issu d'une famille de brahmanes de la plus haute naissance, un expert, à ce qu'on dit, de maintes traditions ésotériques venues des profondeurs de notre glorieux passé... Ah, vraiment, comme c'est intéressant ! Mais dites-moi, à quoi devons-nous ce plaisir inattendu ? Avez-vous besoin d'argent pour quelque vertueux projet ? Ou venez-vous solliciter mon soutien pour une cause particulière ? Dites, je vous prie. Qu'est-ce donc qui vous amène ? »

Je ne suis pas, d'ordinaire, ce qu'on appelle un timide, mais quelque chose me dit à cette occasion que j'avais intérêt à ne pas aller trop vite. Il s'agissait de bien choisir mon moment. J'adressai un grand sourire à Dabschelim, comme un vieil imbécile trop confiant et trop bête pour connaître la peur. Nos regards s'éprouvèrent calmement, puis je vis s'allumer sa prunelle, tandis qu'avec un soupir il exhalait un sourire plus amène qui adoucit un instant son expression impériale. Sur ce, je joignis les mains devant mon visage et saluai.

« Votre silence est une chose aussi délicieuse qu'elle est rare, fit le roi. Quelle surprise de rencontrer un barbon qui ne se répand pas séance tenante en sinistres prophéties, si je m'abstiens d'appliquer telle ou telle panacée dont il a fait son dada. Je suis le constant destinataire d'inépuisables conseils que je n'ai pas sollicités concernant les moyens d'assurer notre salut. Oh, j'essaie bien d'écouter, mais tout cela est d'ordinaire si long et si assommant... Quand je pense à tout ce qu'un roi doit faire, de nos jours, pour se tenir éveillé... Donc, si je me prends à bâiller ou à dodeliner de la tête au milieu d'une fervente exhortation, j'en conclus simplement que l'imbécile ne peut pas savoir de quoi il parle. Il pourrait au moins me tenir éveillé, *moi* – la seule personne qui puisse l'aider à atteindre ses objectifs ! C'est proprement incroyable ce que les gens deviennent ennuyeux dès qu'ils croient ce qu'ils disent. La vie perd son piquant, si tout devient aussi mortellement grave et sérieux. Non, pas de ça, merci bien. Ces temps-ci, vous l'avez sans doute entendu dire, mon plaisir est de coller ces maniaques en prison sans crier gare. Il paraît que mes cachots sont pleins à craquer de ces lugubres fâcheux, mais du moins ma salle d'audience est-elle à l'abri de leurs théories abracadabrantes, et cela dégage le terrain pour les gens normaux, qui peuvent ainsi vaquer plus commodément à leurs affaires.

« Mais je me prends en flagrant délit de contradiction, n'est-ce pas, maître Bidpaï ? À déblatérer comme je fais. Cependant j'apprécie la subtilité de votre démarche. C'est tout à fait inhabituel que quelqu'un me laisse parler. Allons, voyons, maître Bidpaï... je ne veux pas vous mordre. Parlez, je vous prie, et dites-nous pourquoi vous êtes resté si extraordinairement et si longtemps silencieux.

– Votre Majesté, répondis-je, mon silence est le fruit du respect et de la déférence qui sont naturellement dus aux rois, et surtout à un roi qu'un alliage unique de puissance et de sensibilité a porté à un rang aussi élevé. » Cette prudente formulation parut accroître le plaisir du souverain qui, les traits détendus en un immense sourire, se croisa les mains derrière la tête et s'abandonna plus confortablement encore parmi ses magnifiques coussins. Je m'inclinai courtoisement et poursuivis.

« La parole, Votre Majesté vient de le suggérer, expose qui la prend à certains dangers. Un jour que les rois de Chine, des Indes, de Perse et de Grèce étaient réunis, ils convinrent de proférer chacun une pensée qui pût être consignée pour la postérité.

« Le roi de Chine dit : "J'ai plus de pouvoir sur ce que je n'exprime pas que sur ce qui franchit mes lèvres."

« Le roi de Perse dit : "Un homme peut de sa propre langue se trancher la gorge."

« Le roi des Indes dit : "Je suis esclave de ce que j'ai dit, je suis maître de ce que je tais."

« Le roi de Grèce dit : "Je n'ai jamais regretté de m'être imposé le silence, mais je me suis souvent repenti d'avoir parlé."

« Donc, Sire, si la parole est universellement considérée comme un sûr instrument de perte pour un homme, il doit s'ensuivre que l'antidote tient dans la réserve et le silence. J'applique cette politique depuis que je suis entré dans cette salle, avec les résultats que Votre Majesté peut constater. Bien que je babille à présent sur l'ordre de Votre Majesté, il vaut mieux que je regagne la sécurité du silence, plutôt que d'encourir les fruits du déplaisir de Votre Majesté. »

Je m'inclinai de nouveau et songeai un bref instant que j'étais allé un peu loin. Le roi avait l'air abasourdi, le regard inexpressif, la bouche entrouverte, la respiration courte, comme dans une légère transe. Mais il se reprit aussi rapidement et vigoureusement que je me l'étais imaginé, se redressa d'une secousse et, avec un vaste et franc sourire de plaisir, battit des mains et s'écria :

« Bravo, maître Bidpaï, bravo ! Ne craignez pas de m'ennuyer ! J'écouterai attentivement tout ce que vous avez à dire. Poursuivez, je vous en prie, parlez en toute liberté. Foin des politesses. Dites ce que vous avez vraiment à dire. »

Le contentement du roi Dabschelim était si contagieux que, bien que figés dans un strict garde-à-vous, le regard inexpressif fixé droit devant eux, quelques-uns des gardes du palais trahirent comme l'ombre d'un soupçon de relâchement dans leur raideur militaire par une imperceptible décrispation des lèvres, dont l'arc d'ordinaire infléchi en un rictus terrifiant se transforma, signe de plaisir, en une ligne nettement plus horizontale qui était probablement ce qu'ils avaient de plus approchant en matière de sourire pendant le service. Ailleurs dans la salle, des courtisans désœuvrés et des dignitaires divers et variés firent écho plus ouvertement à l'humeur du roi. La joie éclatait spontanément autour de moi en sourires aussi larges, pour ne pas dire béats, qu'innombrables, il y eut même un vivat ou deux, et jusqu'à une salve d'applaudissements polis en écho à ceux du roi. J'eus l'impression plutôt agréable que les portes invisibles d'un club particulièrement fermé s'étaient miraculeusement ouvertes toutes grandes pour accueillir la dernière coqueluche – moi ! Nul ne pouvait savoir combien de temps durerait cette situation inouïe : je me jetai à l'eau.

« Votre Majesté montre beaucoup de complaisance à l'égard d'un vieil homme qui se présente les mains vides devant elle. Mais puisque je ne viens demander ni argent ni la main d'une quelconque héritière, je puis me permettre de parler avec quelque sincérité. On n'a pas grand-chose à perdre à mon âge. Sire, que Votre Majesté en use comme elle l'entendra avec moi, mais ce que j'ai à dire doit être dit, et sans tarder davantage. Comme personne d'autre ne s'en charge, c'est apparemment à moi de le faire, si fort que je puisse personnellement regretter les désagréments susceptibles d'en résulter... Mais je commence à m'ennuyer moi-même avec ces prudents préliminaires. Et l'ennui, que Votre Majesté en soit victime ou moi-même, est une chose que j'ai résolu d'éviter. »

Je commençai doucement et avec circonspection, à peu près comme un nageur plonge délicatement un orteil dans un torrent glacé de montagne avant de plonger. J'évoquai la grandeur à laquelle s'étaient élevés les ancêtres de Dabschelim, nommai les grands rois du temps jadis qui avaient remporté des victoires légendaires et illustré leur règne par un honneur sans tache. J'usai de la parole comme d'un narcotique et d'un scalpel tout ensemble, m'employant tantôt à instiller le calme par des propos apaisants, tantôt à percer la carapace des certitudes en lançant de façon imprévue une critique au fil acéré, camouflée sous des termes si plaisants que, pendant un moment du moins, personne ne put dire si je parlais sérieusement, si je plaisantais ou si j'osais de folles insultes. Les mots avaient pris possession de moi et jaillissaient par ma bouche, je n'étais qu'un simple acteur, le bec d'une bouilloire par où s'échappait en un jet puissant une vapeur inspirée. Après avoir brossé un magnifique tableau du passé, je lui opposai par touches successives la misère actuelle et les perspectives plus misérables encore qui nous étaient réservées.

Dabschelim me regardait attentivement en se pinçant doucement les ailes du nez. Mes paroles avaient du mordant, mais elles n'avaient encore à aucun moment franchi les bornes de la courtoisie. Je citai partiellement ce que j'avais dit la veille à mes disciples et allai jusqu'à parler d'« odieuse tyrannie ». Mais le roi gardait le silence, probablement parce qu'il hésitait à en croire ses oreilles. Après chaque estafilade verbale, je me retirais prestement dans des flatteries et des compliments dont le sens frôlait sans cesse la lisière de l'indéfinissable. Sa Majesté commença à froncer les sourcils et à s'agiter nerveusement. Le climat s'alourdit sensiblement dans la salle. Les témoins de la scène, trop gênés pour oser lever les yeux sur moi, les gardaient obstinément baissés.

Ma voix s'enflait peu à peu. Oh, je m'amusais bien, c'est un fait. Mais en même temps, tout cela était triste, tellement inutile, tellement... comment dire ? Tellement banal ? Tellement rebattu ? On avait déjà fait ça, et tellement mieux, tant de fois avant moi que j'en étais à ne plus me soucier de rien, tout m'était devenu égal. Du coin de l'œil, je m'observais en train de jouer les bouffons. Oh, il n'y avait rien à dire, c'était bien joué.

Le roi rougit, son expression se durcit ; il va éclater, il se redresse, le moment est venu ! Sans perdre un instant, je porte le dernier coup de toutes mes forces, et au diable les conséquences !

« Donc, cela vous assomme-t-il, Sire, d'apprendre que, si vous pouvez aisément voir les étoiles depuis votre magnifique observatoire, vous restez aveugle aux souffrances que vous avez juste sous le nez ? Êtes-vous un roi, ou quelque espèce de courge ? Y a-t-il quelque chose qui ne va pas du côté de votre cervelle ou de vos yeux ? »

Le roi bondit sur ses pieds.

« *Gardes !* rugit-il. Saisissez cet imbécile ! Qu'on lui coupe la tête sur-le-champ ! Faites-la lui sauter des épaules avec le sabre le plus effilé ! *Immédiatement !* Tuez-le ! Tuez-moi ce toqué ! »

J'aspirai une grande bouffée d'air et l'exhalai lentement. Le capitaine de la garde se précipitait dans ma direction en tirant son sabre du fourreau. Un autre garde, accouru derrière moi, m'immobilisa d'une poigne violente. J'étais de toutes parts entouré d'uniformes. Des poings et des pieds, bousculant et poussant, on me fit tomber sur les genoux. Le sabre se leva dans un éclair. « Adieu, pour l'heure », fis-je dans un râle.

« *Halte !* » tonna la voix du roi. La scène se figea, comme prise dans de l'ambre. Je sentis mes poumons se remplir... puis se vider. Le sabre s'abaissa. On me releva d'un coup sec.

J'avais du sang sur le visage, sur la tunique. J'avais mal partout.

« Faites-moi disparaître ce crétin sénile, reprit Dabschelim en se heurtant énergiquement le front de la paume de la main. Fourrez-le dans le trou le plus infâme, au pain sec et à l'eau ! Ne lui donnez que ce qu'il y a de pire ! Jetez-le dans ce trou puant de cul-de-basse-fosse ! Hors de ma vue ! » Sa Majesté tourna les talons et sortit d'un pas rageur. Il y aurait de l'excès dans l'euphémisme à dire qu'elle était vexée.

On me catapulta de corridor en corridor jusqu'à l'orifice nauséabond qui servait d'entrée au cul-de-basse-fosse. On me fit basculer par-dessus bord, et je dois au seul matelas d'immondices putrides accumulées au fond du trou de ne pas m'être rompu l'échine. La puanteur eut raison de moi : je m'effondrai, évanoui, dans mes propres vomissures.

Convergence

Lorsque maître Bidpaï et le roi Dabschelim se rencontrèrent à nouveau, la situation était quelque peu changée. Depuis qu'on lui avait lu la lettre du roi Houschenk, Dabschelim était passé par des affres auxquelles seule la vue du Médecin Miséricordieux lui-même pouvait mettre véritablement fin. Tout le long du chemin du retour, il sentit frémir dans sa poitrine un frêle espoir, comme si un oiseau minuscule chantait de sa voix douce dans le jardin secret de son cœur. Il osait à peine y penser, craignant que de sa lumière crue la raison n'éteignît cette faible lueur et ne mît l'oiseau en fuite. Oh, il savait quel roi stupide il était maintenant : de cela il n'avait aucun doute. « Un homme se présente devant moi, songeait-il avec angoisse, un homme qui n'est ni un charlatan ni un flatteur, qui dit des choses sensées et diagnostique justement mon état, un homme qui, loin d'être un simple bavard soucieux de se pousser, se montre capable de bons conseils, quelqu'un qui prend les choses à cœur, qui se soucie de mon bien, de notre bien à tous... et qu'est-ce que je fais ? Je me mets en colère. Je refuse de l'entendre. Je ne vois en lui qu'une outre gonflée de vent. Je suis à deux doigts de le tuer. Puis je le fais jeter dans un cul-de-basse-fosse, où il a probablement trouvé la mort à cause de moi. Ooooh... »

Comment décrire l'accablement qui par moments submergeait le roi, tandis qu'à bride abattue il retournait au palais ? Lui et sa suite firent route au grand galop sans jamais s'arrêter pour prendre du repos. Personne n'en fit la remarque, mais plus d'une fois Dabschelim faiblit, et plus d'une fois le vent de la course emporta silencieusement de brûlantes larmes de regret, et même de pitoyables sanglots. « Oh, pourvu qu'il soit encore temps, se répétait-il, pourvu qu'il soit encore temps. »

Il était encore temps. Deux jeunes cavaliers que Dabschelim avait dépêchés en extrême urgence au palais étaient arrivés avec plus d'une journée d'avance sur lui et avaient aussitôt fait délivrer Bidpaï. En dépit de près de vingt jours de cachot, le vieil homme était vivant, il était même radieux. Les serviteurs du roi, qui avaient reçu l'ordre de veiller à satisfaire tous ses besoins, ne comprenaient rien à sa gaieté. Son corps était encore contusionné en maints endroits, il boitait parce qu'une des épingles qui maintenaient son vêtement lui avait transpercé la cuisse dans sa chute et il avait le visage émacié et parcheminé : on aurait dit que ses lèvres allaient soudain craquer aux commissures s'il se hasardait à sourire. Et pourtant il souriait. Du fond de leurs orbites, ses yeux brillaient d'un éclat si vif et si intense que les serviteurs osaient à peine affronter son regard, tandis qu'ils le dévêtaient, le baignaient et enduisaient la moindre parcelle de sa peau d'onguents et de baumes apaisants. Bidpaï était pratiquement seul à parler.

Il en avait besoin après son brusque retour parmi ses semblables. La société des autres, leur simple proximité physique, l'inondait d'un immense bien-être, après l'isolement dans lequel il avait vécu. Tout détendu, il bavardait comme une pie.

Apparemment, après avoir repris ses sens, il avait réussi à se traîner jusqu'à la périphérie du cachot, où la voûte s'abaissait vers le sol et où la saleté était moins repoussante. Il avait lentement déroulé sa robe, en avait déchiré un carré sur lequel s'asseoir, puis il avait entrepris de se soigner du mieux qu'il pouvait. Heureusement, il n'avait rien de cassé. De la ration d'eau qu'il recevait quotidiennement, il buvait à peine ; au lieu de cela, il en humectait des bandes de tissu prises dans sa robe, avec lesquelles il passait des heures à se laver et à se frictionner. Tout son programme consistait à rester propre et calme. Il fit de l'obsession de la propreté son soutien dans la solitude. Des heures durant, malgré la douleur, il pressait et pétrissait sa blessure à la cuisse, de manière que la chair demeurât souple. Il pansait proprement les coupures et les éraflures à l'aide de bandes de tissu plus longues préalablement mouillées, après avoir nettoyé ces plaies mineures en suçant, partout où c'était possible, le sang et le pus qui s'en écoulaient. Quand ces lentes et délicates ablutions étaient terminées pour la journée, il s'abandonnait, confortablement assis sur son carré d'étoffe, à un état de transe légère, laissant son esprit suivre le cours régulier de sa respiration. Cette méditation lui permettait par une sorte d'hypnose de s'évader vers d'autres contrées plus propices à la vie et, comme il avait dans l'ensemble l'impression de n'être tout entier qu'une énorme et cuisante meurtrissure accroupie là dans le noir, on ne s'étonnera guère d'apprendre qu'il voyageait souvent de cette manière.

« Là, là... Tout va bien à présent, conclut le médecin personnel de Dabschelim, après l'avoir examiné sur toutes les coutures. En fait, vous êtes dans une forme remarquable pour un homme de votre âge. Du grand air et du soleil, un léger repas et un peu de marche pour exercer cette jambe, et tout rentrera dans l'ordre en un rien de temps ! Bon, et maintenant, maître Bidpaï, voici : le roi a donné des ordres stricts pour que nous vous entourions de toutes les attentions et de tous les luxes possibles et imaginables en attendant son retour. Si vous désirez quoi que ce soit, n'hésitez pas à le demander. Ces appartements ont été ouverts spécialement pour vous, afin que vous puissiez vous remettre dans des conditions agréables, et tous les services du palais sont à votre disposition. Le roi devrait arriver d'un jour à l'autre, et je crois savoir qu'il est extrêmement impatient de vous parler. D'ici là, nous espérons que vous vous trouverez bien parmi nous et je suis certain d'exprimer le sentiment de tous ici en disant que nous sommes ravis de pouvoir à nouveau prononcer votre nom publiquement. Soyez le bienvenu, maître Bidpaï, soyez le bienvenu ! Ah... j'allais oublier... votre femme, maître Bidpaï, votre femme... Nous l'avons informée du cours nouveau qu'ont pris les événements et on l'amène ici en ce moment même. J'espère que cette petite réunion aura votre approbation, et je crois le moment venu pour vos serviteurs de se retirer afin de vous laisser reposer en paix. Si vous désirez quoi que ce soit, vous n'avez qu'à frapper dans vos mains. »

Les manières de cet homme étaient d'une aisance et

Convergence

d'une efficacité si parfaites que c'est à peine si Bidpaï eut
le temps de reprendre ses esprits pour bredouiller dans sa
surprise un faible « merci... merci beaucoup », avant que
les serviteurs eussent salué et se fussent comme dissous
dans l'atmosphère, le laissant à nouveau seul, quoique dans
des conditions bien différentes. Il commençait tout juste à
s'intéresser au cadre nouveau et luxueux qui l'entourait,
notant l'abondance et la molle consistance des coussins
répandus dans la pièce, lorsque sa femme arriva. L'échange
commença exactement comme on pouvait s'y attendre, vu
les circonstances.

« Ciel, comme te voilà arrangé ! s'écria-t-elle à sa manière
bien à elle. Qu'est-ce qui t'est arrivé ? Ta peau est toute
grasse ! » Elle s'approcha d'un pas, les bras croisés sur la
poitrine, scrutant son visage comme s'il s'agissait d'un fruit
ou autre comestible d'apparence suspecte.

« De charmantes jeunes femmes viennent de me faire
un massage corporel complet, dit Bidpaï. J'ai l'impression
que ça fait partie du processus normal de réhabilitation des
condamnés. Mais comment vas-tu ? Tu n'as pas eu trop
d'ennuis en mon absence ?

– Non, aucun, si ce n'est que je me suis fait un sang
d'encre à ton sujet. Je te l'avais bien dit que tout cela ne
pouvait conduire à rien de bon. Pourquoi n'écoutes-tu
jamais ce qu'on te dit ? Certains de tes élèves sont même
allés se cacher dans la montagne, tellement ils craignaient
pour leur vie.

– Oh, je suis désolé d'apprendre ça ! Mais ce n'est rien.
Tout cela est fini maintenant, tu verras... Pourquoi ne pas
profiter de cet endroit ? » D'un air insouciant, il lui prit la

main et, après un bref instant d'hésitation, elle alla avec lui sur le balcon qui surplombait les magnifiques jardins du palais de Dabschelim. Ils passèrent cette journée et la suivante à se détendre dans la compagnie l'un de l'autre.

Le roi Dabschelim arriva le soir suivant, anxieux, épuisé et couvert de poussière. Lorsqu'il apprit que Bidpaï était vivant et en bonne santé, il fut profondément soulagé. Il prit un bain et, après un léger repas, alla droit au lit, où il dormit d'un sommeil exempt de ses habituelles insomnies. Quand il se réveilla, très tard le lendemain matin, il avait retrouvé son équilibre et son calme. Il fit chercher Bidpaï vers trois heures de l'après-midi.

Dabschelim attendait dans son fauteuil, près d'une table, mais tous les instruments d'astronomie – compas, rapporteurs et Dieu sait quoi encore – avaient été repoussés sur le côté pour faire place à un très beau plateau laqué, commodément posé à portée de main. Sur ce plateau, il y avait une coupe jaune remplie de sorbet rose couronné de menus morceaux de noix. Une paire de jolis gobelets de verre y tenait compagnie à deux gracieuses cuillers dorées et, au pied de la coupe, ou plus exactement sur la totalité de la surface restée libre du plateau, étaient éparpillées les corolles effeuillées de roses d'un rouge pâle des plus délicats. Il émanait de ces tendres pétales, plus exquise encore que leur fragile parfum, une subtile aura de douceur qui baignait toute la pièce.

« Voulez-vous partager une coupe de sorbet avec moi ? demanda le roi en souriant. C'est, je trouve, tellement agréable de se rafraîchir ainsi, avant de parler.

– Oh, avec plaisir, merci », répondit Bidpaï.

Ayant attrapé la louche dorée suspendue au rebord de la coupe, Dabschelim puisa généreusement dans la friandise glacée et servit Bidpaï de ses propres mains. Ils mangèrent un moment en silence, puis il lui fit faire une visite guidée de son observatoire.

« Vous avez entendu parler de cet endroit, bien sûr, dit-il. Je crois me souvenir que vous l'avez mentionné la première fois que nous nous sommes rencontrés », ajouta-t-il avec un sourire.

Bidpaï lui rendit son sourire, mais resta silencieux.

« Eh bien, voici donc la Folie de Dabschelim », poursuivit le roi en embrassant la pièce d'un ample mouvement de sa petite cuiller. Il puisa une nouvelle bouchée de sorbet dans son gobelet puis, arpentant la pièce de long en large, exposa à grands traits l'histoire et la fonction de l'observatoire. Il ne tarda pas à sortir de leur étui d'ébène quelques-unes de ses cartes préférées et à les dérouler pour expliquer certaines subtilités de l'observation des astres. Bidpaï, bien sûr, écoutait avec beaucoup d'intérêt tout ce que Dabschelim avait à dire.

Le roi s'interrompit, tira une chaise et invita Bidpaï à s'asseoir près de lui. « Car, dit-il, il s'est produit récemment dans cette pièce des événements auxquels je ne parviens pas à croire tout à fait. Les cartes du ciel ont, certes, bien du charme, mais elles ne touchent que de loin à mon histoire. Les choses commencent à se mettre en place dans ma tête maintenant, et je crains que vous ne soyez une pièce capitale du puzzle qui m'occupe. Si cela ne vous ennuie pas, j'aimerais vous raconter un rêve que j'ai fait il y a peu et qui, chose étrange, se passait ici même. Aime-riez-vous encore un peu de sorbet ?

— Non, Sire, je vous remercie... Pas pour l'instant, si cela vous est égal. Dites-moi, Sire, ce dont il était question dans votre rêve.

— Une étoile filante..., répondit le roi, la Lune... un homme en vert... » Et il se mit à raconter à Bidpaï cette nuit intense qui lui paraissait si lointaine et si présente à la fois.

« C'est merveilleux ! s'exclama Bidpaï quand le roi eut terminé.

— Oui, en effet. Et maintenant, vous allez, je pense, pouvoir me comprendre, si je vous dis que nous sommes ici sur les lieux où convergent le visible et l'invisible. »

Bidpaï sourit poliment à ce royal trait d'esprit. « Qu'est-il arrivé ensuite ? demanda-t-il. Je sais que, peu après, vous êtes parti brusquement pour Zindawar. Les cavaliers que vous avez envoyés avec l'ordre de me faire relâcher nous en ont informés, mais ils nous ont dit qu'il leur était interdit de parler de ce qui s'était passé dans la montagne.

— Oui, c'est vrai. Je voulais vous en faire la surprise moi-même. Et je voulais que vous soyez le premier à l'apprendre.

— Avez-vous donc trouvé un trésor, Sire ?

— Oui, en effet, et je vais tout vous conter. Mais je voudrais auparavant que vous me disiez quelque chose. Voyez-vous, je n'ai fait ce rêve qu'une quinzaine de jours environ après votre venue. Je suis convaincu que les deux faits sont liés, mais c'est ce que vous étiez venu me dire qui est plus particulièrement en cause. Je ne cacherai pas

que je vous avais complètement oublié, vous et votre message, jusqu'au moment où un événement advenu dans la
montagne a gravé à jamais votre nom dans ma mémoire.
Pour être plus précis : vous étiez venu critiquer la manière
dont je gouverne. À ce moment-là, j'étais incapable d'écouter, comme vous n'êtes sans doute pas près d'oublier. Mais
à présent, je veux vous écouter. Donc, pourriez-vous répéter
tout ce que vous avez dit ce jour-là ?

– Je prendrais bien encore un peu de sorbet maintenant,
si cela n'ennuie pas Votre Majesté.

– Oui, oui, bien sûr, maître Bidpaï... Prenez votre temps.
Quand vous serez prêt... J'attendrai... »

Donc, après quelques rafraîchissantes cuillerées de sorbet
rose, Bidpaï commença à répéter ce qu'il avait dit. Il modi-
fia la forme de ses représentations eu égard au caractère
plus amical de l'entrevue, mais il ne changea rien à leur
contenu. Elles ne manquèrent ni de vigueur ni de mordant.
Il dit ce qui devait être dit du mode de vie de Dabschelim
et de la nécessité de réformer sa conduite ainsi que ses
méthodes de gouvernement. Le roi écouta le vieil homme
avec la plus grande attention et sans jamais l'interrompre,
et quand celui-ci eut fini, il remarqua que tout ce qu'il
venait d'entendre avait fait sur lui la plus vive impression.
Puis les deux hommes s'entre-regardèrent un moment en
silence. Le roi sourit avec douceur, soulagé en dépit de ce
que l'occasion avait de pénible.

« Et si nous prenions le thé ? Ce serait une bonne idée,
je pense. Pas vous ? » dit-il en se grattant le menton de son
index bagué. Il frappa des mains et un serviteur parut.

« Je viens rarement dans cette pièce dans la journée, remarqua-t-il après un instant de silence. Elle est très agréable, en fait.

– Certainement, Sire, répondit Bidpaï. J'aime beaucoup ces claustras aux fenêtres, ajouta-t-il en désignant les motifs de marbre blanc qui garnissaient les ouvertures donnant sur les jardins du palais et la Chambre Royale. On dirait de la dentelle, n'est-ce pas ? C'est un ouvrage d'une incroyable habileté, quand on y songe. Cela tamise si agréablement la lumière.

– Oui, de la pierre aussi délicate que de la dentelle. C'est ravissant, en effet. »

On apporta le thé et, cette fois encore, le roi servit Bidpaï en personne. Puis, après en avoir bu une gorgée, il fouilla dans les plis de sa robe et en extirpa deux documents, dont l'un était l'original de la lettre du roi Houschenk et l'autre une méticuleuse transcription de la traduction de Farsi.

« Et maintenant, que je vous dise ce que c'est que ce trésor », dit le roi. Quand il eut achevé son récit, il montra les lettres à Bidpaï en lui signalant leurs deux noms inscrits sur ce document du fond des âges.

« C'est tout à fait stupéfiant ! s'exclama Bidpaï. Je ne m'explique pas ce qui arrive.

– Mais connaissez-vous les histoires mentionnées dans cette lettre, celles qui illustrent les propos du roi Houschenk ?

68

– Oui, je les connais. On me les a données à apprendre il y a très longtemps, mais à l'époque je ne savais absolument pas pourquoi.

– Que signifie cette référence au Médecin Miséricordieux ?

– Je ne sais pas très bien. Mais je peux vous dire au moins ceci : quand on m'a appris ces histoires – j'étais jeune à l'époque, et cela se passait aussi dans les montagnes, près de Toxila, en fait – on m'a dit de me rappeler qu'il s'agissait d'une sorte de remède à ne pas prendre à la légère.

– Voulez-vous m'en conter une ? Pourriez-vous commencer par le premier des préceptes de Houschenk ? Vous savez, celui qui dit... (Dabschelim fourragea parmi les feuillets posés sur ses genoux.) Ah, oui. Voilà... "Ne renvoyez jamais un serviteur à la demande d'une tierce personne. Car quiconque fait partie de l'entourage direct d'un roi suscitera toujours, qu'il le veuille ou non, la jalousie et l'envie chez ceux qui n'ont pas le même privilège. Et quand ces derniers verront que le roi se prend d'affection pour l'un de ces serviteurs, ils n'auront de cesse, par toutes sortes de calomnies, de saper sa position et de le rendre odieux à son maître."

– Ah, oui... Je vois, dit Bidpaï en changeant de position sur son siège pour soulager sa cuisse encore douloureuse. C'est l'histoire connue sous le nom de "Kalila et Dimna" ou, comme on l'appelle parfois, "Comment perdre ses amis". Je vais vous la dire, si vous le souhaitez, mais elle est très longue et cela prendra probablement toute la journée et la plus grande partie de la nuit. J'aurai besoin de thé et d'eau pour me soutenir. Autrement, la voix risque de me manquer.

– Oh, n'ayez crainte, dit le roi. Nous saurons nous occuper de vous. J'ai comme l'impression que vous allez être un conteur plutôt choyé.

– Oh, Sire, un peu de confort me suffira. Je n'ai que fort peu besoin de luxe, encore que, je l'admets, je me passerai volontiers quelque temps encore des oubliettes. »

Tous deux se mirent à rire à cette évocation des retournements successifs de situation qu'ils venaient de vivre au gré d'invisibles puissances.

« Une question, cependant, avant que je ne commence, Sire.

– Oui, oui, dites.

– Qu'est-il arrivé au trésor, à Farsi et à l'ermite ? J'aimerais bien le savoir.

– Je vous le conterai par le menu une autre fois, répondit le roi. Mais voici l'essentiel. Ceux qui étaient là, y compris le serrurier et mes hommes, tous ont été autorisés à s'approcher une fois du trésor et à prendre tout ce qu'ils pouvaient emporter sur leur personne. Seul le vieil ermite a refusé. Il a déclaré qu'il avait si longtemps vécu avec bonheur et sans richesses qu'il ne voulait pas risquer un renversement de situation. Étrange bonhomme, en vérité, mais intéressant. Cela dit, ces retraits, comme vous pouvez vous l'imaginer, ont à peine ébréché cette colossale fortune. Ensuite, j'ai fait don de deux coffres d'or à la ville de Zindawar pour qu'on y construise un hôpital ou une école ou tout autre édifice d'utilité publique ; j'ai dit aux anciens de la communauté d'en décider entre eux, en précisant que je reviendrais dans quelques années pour voir ce qu'ils auront réalisé. Et puis, j'ai vu Farsi... ce cher vieux Farsi. Il est si amusant et d'une si belle intelligence. Alors, me suis-je dit, pourquoi ne pas fonder une école de langues là-bas, sur les lieux mêmes où tout cela est arrivé ? Je lui ai donc donné quatre ou cinq coffres – des diamants pour l'essentiel – et je lui ai demandé de créer une université affectée à l'étude des langues, anciennes et modernes, et à la préservation, sous des formes renouvelées, du patrimoine du genre humain. C'est à peu près tout. Les coffres restants sont en route pour le palais, escortés par des jeunes de la milice de Zindawar et par quelques-uns des officiers qui ont fait le voyage avec moi. Je ne sais pas comment je vais employer leur contenu, mais je suis sûr que, d'une manière ou d'une autre, votre influence y sera pour quelque chose. Et maintenant, je vous en prie, maître Bidpaï, voulez-vous commencer la première histoire ? Quel en est le titre, déjà ?

– "Kalila et Dimna", Sire. Et voici ce qu'elle dit. » Bidpaï but une longue gorgée de thé tiède et commença son récit.

KALILA ET DIMNA

Un jour, un marchand de Distawand partit en voyage. Il se déplaçait avec ses serviteurs dans une charrette tirée par deux buffles, Schanzabeh et Bandabeh. Ils atteignirent bientôt un passage où la route était si boueuse que Schanzabeh s'enlisa jusqu'au ventre. Le marchand, ses serviteurs et Bandabeh tentèrent de le sortir de ce bourbier, mais en vain.

Craignant de prendre du retard, le marchand décida de poursuivre sa route avec Bandabeh pour seul attelage. Il laissa un de ses serviteurs avec Schanzabeh, espérant que, la route séchant, ils suivraient plus tard. Mais après avoir passé une nuit auprès de Schanzabeh, le serviteur en eut assez d'attendre et, jugeant la situation sans espoir, il s'en alla rejoindre son maître, à qui il raconta que Schanzabeh était mort.

Cependant, Schanzabeh finit par s'extirper de la boue et partit au hasard en quête de pâturages. Après avoir erré des jours et des jours, il sortit de la forêt qui couvrait les collines et déboucha dans une vallée solitaire et verdoyante où poussait une herbe haute et savoureuse et où coulait une rivière aux flots paresseux dont les bords étaient festonnés de petits étangs pleins d'une eau claire et fraîche. Schanzabeh élut domicile dans cette vallée, où il mangeait à sa faim et buvait à sa soif, tant et si bien qu'il ne tarda pas à devenir gros et gras.

Mais Schanzabeh était seul. Personne, buffle ou bufflonne, pour lui tenir compagnie. Souvent, il se lamentait sur sa solitude en poussant de terribles mugissements qui emplissaient toute la vallée. Le lion qui régnait sur les animaux sauvages de la forêt voisine n'avait de sa vie jamais rien entendu de pareil. Il ordonna à un sanglier d'aller voir quelle étrange créature faisait ce vacarme effrayant. Le sanglier fonça à travers fourrés et ronciers, jusqu'au moment où il tomba sur Schanzabeh qui buvait dans la rivière. Quand il vit cette bête énorme pourvue de cornes acérées, il s'arrêta net parmi les roseaux de la berge, ouvrant dans sa stupéfaction des yeux tout ronds. Cependant, Schanzabeh, ne se sachant pas observé, leva le mufle au ciel et poussa trois ou quatre mugissements retentissants, quelque chose de si épouvantable que le pauvre sanglier recula précipitamment et tomba dans une profonde fondrière pleine de boue visqueuse.

Plus tard, quand il fut de retour auprès du lion, le sanglier raconta tout ce qu'il avait vu du terrifiant animal et le lion conclut de son rapport qu'il valait mieux regagner son repaire. Bien sûr, le repaire du lion était plutôt somptueux. Situé dans un clair bosquet, à mi-pente sur le flanc nord de la vallée, il était aménagé dans l'entrée d'une vaste grotte qui s'enfonçait en s'étrécissant progressivement dans le sol, doucement incliné à cet endroit-là. Sous le surplomb qui en protégeait l'ouverture, sur une avancée légèrement arrondie généralement connue sous le simple nom de la Place, le lion tenait quotidiennement conseil. Il s'agissait de réunions matinales très informelles, ouvertes à tous, où les animaux venaient exprimer leurs griefs et demander justice au roi ; on y discutait aussi des nouvelles du jour, bonnes ou mauvaises, et l'on s'y employait à modifier, réformer, réinterpréter, bref, améliorer les institutions de l'État. À l'arrière, à cinq ou six mètres à l'intérieur de la grotte, ouvrant sur une traverse qui prenait à angle droit sur la gauche, se trouvait l'Antre Royal, sec et chaud, dont la principale pièce de réception possédait même une petite fenêtre naturelle, creusée par l'érosion dans le flanc de la vallée. C'est dans ce sanctuaire lumineux et aéré que le lion se faisait apporter chaque jour sa nourriture. Il y demeura quelque temps, jouissant de la vue sur la vallée par sa petite fenêtre et n'apparaissant en public que pour tenir conseil.

Or il se trouve qu'il y avait parmi les serviteurs du lion deux chacals nommés Kalila et Dimna, qui étaient tous deux très intelligents et très rusés. « Je me demande pourquoi le lion ne quitte jamais sa tanière ? dit un beau matin Dimna à son frère, tandis qu'ils se prélassaient au soleil. Tu ne trouves pas bizarre qu'il n'aille plus rôder et chasser ?

– Si j'étais toi, mon frère, répondit Kalila, je contiendrais ma curiosité touchant ce genre de questions. Nous sommes les serviteurs du lion, et notre rôle consiste à attendre ses ordres et à lui obéir, et non pas à nous mêler de ses affaires.

– Certes, mais n'as-tu pas remarqué comme il est de méchante humeur ces jours-ci ? Apparemment, dès qu'on lui pose une question, il répond d'un ton rogue et impatient. Il a toujours l'air mécontent ou fâché, et c'est à peine s'il supporte qu'on lui adresse la parole. C'est peut-être parce qu'il craint que cette énorme bête dans le pré là-bas ne conquière son royaume.

— Es-tu fou ou simplement las de la vie ? répondit vivement Kalila. Si tu ne fais pas attention, tu vas bientôt recevoir ce que tu mérites. Faut-il que je te rappelle combien il est dangereux de se mêler des affaires du roi ? Tu me fais penser au singe qui voulut s'essayer à des choses qui le dépassaient. »

Le singe du menuisier

C'était par un beau matin. Un singe regardait son maître, qui était menuisier, fendre des bûches. Pour ce faire, l'homme s'asseyait sur l'une d'elles, et enfonçait des coins à l'aide d'une lourde masse dans chacune des extrémités, ce qui l'ouvrait légèrement dans le sens de la longueur, puis il se levait et martelait violemment chaque coin, jusqu'à ce que la bûche se fende en deux. Après plusieurs heures de ce travail, fatigué, il partit se restaurer. Le singe, qui était très curieux, voulut essayer de fendre des bûches à son tour. Or l'occasion s'en présentait, car son maître en avait justement laissé derrière lui une qui n'était que partiellement fendue – les deux coins étant déjà en place. Il s'assit sur la bûche comme il l'avait vu faire à l'homme. Mais la masse était si lourde qu'il dut s'y prendre à deux mains pour la lever au-dessus de sa tête, et même ainsi, il perdit l'équilibre, de sorte que le coup partit de travers, frappant le coin d'une manière si maladroite qu'il le fit sauter et que la bûche se referma brusquement sur ses bourses. Le singe poussa un cri affreux, les yeux complètement exorbités par la douleur. Puis il s'égosilla tant et tant que le menuisier accourut, et quand il vit ce que son stupide compagnon avait fait, il entra dans une belle colère et lui donna de telles gifles que le pauvre petit singe tomba en pâmoison.

« J'ai déjà entendu cette histoire, observa Dimna. D'ailleurs, elle vaut surtout pour ceux qui n'ont pas idée de la manière de s'y prendre. Et puis, qui ne risque rien n'a rien, car la fortune sourit aux audacieux. Je m'intéresse au lion, parce que je crois pouvoir l'aider. Et si je parviens à l'aider, je suis sûr d'en être récompensé.

— Allons donc ! mon cher frère, dit Kalila en riant, comment veux-tu aider le roi ? C'est à peine s'il t'adresse la parole, sans parler d'écouter tes conseils.

— Je commencerai par obtenir une audience du lion. Et plus tard, je lui demanderai de manière détournée ce qu'il pense de cette créature là-bas dans le pré. Je suis sûr de parvenir à formuler ma question de façon à ne pas l'irriter. De toute manière, je crois savoir que jusqu'ici aucun de ses ministres n'a osé aborder le sujet, que ce soit de près ou de loin. Or ce sujet l'inquiète, c'est évident.

— Les rois choisissent rarement les meilleurs pour ministres, répondit Kalila. Il arrive souvent que ce soit simplement celui qui se trouve être là qui devient le favori ; c'est un peu comme la vigne qui s'attache à l'arbre le plus proche.

— Exactement. J'estime le moment venu pour moi de me présenter à la cour et de mettre mon esprit et mon habileté naturelle à l'épreuve. Les conseillers actuels du roi sont, j'en suis sûr, plus bêtes et plus poltrons que moi. Si la fortune favorise de tels imbéciles, pourquoi ne me favoriserait-elle pas, moi aussi ? Nombreux sont les chemins qui mènent à la grandeur. Certains y parviennent par la vertu, d'autres par la force, d'autres par le dévouement et d'autres encore par l'art de saisir les occasions.

– Quoi qu'il en soit, répondit Kalila, je pense que tu rencontreras plus de difficultés que tu ne crois. Tu t'imagines que le lion va se prendre d'affection pour toi et qu'il t'aidera à satisfaire tes ambitions. Mais les rois, on le sait, sont capricieux : un jour, ils sont tout sourire et te donnent à croire qu'ils t'aiment, et puis, le lendemain, c'est comme s'ils ne te connaissaient pas ou, pis encore, comme s'ils te détestaient. Tu t'exposes à un vent qui peut souffler aussi fort dans des directions opposées. Enfin, je vois que tu es décidé à suivre ton idée, quoi que je puisse dire. Il ne me reste donc, mon frère, qu'à te souhaiter bonne chance. »

Dimna prit congé de Kalila et alla immédiatement sur la Place se présenter au lion. Quand on l'eut annoncé, le roi l'invita à s'approcher et à dire ce qui l'amenait.

« N'en déplaise à Votre Majesté, déclara Dimna, je suis venu mettre mes humbles capacités au service de Votre Majesté. Je prie Votre Majesté de bien vouloir user de moi comme elle l'entendra, car même un petit cure-dents peut être utile au plus grand roi, quand un aliment lui reste coincé entre les dents. »

À ces mots inattendus, le lion fut agréablement surpris et il eut immédiatement une bonne opinion de Dimna.

« Bien dit, chacal, répondit-il. Tu as mis à te présenter

de l'audace, mais aussi du respect, et tu mérites d'être mis à l'épreuve, comme tu le souhaites. Sois le bienvenu à la cour et en ma présence. »

Et à partir de ce moment-là, Dimna passa de plus en plus de temps dans la compagnie du lion. Des heures durant, ils s'entretenaient en privé de toutes sortes de sujets. Un beau matin, comme le moment lui semblait propice, il demanda au lion pourquoi il ne sortait jamais de sa tanière. Ils bavardaient à bâtons rompus dans la grande salle de réception, assis tous deux sur leur arrière-train. Par la fenêtre, Dimna et le lion contemplaient, à travers un rideau d'arbres dorés par le soleil, l'autre versant de la vallée qui se déployait par-delà les prairies et la rivière. Le paysage, déjà magnifique d'ordinaire, baignait ce jour-là dans une atmosphère particulièrement sereine.

« Sire, dit le chacal, Votre Majesté prenait naguère beaucoup de plaisir à se promener, à chasser et à se divertir dans son royaume. Il y avait de la souplesse dans votre démarche, Sire, de la vigueur dans votre rugissement, et l'on vous voyait partout. Mais voici maintenant plusieurs semaines que Votre Majesté reste confinée à la cour – isolée la plupart du temps dans l'intimité de l'Antre Royal. Il y a sûrement une raison à ce changement et, pour ma part, je souhaiterais, Sire, que vous vous confiiez à moi, si vous avez quelque inquiétude. Après tout, à quoi bon être amis, si ce n'est pour s'entraider dans la difficulté ?

– Voilà qui est gentiment dit, Dimna, répondit le lion, mais tout va bien, si ce n'est un mauvais coup de froid qui fait que je ne me sens pas dans mon assiette. De sorte que ces temps derniers je n'ai pas eu tellement envie de sortir. Mais ça va sûrement passer. »

Or il advint qu'au moment même où le lion donnait cette fausse explication, Schanzabeh flânait à cinq cents mètres à peine, dans la prairie qui se trouvait juste en face de sa fenêtre. Ils ne le voyaient pas, mais le buffle poussa soudain de puissants mugissements qui ébranlèrent la paisible atmosphère du lieu. Le lion se mit alors à trembler de tous ses membres.

« Sire, demanda Dimna, qu'a donc Votre Majesté ?

– Oh, rien, rien du tout. C'est ce maudit refroidissement... Quel ennui...

– Mais, Sire, pardonnez-moi si je prends la liberté de dire que je n'ai pu m'empêcher de remarquer que vous avez commencé à frissonner au moment où cet étrange mangeur d'herbe a produit ce bruit bizarre. Serait-ce, peut-être, que d'une certaine façon ce bruit affreux vous trouble ?

– Eh bien, oui... c'est-à-dire, non... heu... enfin, peut-être un peu. C'est effroyablement fort, tu ne trouves pas ?

– Oui, certainement, et puis c'est extrêmement désagréable, ajouta Dimna. Mais il n'y a sûrement pas de raison de s'inquiéter. Ce n'est qu'un bruit, après tout. Et nous ne devrions pas nous laisser perturber tant que nous ne savons pas ce que c'est et si, oui ou non, il y a là une vraie menace pour notre bien-être. Votre Majesté se souvient-elle de l'histoire du renard et du tambour ? Avec votre permission, Sire, je vais vous la redire. »

D'un léger signe de tête, le lion indiqua qu'il écoutait.

Le renard et le tambour

Un renard entra un jour dans un bois où se trouvait, suspendu à un arbre, un tambour. Tout à coup, le vent se leva et les branches se mirent à battre le tambour : « Boum... Boum... Rataplan-plan-plan ! »

Le renard tomba en arrêt et tendit l'oreille. Puis il rampa en direction du son et vit l'étrange objet qui se balançait à une branche, non loin du sol.

Il se dit qu'une créature qui faisait un tel tapage et vivait dans un arbre devait être bonne à manger. D'un bond, il se précipita sur le tambour et le fit rouler par terre. En grognant, il y donna de grands coups de dents et le creva.

Mais quand il regarda à l'intérieur, il s'aperçut que le tambour était vide et qu'il n'y avait rien à manger.

« Hum !... dit le lion quand Dimna eut fini son histoire. Hum !... dit-il encore en se frottant le menton de sa patte royale.

– Sire, reprit Dimna, je propose que nous enquêtions sur ce mangeur d'herbe, pour voir de quel genre de bête il s'agit. Je suis persuadé que, comme le tambour, il fait grand bruit, mais qu'en réalité il est creux et ne mérite pas qu'on s'inquiète à cause de lui. Comme Votre Majesté est souffrante, puis-je m'offrir à aller parler avec cet animal et voir qui il est ? Cela ne prendra pas longtemps et, bien sûr, je reviendrai immédiatement vous dire ce qu'il en est. En attendant, Votre Majesté pourra se reposer au chaud. »

Le lion se raidit, haussa les sourcils et fronça les babines d'un air dubitatif. Puis il sourit à Dimna et fit à nouveau signe que oui. Cependant, dès que le chacal l'eut remercié et fut parti, il commença à se tourmenter, assailli par toutes sortes de fantasmes terribles.

« En fait, je ne connais pas Dimna si bien que ça, pensait-il. C'était peut-être une erreur de lui faire à ce point confiance. Et s'il allait dire à cette créature comme je tremble quand elle rugit ? Peut-être va-t-il se dire que ce mangeur d'herbe est plus fort que moi et me trahir. Ils vont se coaliser et comploter pour me renverser, peut-être même pour m'assassiner. Dimna tient toujours des propos si suaves qu'il doit avoir quelque arrière-pensée. Qu'est-ce qui m'a pris de m'exposer ainsi à la trahison ? »

C'est ainsi que, de doute en doute, le lion parvint à se mettre dans un état de profonde terreur. Il allait et venait nerveusement dans ses appartements, pris d'une folle agitation. Enfin, il regarda par la fenêtre et vit Dimna qui remontait d'un pas pressé la piste menant à la Place. Quand le chacal pénétra de nouveau dans l'Antre Royal, le lion s'était calmé et n'avait plus l'air de rien.

Dimna informa le roi que le mangeur d'herbe n'était autre qu'un buffle. « Bien qu'il soit gros et bruyant, expliqua-t-il, c'est en fait une très douce créature.

– Mais il doit être extrêmement fort et, par conséquent, potentiellement dangereux, coupa le lion.

– De la force, certes, il en a, Sire, admit Dimna, mais je ne pense pas qu'il soit agressif. Quand je lui ai parlé, il m'a fait l'impression d'un être à la fois timide et bon. En fait, je l'ai trouvé de si agréable compagnie que j'ai failli l'inviter à venir avec moi se présenter à Votre Majesté. À mon avis, vous l'aimeriez beaucoup, Sire, et cela vous permettrait de vous assurer qu'il ne représente pas une menace pour notre sécurité.

– Que voilà une bonne idée ! Je crois en effet que j'aurais plaisir à rencontrer ce buffle, Dimna. Cela te dérangerait-il beaucoup de retourner l'inviter à se présenter à la cour ? »

Dimna partit sur-le-champ trouver Schanzabeh, qui était occupé à ruminer, couché à l'ombre d'un arbre.

« Salut, mon ami, c'est encore moi », dit le chacal, et il s'allongea dans l'herbe à côté de Schanzabeh. Celui-ci

inclina la tête et marmonna un salut, mais il continua de ruminer longuement et imperturbablement.

« J'ai des nouvelles qui vous intéresseront peut-être, reprit Dimna. Je viens, comme vous savez, de la part de Sa Majesté notre roi. Je dis bien "notre roi", car voici maintenant plusieurs semaines que vous vivez sur les terres de Sa Majesté, mon ami. Et, devrais-je ajouter, vous bénéficiez des agréments du royaume sans vous être présenté au roi ni aux fonctionnaires royaux, afin d'obtenir un Permis officiel de pacage. »

Schanzabeh interrompit un instant sa mastication, fit pivoter sa grosse tête et plongea un regard interrogateur dans les yeux du chacal.

« J'ai toujours soutenu que cette négligence n'était pas délibérée de votre part, poursuivit Dimna, et qu'il n'était pas dans vos intentions de manquer de respect ni de nuire à qui que ce fût. Mais il se trouve des gens à la cour pour prétendre que vous êtes un dangereux intrus, que vous avez en quelque sorte fait effraction dans nos domaines. Ce genre de ragots ne vous rend pas service, mon ami, car certains ont été jusqu'à dire que le roi devrait vous attaquer et vous tuer ou, à tout le moins, vous chasser d'ici. »

Dimna pencha la tête sur le côté et se gratta l'oreille d'une de ses pattes de derrière. Quand la démangeaison fut calmée, il adressa un grand sourire à Schanzabeh et poursuivit.

« Mais heureusement, le lion est aussi juste qu'il est puissant : jusqu'ici, il m'a écouté et il est, comme moi, d'avis que c'est par ignorance que vous vous comportez de la sorte, simplement parce que vous n'êtes pas d'ici et que vous ne connaissez pas nos usages. Je l'ai assuré que, si vous aviez su que ces terres appartenaient à Sa Majesté, vous n'auriez pas manqué de présenter une demande de POP. Sa Majesté est maintenant décidée à régler l'affaire une fois pour toutes et elle m'a ordonné de vous inviter à m'accompagner là-haut à la cour. Le roi souhaite vous connaître et se faire sa propre opinion sur vos intentions. »

Pendant ce discours, Schanzabeh se sentit gagné par l'appréhension. Il cessa de ruminer, s'ébroua avec inquiétude et se leva.

« Il serait peut-être sage que je m'en aille immédiatement, dit-il. À vous entendre, j'ai l'impression de courir un grand danger.

— Non, pas du tout, répondit Dimna en se levant à son tour, ce n'est pas nécessaire. Le lion m'a chargé de vous promettre que vous pourriez aller à la cour et en repartir en toute sécurité. N'ayez crainte, personne ne vous fera de mal. À mon avis, le plus sage est de venir avec moi et de vous expliquer. C'est une simple formalité.

— Peut-être, mais je n'avais pas la moindre idée que les choses en étaient arrivées à ce point, répondit le buffle. Comment pouvez-vous me promettre que tout ira bien ?

— Eh bien, déclara Dimna en réfléchissant très vite, je vous le promets sur les oreilles de mon frère, le chacal Kalila. Qu'elles soient emportées par une paire de féroces mâchoires, s'il vous arrive quoi que ce soit.

— Qu'il en soit ainsi », déclara Schanzabeh, et il conclut le marché en abaissant sa grosse tête et en pressant doucement son nez contre celui de Dimna.

Sans perdre de temps, ce dernier escorta Schanzabeh à la cour. Pourtant, le lion avait l'impression qu'il s'était écoulé des siècles depuis son départ. Il était en train d'écouter les fastidieux arguments de plusieurs tribus de singes qui s'affrontaient sur une affaire de territoire et s'efforçaient désespérément de retenir son attention sur des questions de limites de propriété en matière de bananiers et autres problèmes du même tonneau. Les factions rivales se livraient à de vifs échanges, se répandant en jacassements suraigus, brandissant les poings et faisant sur place des bonds enragés. Soudain, le lion aperçut Dimna qui arrivait en courant, suivi du grand buffle. Le roi fut émerveillé par la taille et la beauté de Schanzabeh. « Eh bien, voilà quelqu'un qu'il vaut mieux avoir de son côté, se dit-il à part soi. Quel animal ! » Et le fait est que toute la cour se tut brusquement, saisie à la vue de cette bête magnifique, et lui céda précipitamment la place.

Tête basse, Schanzabeh s'approcha lentement de la personne du roi et s'agenouilla. « Si Votre Majesté veut bien me le permettre, je viens implorer Votre Majesté de me pardonner mon ignorance, car c'est elle qui m'a empêché de venir la saluer jusqu'à présent, dit-il les yeux humblement baissés. Si je m'étais rendu compte que j'étais sur vos terres, Sire, je me serais présenté plus tôt. Mais jusqu'à ce jour, je me croyais seul dans cette vallée. Maintenant que me voilà mieux informé, je suis ravi que me soit offerte la possibilité de vous servir et de jouir de la compagnie des aimables habitants du royaume de Votre Majesté. »

Ces paroles enchantèrent le roi et sa cour, à tel point que tous ou presque conçurent immédiatement une excellente opinion du buffle. Un murmure d'approbation parcourut l'assistance.

« Relève-toi, je te prie, gentil buffle », rugit le roi, et tous de se taire. « Sois le bienvenu parmi nous et disnous quelles aventures t'ont amené jusqu'ici et pourquoi, parfois, tu fais un tel bruit.

— Il ne s'agit pas tant d'aventures, Votre Majesté, répondit Schanzabeh en se que de malheurs », redressant, cette fois-ci, de toute sa taille. Puis, bien campé sur ses pattes, la voix pleine de confiance et de sincérité, il conta comment il avait été amené à connaître la solitude dans la vallée. Tous écoutèrent avec la plus grande attention jusqu'à ce qu'il eût achevé son récit.

« Ô buffle, tu as l'air de quelqu'un à qui l'on peut se fier et je suis frappé par ce que tu viens de nous raconter, dit le lion. Pourquoi rester seul dans mon royaume ? Je t'invite à demeurer ici et à partager avec nous tout ce qu'offre la nature. La cour t'est ouverte, et je suis si heureux de ton étrange apparition parmi nous que je te confère dès à présent les titres de prince des Buffles et duc de la Bouverie ! » Une puissante ovation, véritable concert de rugissements, braiements, grognements, hululements, miaulements, feulements, sifflements et autres hurlements, s'éleva de l'assistance enthousiaste, et le nouveau duc de la Bouverie s'agenouilla derechef pour accueillir cette soudaine embellie du sort.

Le lion et le buffle ne tardèrent pas à devenir de grands amis. Le roi consultait Schanzabeh sur toutes ses affaires,

personnelles ou politiques, et ils vagabondaient joyeusement à travers la campagne, mêlant travail et plaisir. Il sautait aux yeux de tous que le duc de la Bouverie était le nouveau favori du lion.

Au début, Dimna tenta de surmonter l'irritation qu'il éprouvait à se voir supplanté dans le cœur du roi. Mais bientôt, l'envie prit possession de lui au point qu'il ne parvint plus à se dominer et commença à récriminer.

« Comment ai-je pu être assez sot pour servir le roi au détriment de mes propres intérêts ? C'est moi qui ai amené le buffle au lion, et comment suis-je récompensé ? Est-ce que j'ai reçu un titre, sans parler de deux ? Qui a la faveur du roi, dont je jouissais auparavant ? Oh, mille fois maudit soit ce satané prince des Buffles ! » Ces récriminations avaient quelque chose d'injuste, car Schanzabeh ne manquait jamais de partager avec son premier bienfaiteur, le chacal, les moindres avantages ou privilèges qui lui venaient du roi. « Je te serai toujours redevable, avait-il dit un jour à Dimna, de m'avoir persuadé de paraître devant le roi. » Mais le chacal était blessé dans son amour-propre de ce que le buffle fût plus intime que lui avec le lion, et que sa propre récompense lui parvînt, pour ainsi dire, de second sabot.

Lorsqu'il fut à bout, Dimna alla voir son frère et donna libre cours à son irritation. Kalila l'écoutait, tranquillement assis sur le derrière à l'entrée de sa tanière, tandis qu'il allait et venait rageusement devant lui, tempêtant et fulminant contre l'injustice de la situation. Pourquoi, enfin, ce satané Schanzabeh avait-il tant de privilèges, alors que lui, Dimna, on l'ignorait ? Quand, au bout d'un moment, sa colère se fut apaisée, Kalila prit la parole.

« Je compatis à ta situation, mon frère, mais je crains que tu n'aies à t'en prendre qu'à toi-même. Te voilà fâché, mais c'est toi qui as voulu absolument te mêler des affaires de la cour. À quoi t'attendais-tu donc ? Qui approche sa patte du feu risque de se brûler. Tu me rappelles l'histoire du derviche et du voleur et, si tu veux bien t'asseoir et te calmer un peu, je vais te la raconter. »

Kalila attendit que Dimna se fût en ronchonnant assis à ses côtés, et voici ce qu'il lui conta.

Le derviche et le voleur

Il était une fois un vénérable derviche dont les manières graves et la réputation de piété faisaient une telle impression sur tous ceux qui l'approchaient qu'un beau jour le roi vint l'honorer d'une visite. Ce monarque éprouva auprès du « saint homme » une si sublime sensation d'élévation spirituelle qu'avant de le quitter il lui fit don d'un magnifique manteau.

Le derviche ne fut pas peu flatté de ce présent. Il se mit bientôt à porter ce royal vêtement chaque fois qu'il paraissait en public, et l'on eût dit que cette marque nouvelle de distinction l'autorisait à se pavaner tel un paon qui se serait soudain avisé de la splendeur de son plumage. La timidité et le manque d'assurance dont il faisait preuve auparavant dans ses rapports avec amis et relations firent progressivement place à un maintien autoritaire. Il devint grandiloquent et arrogant, plein de ses opinions et rude dans ses manières ; le peu de sens de l'humour qu'il avait jamais possédé le déserta complètement. Mais comme sa réputation de sagesse était en quelque sorte sanctifiée par la présence du royal manteau, personne ne remarquait ce changement. On s'effaçait en sa présence et l'on était même heureux de se laisser rudoyer par un personnage aussi indiscutablement « sérieux ». Personne n'y trouvait à redire, enfin... personne, si ce n'est un certain voleur qui, pour des raisons que j'ignore, résolut de s'approprier le magnifique manteau du derviche.

Il se présenta un beau matin chez ce dernier, sollicita un entretien en privé, fut reçu et, après les formalités d'usage, parla en ces termes :

« Ô grand et illustre sage, je parais devant vous sans rien à offrir, si ce n'est ma soif d'apprendre. Cela fait plusieurs années que, de loin, votre exemple m'inspire et me pousse au perfectionnement spirituel. Mais je me rends compte à présent que tout progrès m'est désormais interdit, sauf à me placer directement sous votre direction. Je vous supplie donc de bien vouloir m'accepter pour disciple, de façon que je puisse avoir au moins une petite chance de trouver la juste voie. Si indigne que je puisse paraître aujourd'hui, je fais le serment de vous servir fidèlement. »

Il faut reconnaître, à l'honneur du derviche, que ce discours plein d'apparente humilité ne le séduisit pas de prime abord. Il fut immédiatement tenté de mettre le jeune homme dehors sans autre forme de procès. Mais il hésita, ne sachant trop comment mesurer la sincérité de cette supplique. Après tout, il avait bel et bien quelque chose à enseigner : de cela il était sûr ! Et jusque-là, personne n'avait demandé à devenir son disciple.

Le voleur flaira d'instinct les doutes du derviche et, se rendant compte qu'il n'avait rien à perdre, il se laissa doucement tomber sur les genoux et inclina la tête, pur portrait du parfait suppliant. Du coup, le derviche se décida. Il posa les mains sur les épaules du voleur et le releva.

« Lève-toi, mon fils, lève-toi, dit-il d'un ton solennel. L'heure est aussi propice pour moi qu'elle l'est pour toi. Le temps est venu, en effet, où il est bon qu'un disciple s'assoie, pour ainsi dire, à mes pieds et reçoive sa part du peu de sagesse que le Ciel a jugé bon de m'accorder. Sache donc que j'accepte ta demande et suis assuré que nous pourrons faire ensemble de fructueux efforts. »

Le voleur ne tarda guère à aller vivre sous le propre toit du derviche. Il présentait tous les dehors du disciple modèle, servant humblement son maître en tout et se forçant à écouter avec une profonde attention les discours les plus ennuyeux du pontifiant vieillard. Mais une nuit, alors que celui-ci dormait du sommeil du juste, il prit la fuite avec le magnifique manteau et tout ce qu'il put trouver de plus précieux. Le lendemain matin, le derviche découvrit, atterré, la disparition des biens auxquels il tenait le plus. Qu'avait-il donc fait pour mériter ce coup du sort ? Qu'y avait-il eu de critiquable dans son comportement pour qu'on le trahît aussi bassement ?

Comme il ne trouvait pas la réponse à ces questions, il résolut de partir à la recherche de son ex-disciple, afin de les lui poser directement. Il devait sûrement y avoir une leçon à tirer du fait qu'il ait pu être si parfaitement dupé par quelqu'un qui paraissait aussi sincère ; et peut-être aurait-il même la chance, s'il parvenait à le retrouver, de récupérer son royal manteau. C'est ainsi qu'avec pour tout bagage son bol de mendiant et sa résolution il se mit en quête de ce qu'il pourrait apprendre.

Les traces du voleur conduisaient hors de la ville et, quand vint l'après-midi, le derviche arriva sur un rude chemin de montagne. Alors qu'il venait de s'asseoir sur une pierre pour prendre un peu de repos, il remarqua deux béliers qui s'apprêtaient à se battre. Ils se tenaient à une trentaine de pas l'un de l'autre, grognant et raclant de temps à autre le sol de leur sabot. Puis, soudain, comme obéissant à un signal, ils chargèrent et heurtèrent férocement leurs cornes avec un claquement que renvoyaient en écho les pics environnants. Le derviche vit ce spectacle se répéter maintes et maintes fois, jusqu'au moment où les deux bêtes commencèrent à perdre leur sang par les blessures qu'elles s'infligeaient. Mais toujours elles revenaient à la charge, heurtant leurs fronts sur un rythme d'une implacable monotonie qui avait sur le spectateur un effet quasiment hypnotique : clac – écho – silence ; clac – écho – silence.

Un renard apparut soudain, surgi de derrière un rocher. Sous le regard fasciné du derviche, il s'avança par bonds agiles jusque sur le champ de bataille et commença à lécher délicatement le sang qui avait giclé sur le sol rocailleux.

Voilà notre renard tellement occupé à savourer ce mets de choix qu'il ne voit pas les béliers, inconscients de sa présence, reprendre leurs marques sur la ligne de départ de telle sorte qu'il se trouve très exactement sur la trajectoire des combattants. Aveuglés par la fureur, ceux-ci abaissent de nouveau leurs cornes et foncent à toute vitesse l'un sur l'autre. Le renard ne relève la tête que pour se la faire fracasser sous le choc des deux crânes. Sans se donner le temps de souffler, les béliers reprennent position afin de poursuivre leurs mortels coups de boutoir, tandis que le renard gît palpitant, la cervelle répandue sur le sol.

L'incident horrifia le derviche à tel point que, d'un bond, il se leva et reprit sa route, poursuivi par les échos de la bataille et l'image de la mort atroce du renard. Comme le jour tirait à sa fin, il força l'allure, pour atteindre la ville la plus proche avant le soir. Il parvint tout juste à en franchir les portes comme la nuit allait tomber. Las et encore bouleversé par la mort du renard, il chercha un logis pour la nuit. La première personne du lieu à lui offrir l'hospitalité fut une vieille femme à l'air bienveillant, laquelle se trouvait être la patronne du bordel local. Le derviche qui n'en savait rien se retira tranquillement dans un coin de la pièce, pour y dire ses prières et méditer sur les événements de la journée.

Parmi les jeunes femmes dont la maquerelle vendait les faveurs aux hommes de la ville, il en était une particulièrement jolie qu'un amour sincère et profond attachait à un amant passionnément épris. La jeune femme et son monsieur se gardaient jalousement l'un pour l'autre et musardaient

rêveusement dans le bordel en se tenant par la main et en échangeant des regards langoureux de poissons morts d'amour. Comme la jolie courtisane ne laissait, à part son amant, aucun homme l'approcher, sa productivité baissait et les affaires en souffraient. La maquerelle, qui touchait la moitié de ce que gagnaient ses filles, en était fort fâchée, car elle commençait à voir ses revenus diminuer. Et sa cupidité était telle qu'elle avait résolu de mettre fin justement cette nuit-là, et une fois pour toutes, à ces inepties.

Donc, tandis que le derviche se reposait dans son coin, les affaires allaient leur train comme à l'accoutumée. De temps à autre, un homme paraissait dans la douce lumière des chandelles qui éclairaient le salon puis, sous l'aimable direction de la maquerelle, se retirait dans l'une des petites chambres latérales avec la dame de son choix. Seule exception, toutefois, cette jeune femme et son amant qui, allongés à l'écart sur des coussins, buvaient du vin, riaient, se murmuraient des mots doux et s'embrassaient comme seuls peuvent le faire de vrais amants.

Se prétendant ravie de leur bonheur, la maquerelle, le sourire aux lèvres et l'œil attendri, s'approcha d'eux armée d'une bouteille pour leur verser de nouveau à boire. C'est à peine s'ils la remarquèrent et, comme ils se contentaient de tendre leur verre sans lui accorder un regard, rien ne fut plus simple pour la vieille que de glisser un petit grain d'opium dans celui du jeune homme. Ce dernier ne tarda pas à s'affaler sur les coussins et à tomber dans un profond sommeil. Folle d'inquiétude, la jolie jeune femme essaya en vain de le réveiller et, craignant pour sa santé, se précipita hors de la maison pour aller quérir un médecin.

À présent que le jeune homme gisait seul sur les coussins, la maquerelle se glissa auprès de lui dans la pénombre, l'esprit plein de mortelles intentions. À la main, elle tenait un roseau à l'intérieur duquel elle avait introduit une poudre empoisonnée. Parvenue à ses côtés, elle s'agenouilla et plaça une extrémité du roseau entre ses lèvres. Elle aspira une grande goulée d'air et prit l'autre extrémité du roseau entre ses dents, afin de lui insuffler le poison le plus profondément possible dans le corps. Mais voilà que, soudain, le jeune homme fait un rot. À la grande horreur de la maquerelle, la bouffée traverse d'un coup le roseau et elle sent la poudre empoisonnée s'engouffrer dans sa propre gorge. Elle recule en trébuchant, les mains crispées sur le cou, vacille et s'effondre en poussant des gémissements terrifiés. Le puissant poison l'emporta en moins d'une demi-heure. Elle expira dans d'atroces souffrances, que le médecin, arrivé avec la jeune courtisane, ne parvint même pas à soulager. Le malheureux derviche, qui avait assisté en tremblant à toute la scène, demeura stupéfait de la monstrueuse méchanceté du monde et, incapable de trouver le sommeil, attendit le jour avec impatience.

Le lendemain matin, il quitta le bordel et passa la journée à chercher en vain son ex-disciple. Le soir venu, il se mit de nouveau en quête d'un toit. Cette fois-ci, il fut accueilli par un aimable cordonnier, qui lui dit : « Vous êtes le bienvenu dans ma maison, l'ami, mais ce soir je dois malheureusement me rendre à une réunion d'affaires que je ne puis éviter. Ma femme s'occupera de vous et veillera à ce que vous ne manquiez de rien. Elle vous préparera à manger et vous pourrez dormir sur le banc là-bas dans ce coin. Si vous y étalez l'une sur l'autre quelques-unes de mes peaux, vous verrez que cela vous fera un matelas acceptable. Et maintenant, si vous voulez bien m'excuser, il faut que je m'en aille. Nous nous verrons demain matin. Bonne nuit. »

Le derviche remercia le cordonnier de sa bonté et, après avoir savouré un repas simple mais délicieux préparé par sa femme, il s'installa sur le banc pour dire ses prières et dormir.

Or la femme du cordonnier, qui était jeune et jolie, avait un amant, beau et spirituel, qu'elle voyait quand l'occasion s'y prêtait. Les tourtereaux se retrouvaient de temps à autre tantôt ici, tantôt là, grâce à la complicité de la femme du voisin, une vieille toupie qui adorait jouer les entremetteuses. Quand le derviche fut endormi, la jeune femme courut chez sa voisine et lui dit à l'oreille : « Mon mari s'en est allé à la ville et ne sera pas là ce soir. Il rentrera sûrement tard, et saoul. Va, si tu peux, je te prie, voir qui tu sais et dis-lui que l'horizon est dégagé et que nous pourrions, s'il est libre, prendre un peu de bon temps. »

La vieille attrapa son châle et, gloussant et se frottant les mains de plaisir, se précipita chez le jeune homme pour lui faire la commission. Mais, par un caprice du hasard, la réunion se termina plus tôt que d'habitude ce soir-là et le cordonnier, légèrement éméché, arriva chez lui au moment même où l'amant de sa femme approchait de sa porte. Le vieux cordonnier, qui n'était pas fou et aux oreilles de qui étaient parvenus de vagues bruits comme quoi sa femme s'offrait quelques extras, comprit sur-le-champ ce qui se passait. Après avoir toisé avec colère le jeune homme, qui contemplait à présent les étoiles en sifflotant d'un air insouciant, il fonce dans la maison comme un furieux.

Il tire sa jeune femme du lit en l'empoignant par les cheveux, la jette en travers de ses genoux et se met à la battre comme plâtre. Elle pousse des cris aigus, le supplie de s'arrêter, mais en vain, le cordonnier continue jusqu'à ce que son bras n'en puisse plus et que le derrière de son épouse soit littéralement couvert de bleus. Puis il la traîne jusqu'à l'un des piliers de soutien du toit et, toute nue qu'elle est, l'y attache solidement avec une lanière de cuir qui lui tombe sous la main. Tout hoquetant de rage autant que d'épuisement, il lui tire la tête en arrière et lui crache à la figure les premiers mots qui lui viennent depuis son retour :

« Je t'apprendrai à me faire cocu, petite garce ! Tu passeras la nuit debout là, parce que je ne veux pas de toi dans mon lit ! » Sur ces mots, il arrache ses vêtements, se jette sur le lit, furieux contre elle, furieux contre lui-même pour s'être emporté de la sorte et, pris pour lui-même d'une furieuse pitié, pleure à chaudes et poisseuses larmes sur son oreiller, jusqu'à ce que, terrassé par le sommeil, il commence à ronfler.

Comme bien vous pensez, le vieux derviche pouvait difficilement dormir durant cette tragi-comédie. Tapi sous sa cape, n'osant bouger, le cœur battant à tout rompre sous l'effet d'une brusque agitation, il n'avait pu faire autrement que d'assister à cette scène de violence domestique au vague clair de lune qui pénétrait dans la pièce par deux fenêtres basses. Et à présent que le vieux cordonnier ronflait et faisait des rêves (de béliers, de cerfs, de bœufs et, je suppose, d'autres bêtes au front pourvu de cornes), le malheureux était incapable de retrouver le sommeil. Or voilà que bientôt il entend gratter et craquer du côté de la porte de derrière, puis il voit cette vieille bonne femme de voisine entrer tout doucement sur la pointe des pieds, s'immobiliser un instant pour regarder autour d'elle et s'approcher de la jeune femme attachée à son pilier.

« Seigneur, oh là là, Seigneur, c'est pas Dieu possible ! marmottait à mi-voix la vieille. Qu'est-ce qui s'est donc passé ? J'ai entendu des cris épouvantables, je t'ai crue morte !

– Eh bien, tu n'es pas loin de la vérité, répondit la jeune femme dans un soupir. Quelque méchante langue a répandu des histoires sur moi, si bien que le vieux est rentré plus tôt, et dans une colère noire. Il m'a battue si fort que j'ai cru mourir et, comme si ce n'était pas assez, il m'a ligotée à ce pilier. Aïe, aïe, aïe ! que j'ai donc mal ! J'ai les fesses tout en sang ! » La jeune femme se tut un instant pour laisser à sa voisine le temps de savourer cette intéressante information, puis elle poursuivit :

« Si tu étais une vraie amie et une voisine charitable, tu me détacherais et tu te mettrais à ma place pour quelques heures seulement. Je t'en supplie, il faut absolument que j'aille voir qui tu sais et que je lui dise ce qui est arrivé. Je t'en prie, ne dis pas non. Je ne peux pas supporter d'être séparée de lui. Je reviendrai dès que possible – je te le promets. »

Tout apitoyée, la vieille, qui était pleine de sympathie pour les douceurs de l'adultère, accepta sans rechigner. Sans faire de bruit, les deux complices procèdent à l'échange et la jeune femme, après avoir hâtivement passé quelques vêtements, se glisse hors de la maison pour aller butiner quelques heures de plaisir dans les bras de son amant. Le derviche, à qui aucun détail de cette manœuvre n'avait échappé, se dit sombrement qu'il ne pouvait plus dans ces conditions accuser le cordonnier de cruauté.

Il était sur le point de se rendormir quand ce dernier se réveilla et, prêt à céder au remords, appela doucement sa femme dans l'obscurité. La pauvre vieille, terrifiée, n'osait répondre, car elle savait que le son de sa voix trahirait la supercherie. De nouveau, le cordonnier appelle, toujours pas de réponse. Une troisième fois. Silence. Fou de colère, il bondit hors du lit et hurle : « Par tous les diables, coquine, répondras-tu ? » Il saisit un couteau et se jette sur elle. D'un coup, il tranche le nez de sa femme, du moins le croit-il. Et il lui dit en lui tendant le sanglant appendice : « Tiens, vaurienne ! Va porter ce petit présent à ton hoche-queue ! »

Bien que souffrant mille morts, la pauvre vieille voisine n'osait faire entendre le moindre gémissement. Le cordonnier laissa tomber le nez à ses pieds et retourna se coucher d'un pas chancelant. Le derviche restait pétrifié sur son banc, s'efforçant de maîtriser ses haut-le-cœur.

Peu après, alors que le calme était revenu, si ce n'est le cordonnier qui ronflait de plus belle, la jeune femme revint de ses amours et, comme vous pouvez l'imaginer, fut horrifiée plus qu'on ne saurait dire en découvrant que sa vieille amie avait perdu son nez. En lui demandant mille pardons, elle la détacha et reprit sa place, ligotée contre le pilier, tandis que la malheureuse vieille rentrait chez elle en emportant son nez.

Quelques heures plus tard, la jeune femme commença à gémir misérablement sur son sort et, quand elle fut certaine que son mari était réveillé et l'écoutait, elle se mit à prier tout haut, disant :

« Ô Dieu tout-puissant, toi qui sais le secret de tous les cœurs, abaisse tes regards sur une innocente maltraitée sans raison. Tu connais ma chasteté. Cependant, mon mari m'a fait ouvertement injure en me défigurant de la manière la plus cruelle. Si ce que je dis est vrai, je t'en prie, ô Seigneur Dieu, efface cet outrage et rends-moi mon nez. »

En entendant ces mots, le cordonnier se dressa tout droit sur son lit et cria : « Maudite chienne, quelle est cette prière effrontée ? Ne sais-tu pas que les suppliques d'une putain offusquent les oreilles de Dieu ? La vraie prière doit venir d'un cœur pur, et le tien est comme une fosse puante ! »

Mais, ignorant cette réprimande, sa femme s'écria avec une feinte exultation. « Alléluia ! Grâce à Dieu ! Alléluia ! Tu m'as exaucée, ô Dieu tout-puissant ! Miracle ! Miracle ! » Et la voilà qui se répand en pleurs de joie, tant est puissante sa feinte émotion. Sceptique, le cordonnier allume en hâte une chandelle et se précipite vers sa femme. Son nez est en parfait état, pas la moindre marque sur son visage. Foudroyé, il tombe à genoux, lui baise les pieds et implore son pardon. Il la libère de ses liens, la conduit au lit et par mille caresses s'efforce de lui faire oublier sa brutalité.

Pendant ce temps, la vieille amputée était rentrée chez elle en se demandant comment expliquer la perte de son nez à son époux, le barbier. Elle resta assise, tout ensanglantée, sur le bord du lit jusqu'au moment où, l'aube venue, celui-ci s'éveilla. Il s'étira dans le noir, bâilla, toussa. « Une nouvelle journée commence, ma chère femme, une nouvelle journée, dit-il, encore tout ensommeillé. Aie, je te prie, la gentillesse d'aller me chercher mon coffret à peignes et mes rasoirs. J'ai ce matin un client important à raser à la première heure. »

La vieille taupe remonta son châle qu'elle tint serré sur son visage et alla en traînant les pieds quérir les objets demandés, tandis qu'il allumait la chandelle qui était auprès du lit et commençait à s'habiller. Elle prit son temps, puis revint, ne rapportant que le coffret à peignes.

« Mais où sont donc mes rasoirs, femme ? demanda-t-il d'une voix irritée. Es-tu sourde ? Va me chercher mes rasoirs ! »

Sans mot dire, elle repartit de son pas traînant. Lorsqu'elle revint, le barbier tendit distraitement la main tout en achevant à la hâte de se vêtir. Alors, la vieille rusée lui présenta les rasoirs ouverts, lame en avant, de telle sorte que l'un d'eux lui érafla un doigt.

« Fieffée imbécile ! » hurla le barbier. Et il lui lança les rasoirs à la tête, si bien que ceux-ci s'éparpillèrent dans la pièce.

« Aaaïe ! Aïe, aïe, aïe ! s'époumona la vieille. Mon nez ! Mon nez ! » Elle se courbe en deux comme sous l'effet de la douleur et ramasse prestement l'un des rasoirs qu'elle couvre d'un peu de son sang. « Aïe, aïe ! poursuit-elle. Au meurtre ! À l'assassin ! »

Stupéfait, son mari, qui n'en croit pas ses oreilles, empoigne la chandelle et se précipite vers elle. C'est alors qu'elle lui montre le sang, son nez coupé et le rasoir, tout en poussant des cris à ébranler la maison. Parents et amis accourent, saisissent le cruel barbier et s'emploient à calmer la vieille en pleine hystérie.

Plus tard dans la matinée, on escorta le barbier au tribunal et on l'accusa de ce crime odieux. Convaincu de sa culpabilité, l'infortuné se tenait là, baissant misérablement la tête, accablé de honte, sans rien dire pour sa défense.

« Pour ce crime abominable, proclama le juge après avoir entendu l'affaire, je te condamne à avoir à ton tour le nez tranché par un rasoir ! Cet acte est le plus barbare et le plus atroce dont ce tribunal ait jamais eu à connaître et c'est là le seul moyen que je puisse trouver de rendre justice. »

Mais avant qu'on ait pu emmener le malheureux barbier, le derviche, qui avait suivi la foule au tribunal, bondit, ouvre grand les bras et s'écrie :

« Attendez, monsieur le Juge, attendez ! Vous ne connaissez pas toute l'histoire ! Il faut que je parle, car je n'en puis plus !

– Que signifie cet éclat ? dit sèchement le juge. Expliquez-vous, mon ami, et vous avez intérêt à le faire bien, sans quoi je vous ferai mettre derrière les barreaux pour atteinte à la dignité de la cour par un comportement aussi déplacé.

– Votre Honneur, il faut, afin que la justice puisse s'exercer dans le cas présent, que nous reprenions les choses à leur début et que vous sachiez comment mon seul et unique disciple me vola le magnifique manteau que m'avait offert le roi. Aussi étrange que cela puisse paraître, tout est lié, et je sollicite la permission de conter l'histoire dans son entier, afin que nous puissions tous comprendre ce qui est arrivé en réalité. »

En entendant mentionner le roi, le juge se montra disposé à écouter. Craignant que le derviche, malgré son apparence, ne fût un personnage important, il l'autorisa à poursuivre. Celui-ci raconta, sans omettre le moindre détail, son histoire à partir du moment où il avait reçu du roi le magnifique manteau. Tous dans la salle d'audience – gardes, témoins, badauds, suppliants, plaignante, hommes de loi, huissiers, bref, tous – écoutèrent en retenant leur souffle et, quand il eut fini, le derviche conclut ainsi :

« Votre Honneur, si je n'avais pas accepté le manteau par ambition, le voleur ne me l'aurait pas dérobé. Si le renard n'avait pas léché par gourmandise le sang tombé de leurs blessures, les béliers ne l'auraient pas tué. Si la mère maquerelle n'avait pas cherché à contrarier un amour véritable, elle n'aurait jamais été empoisonnée. Si la femme du barbier ne s'était pas faite complice de l'adultère de la femme du cordonnier, elle n'aurait pas perdu son nez. La morale de toute cette histoire est simple : celui qui obéit à la cupidité (quelle qu'en soit la forme) ne peut espérer être accessible au bien. »

L'histoire du derviche frappa si fort l'assistance que le juge leva la séance jusqu'au lendemain, afin de célébrer cette leçon de sagesse. Après quoi chacun rentra chez soi et vécut du mieux qu'il put le restant de ses jours.

105

« Je vois où tu veux en venir avec ton histoire, mon frère, soupira Dimna, et je reconnais que je ne serais pas dans cette situation si je m'étais mêlé de mes propres affaires. Si j'avais le choix, je ne me conduirais certes pas de la même façon aujourd'hui. Mais je suis dedans jusqu'au cou maintenant. Alors, que puis-je faire ? Je crève de dépit à l'égard de Schanzabeh. »

Incommodé par une puce qui s'acharnait sur son épaule gauche, Dimna enfouit le museau dans son pelage, qu'il se mit à fouiller longuement des dents tout en laissant échapper de légers grognements. Puis, soulagé, il se leva, se secoua et commença à faire les cent pas.

« Il faut, marmonna-t-il, que d'une façon ou d'une autre je trouve le moyen de calomnier et de discréditer le buffle aux yeux du roi, afin de recouvrer ma position d'antan. Le duc de la Bouverie doit bien, comme tout un chacun, avoir dans son passé quelque chose à cacher. Je m'en vais, coûte que coûte, découvrir quelque secret le concernant et le révéler au lion. Après tout, il est probablement de l'intérêt de tous que le roi prenne conscience de la vraie nature de ce sournois mangeur d'herbe.

– Allons, dit vivement Kalila, prétends-tu sérieusement que l'amitié du roi et du duc présente un quelconque danger ? Tu te laisses emporter par la jalousie et tu cherches une justification à tes actes, si faible et si peu vraisemblable soit-elle. »

Dimna s'arrêta net et fit face à son frère, le poil tout hérissé et l'œil menaçant.

« Arrête ça, veux-tu, gronda-t-il, j'en ai assez de tes ridicules analyses d'amateur. C'est un fait archiconnu que dans une cour le favoritisme suscite des rivalités qui risquent de dégénérer en rébellion. Ceux qui ne jouissent pas des faveurs du roi entretiennent toujours des rancœurs contre ceux qui bénéficient de son attention.

– Ça va, ça va, dit Kalila en riant et en reculant légèrement. Mais comment, Seigneur, penses-tu t'y prendre pour saper la réputation de Schanzabeh ? Pour le moment, il a l'air drôlement bien incrusté dans le cœur du roi. Pour ne rien dire du fait qu'il est à l'évidence beaucoup plus gros et plus fort que toi.

– Tu es trop bête, rétorqua Dimna. Penses-tu vraiment qu'il faille être gros et fort pour pouvoir se venger ? La plupart du temps, c'est le voleur sans le sou qui vole le riche notable, le germe insignifiant qui détruit les grands et les puissants, le lâche qui tue le héros. Tiens, puisque j'ai été plus d'une fois obligé de supporter tes fastidieuses histoires, je te serais reconnaissant de bien vouloir à présent en écouter une à ton tour. C'est l'histoire de la corneille, du serpent et du chacal qui illustre ce point, justement. »

La corneille, le serpent et le chacal

Il était une fois une corneille qui avait construit son nid tout en haut d'un vieil arbre. À peine eut-elle fini de pondre que, ciel ! un serpent se coule hors d'un trou qui s'était formé à la base du grand arbre, se faufile en ondulant jusqu'au sommet et gobe ses œufs jusqu'au dernier. Très affligée, la corneille se rendit chez son ami le chacal, afin de lui demander conseil.

« Il faut, lui dit-elle, que, coûte que coûte, je règle son compte à cette ordure.

– Comment vas-tu t'y prendre ? demanda le chacal d'un air perplexe.

– Dès que je le trouve endormi, répondit la corneille, je fonds sur son crâne et je lui crève les yeux. Jamais plus ce serpent ne trouvera le chemin d'un nid, quand j'en aurai fini avec lui.

– Je vois, dit le chacal avec une moue dubitative. À vrai dire, je n'aime pas ça. Non, décidément, poursuivit-il en secouant la tête, je n'aime pas ça du tout. Si j'étais à ta place, mon amie, je m'y prendrais autrement. Il faut trouver, pour te venger, un moyen moins dangereux pour ta propre personne. Sans quoi, il pourrait t'arriver comme à la grue qui essaya de tuer un crabe. Tu te rappelles cette histoire ? »

La grue et le crabe

La grue habitait un agréable lac entouré de molles collines que recouvrait un épais tapis d'herbe parsemé de fleurs. Elle vivait de la pêche et, de longues années durant, les prises furent abondantes. Mais avec le temps, elle vieillit et perdit ses forces, si bien qu'incapable de plonger avec la rapidité d'antan elle fut bientôt contrainte de chasser dans les airs et de se nourrir des quelques sauterelles qu'elle parvenait à attraper de temps à autre. Un moment vint où la grue crut mourir de faim.

Un beau matin, alors que, soupirant et faisant fort triste figure, elle était posée là dans la vase non loin de la rive, un énorme crabe d'eau douce chargé d'ans qui traînait dans les parages lui demanda ce qui n'allait pas.

« Oh, répondit-elle, je suis démoralisée à cause d'une conversation que j'ai surprise hier entre deux pêcheurs. C'est tout.

— Et qu'est-ce qu'ils disaient, ces pêcheurs ? demanda le crabe.

— Tu veux vraiment le savoir ? reprit la grue. Ce ne sont pas des nouvelles très agréables, et je ne voudrais pas t'accabler.

– Ne t'en fais pas pour ça, dit le crabe. Raconte. Ça m'intéresse.

– Eh bien, je prenais tranquillement un peu de repos sur une patte là-bas, dans la roselière de l'autre côté du lac. Le soleil était très chaud et j'ai dû m'assoupir. Bref, je n'ai pas entendu ces gens approcher. Leurs voix m'ont réveillée, mais ils étaient trop près pour que je puisse bouger sans attirer leur attention. Je suis donc restée là, camouflée par les roseaux, et j'ai écouté leur conversation. "Si nous creusions un fossé à travers la berge de gauche, nous pourrions vider le lac et attraper tous les poissons qu'il contient, a dit l'un. – C'est vrai, a répondu son ami, et il y a beaucoup de poissons ici. Mais j'ai une meilleure idée. Tu sais qu'il y a un autre lac, plus petit, là-haut dans les collines, à un kilomètre ou deux d'ici ? Eh bien, les poissons y pullulent et il serait plus facile à vider. Occupons-nous de celui-là d'abord, puis nous pourrons revenir à celui-ci un autre jour."

« Ils parlaient sérieusement, j'en suis sûre, poursuivit la grue, et quand ils reviendront, c'en sera fini des poissons, donc, c'en sera fini de moi aussi. Sans poisson pour me nourrir, je ne puis survivre bien longtemps. Je suis trop vieille pour partir à la recherche d'un nouveau domicile et tout recommencer à zéro. Alors, j'attends le retour des pêcheurs et me prépare à une mort certaine. Il n'y a rien à faire, si ce n'est attendre et apprendre à accepter mon sort.

– Très intéressant », remarqua le crabe, puis il se laissa glisser dans l'eau et courut trouver le président des poissons. Celui-ci, une carpe énorme qui avait vu pour le moins une douzaine de printemps et pesait bien deux kilos, faisait un somme, flottant immobile entre deux eaux parmi les algues qui ondulaient doucement.

« Monsieur le Président, haleta le crabe, monsieur le Président, vite, réveillez-vous !

– Bleubeurp ! » fit le président. Et, dans un sursaut, il fouetta l'eau de sa queue, à droite, puis à gauche, jusqu'à ce qu'il eût vu qui l'interpellait ainsi. « Qu'est-ce donc, monsieur le Crabe, dit-il d'un ton irrité, pour quelle raison interrompez-vous ma sieste ?

– Les pêcheurs ! Monsieur le Président, hoqueta celui-ci, les pêcheurs vont venir assécher le lac ! L'heure est grave et, si vous m'en croyez, vous feriez bien de réunir de toute urgence votre cabinet. »

Ainsi fut fait, dès que le crabe eut raconté toute l'histoire. Après la réunion, les proches conseillers du président battirent tous les coins et recoins du lac, afin de convoquer le Parlement des poissons en session extraordinaire. Bientôt, une tumultubulleuse assemblée se tint à l'endroit accoutumé, dans les profondeurs du lac. À l'issue des débats, lorsque chacun eut exprimé son avis, on vota une motion pour aller parler à la grue et, cet après-midi-là, les poissons se rendirent auprès du vieil échassier en grande formation de combat, sous la conduite de leur président.

« Bien que vous soyez notre ennemie, dit celui-ci en se tenant prudemment à distance, il nous a paru opportun d'avoir un entretien avec vous concernant le danger qui nous menace tous également.

– Mais bien sûr, bien volontiers, répondit la grue d'un ton morne. Que puis-je faire pour vous ?

– Tout d'abord, ayez l'obligeance de répondre à une question. Êtes-vous absolument certaine d'avoir entendu deux hommes dire qu'ils allaient assécher le lac ?

– Oui, parbleu, je les ai entendus de mes propres oreilles.

– Bon, dans ce cas, reprit le président des poissons, nous sommes, vous et nous, dans les mêmes draps. Car si nous qui sommes votre nourriture venons à mourir, vous mourrez aussi, ça ne fait pas un pli.

– Je suis tout à fait consciente du délicat problème d'équilibre écologique qui se pose en l'occurrence, répondit la grue avec humeur. En fait, je me suis résignée à ma propre mort et j'ai sincèrement le sentiment que le sort inévitable qui...

– Mais n'y a-t-il donc rien que nous puissions faire pour nous protéger ? l'interrompit le président.

– Non, ma foi, je ne pense pas, dit la grue. Nous tous, tant que nous sommes, n'avons pas assez de forces pour résister à deux hommes déterminés. Il n'y a qu'un moyen de nous en sortir, mais je doute que vous le tentiez, car il suppose que vous vous en remettiez totalement à moi.

– Pour l'amour du lac, parlez ! s'exclama le président. Qu'avons-nous à perdre, à supposer qu'il échoue ? Dites toujours ! Nous n'avons pas la moindre idée de ce qu'il faut faire et nous sommes venus pour vous demander conseil. »

La grue fit lentement pivoter sa tête au bout de son long cou et rangea soigneusement sa patte gauche sous son aile.

« Il y a non loin d'ici un étang un peu particulier, dit-elle enfin en scrutant l'onde de ses petits yeux de jais. L'eau y est claire et fraîche, et il est si profond qu'il serait impossible de le vider. Et surtout, il est inhabité. Mon idée serait de vous y transporter, un par un ou deux par deux, selon la taille. Vous pourriez vous agripper par la bouche aux plumes de mon dos et j'estime pouvoir, selon mes forces, faire quatre ou cinq allers et retours par jour.

– Mais comment saurons-nous si ce n'est pas un piège ? demanda le président.

– Là, répondit la grue, je savais bien que vous ne me feriez pas confiance. Alors, que faire, sinon attendre que les pêcheurs reviennent ? Ce ne sera plus long maintenant ; ils devraient en avoir fini avec le petit lac d'ici un mois ou deux.

– Me prendriez-vous sur votre dos pour aller visiter cet étang ? demanda le président des poissons. Je pourrais y faire un tour et vérifier si ce que vous dites est vrai ; vous pourriez ensuite me ramener ici, afin que j'informe les autres de ce que j'ai constaté. Nous garantirez-vous en outre une trêve complète pendant cette difficile période de transition ? Point de repas de poisson tant que nous ne sommes pas réinstallés et que les choses n'ont pas repris leur cours normal ?

– Mais oui, bien sûr, répondit la grue, bien volontiers. Aimeriez-vous faire un premier tour d'essai maintenant ?

– Pourquoi pas ? répondit le président. Nous avons encore un bon moment de jour devant nous. »

Ainsi fut donc convenu. La grue plongea sous l'eau, de manière que le président pût s'accrocher solidement à ses plumes, et elle émergea avec le gros poisson blotti sur son dos. Une fois son fardeau bien équilibré, réunissant toutes les forces qui lui restaient, elle s'envola lourdement et par-

114

vint bientôt à l'étang. Le président se laissa tomber et passa un bon quart d'heure à explorer les lieux.

« L'endroit est exactement comme a dit la grue, raconta-t-il ensuite tout excité aux poissons rassemblés. Je vous invite donc instamment à accepter son offre. Que le grand exode commence ! C'est notre seul espoir de survie. Un triple hourra pour la grue ! Hip, hip, hip !...

– Hourra ! entonna en chœur le peuple des poissons. Hip, hip, hip ! hourra ! » Même le vieux crabe s'associa aux acclamations en agitant vigoureusement ses pinces.

Le lendemain, la grue fit cinq allers et retours, transportant en tout sept poissons, quatre petits par paires et trois gros voyageant en solo. Mais elle emporta ses aquatiques passagers jusqu'à une colline rocailleuse invisible depuis le lac et, quand ils furent incapables de retenir davantage leur souffle et de s'accrocher fermement à ses plumes, elle se secoua violemment, afin de les jeter bas. Puis quand ils furent par terre, tout palpitants au soleil, elle les tua et les dévora. C'est ainsi que des jours durant elle se remplit la panse et se rempluma de belle manière.

Cependant, un beau matin, le crabe demanda à aller à l'étang, car son amie la tanche qui avait fait le voyage avant lui commençait à lui manquer. Comprenant que le crabe risquait de lui mettre des bâtons dans les roues, la grue accepta aussitôt – résolue à s'en débarrasser et à le fracasser sur les rochers. Le crabe grimpa sur son dos et s'agrippa solidement à ses plumes à l'aide de ses pattes et de ses pinces. Ils s'élevèrent dans les airs, laissant le lac derrière eux, mais le temps passait et nul étang ne paraissait à l'horizon.

« Mon amie, mon amie, fit le crabe en haussant la voix pour dominer le bruit du vent qui sifflait à ses oreilles, elle est encore loin la belle eau claire et fraîche dont nous avons tant entendu parler ?

– Hé ! hé ! lui lança la grue par-dessus son épaule. Pauvre imbécile à carapace, tu vas le voir, ton étang ! Regarde bien là-bas sur ces rochers, c'est le tas d'ordures où je vais te jeter ! » Et en effet, le crabe découvrit au loin l'entassement de têtes et d'arêtes de poissons que la grue y avait accumulées. Celle-ci se mit alors à faire de violentes embardées à droite et à gauche, afin de se débarrasser de son passager. Mais elle sentit bientôt une énorme pince, puis deux, lui serrer étroitement le cou, tant et si bien qu'elle commença à étouffer et que les larmes lui montèrent aux yeux. Par prudentes tractions, le crabe rampa vers l'avant et lui cria droit dans le tuyau de l'oreille :

« Si j'étais toi, ignoble volaille, je cesserais immédiatement cette plaisanterie et je me poserais ici même, bien gentiment. Sinon, je te tranche la tête tout net, aussi facilement qu'un homme coupe une tige de lotus avec son couteau de chasse, et nous périrons ensemble.

– Aaarrhh... kharrr... krrr..., râla la grue, arrête, arrête ! Tu m'étrangles ! Je ne vois plus rien ! Pour l'amour du ciel, arrête, que je puisse me poser ! »

La crabe desserra légèrement – oh, bien légèrement – son étreinte et la grue atterrit tout en douceur.

« Maintenant, accroupis-toi, bête scélérate, que je descende de ton dos, ordonna le crabe.

– C'était une plaisanterie, plaida la grue tout endolorie en repliant ses pattes pour s'aplatir contre terre.

– Ouais, s'il te plaît, une autre ! » répondit le crabe. Sur quoi, il referme vigoureusement ses pinces et, d'un seul coup, d'un seul, il lui coupe la tête. Quand il se fut remis, il pleura sur les restes de ses amis, puis il reprit le chemin du lac et raconta toute l'aventure aux poissons survivants. Inutile de dire qu'ils le remercièrent mille fois de les avoir sauvés. Quant au malheureux président, devenu le bouc émissaire de leur manque général de jugement, il fut démis de ses fonctions et n'obtint jamais son pardon.

« Croâ ! fit la corneille, quand son ami le chacal eut terminé, quelle histoire ! J'en ai la chair de poule... J'aimerais drôlement faire au serpent ce que le crabe a fait à la grue, mais je vois ce que tu veux dire, quand tu dis que mon plan est dangereux. Croâ ! N'importe, c'était une belle histoire. Merci !

– Oui, mais ce n'est qu'une analogie, reprit le chacal. Ta situation est un peu différente. Le crabe a eu de la chance, mais il ne faut pas se fier à la chance dans ton cas.

– Qu'est-ce qu'il faudrait faire, à ton avis ? demanda la corneille. As-tu une idée ?

– Eh bien, en fait, oui. Il te faudra un certain courage pour exécuter mon plan, mais tu en es capable. Approche un peu, que je te dise ça à l'oreille. »

La corneille en quelques sauts fut auprès du chacal et écouta attentivement, tandis qu'il lui exposait tranquillement son plan. De temps à autre, elle faisait un bond en

battant des ailes et en s'écriant « Croâ ! »
ou « Génial ! » et le chacal s'interrom-
pait pour jouir de son plaisir.

Un peu plus tard dans la journée, elle
se mit à survoler lentement le village le
plus proche, jusqu'à ce qu'elle eût repéré une
dame de qualité qui, ayant ôté ses vêtements et ses colifichets, prenait son bain sur la terrasse de sa maison. Alors,
elle fondit brusquement sur un collier précieux et s'en
empara ; la dame poussa des cris perçants, provoquant un
grand remue-ménage parmi la population du village. La
corneille continua de survoler les lieux avec le collier qui
se balançait au bout de son bec, jusqu'à ce qu'une foule se
fût assemblée et tentât de lui faire lâcher prise en lui jetant
des bouts de bois et des cailloux. Alors, elle l'entraîna à sa
poursuite à travers champs, volant bas sans se presser. De
temps à autre, elle se posait à bonne distance et sautillait
de-ci de-là en secouant violemment la tête, afin de faire
étinceler le collier au soleil et grandir la rage de ses pour-
suivants.

Arrivée enfin sur son vieil arbre, elle laissa tomber le
collier dans le trou du serpent. Les villageois, accourus, se
mirent à creuser entre les racines en sacrant et jurant et en
lançant des insultes en direction de cette satanée corneille,
qui de là-haut assistait à la scène. Bientôt, le serpent sortit
de son trou et on lui asséna des coups furieux sur la tête,
tant et si bien qu'il en creva. Puis on récupéra le collier.
C'est ainsi que, par ce très simple moyen, la corneille parvint à se venger des nombreux méfaits de son ennemi le
serpent.

Quand il eut achevé, Dimna resta un moment silencieux. Puis il reprit : « Tu vois, mon frère, la force physique seule ne suffit pas toujours au succès d'une entreprise. L'intelligence, l'habileté et le calcul peuvent aussi jouer un rôle décisif. On peut avec de l'énergie et de la volonté réaliser les choses les plus improbables.

– Je suis, en principe, tout à fait d'accord avec toi, observa Kalila, mais Schanzabeh n'est ni un imbécile ni un faible. Il n'est pas seulement grand et fort, il est aussi intelligent. On pourrait même dire qu'il a de la sagesse et de la subtilité. Ce n'est pas un impulsif ; en général, il recherche d'autres avis avant de se décider et...

– Très juste, coupa Dimna, et un sourire rusé détendit brusquement ses traits. Et auprès de qui le duc se précipite-t-il toujours, quand il a besoin de conseils ? De moi ! Et pourquoi ? Parce que c'est moi qui à l'origine ai introduit Sa Grâce à la cour en l'assurant de sa sécurité. Il a confiance en moi et croit tout ce que je dis. Qui plus est, il ne se doute pas le moins du monde que je me suis mis à détester jusqu'à sa vue. Non, Kalila, pour toi, ce prince des Buffles est un être absolument fantastique et moi un pauvre petit crétin. Eh bien, je suis peut-être pauvre et petit, mais cela ne m'empêchera pas de lui jouer un tour qu'il n'est pas près d'oublier. Tu te souviens de ce que le lièvre fit au lion dans la fameuse histoire ? »

Le lion et le lièvre

Il y avait jadis une délicieuse forêt entourée de toutes parts d'agréables prairies, où vivaient quantité d'animaux divers. Cependant, de sanglantes tueries, perpétrées par un lion féroce à l'appétit insatiable, en troublaient continuellement la paix.

Tant et si bien que les survivants finirent par tenir une réunion, afin de discuter des moyens de s'organiser. Et un beau matin ils envoyèrent auprès du lion une délégation chargée de lui soumettre, avec la plus extrême prudence, un compromis.

« Ô Lion », dit le porte-parole, une gazelle vieillissante à l'allure très distinguée, « votre appétit de chair fraîche sème le chaos dans notre existence. Nous tremblons sans cesse à l'idée que vous pourriez nous ouvrir la gorge de vos puissantes mâchoires. Cette perpétuelle anxiété nous rend la vie impossible ; c'est pourquoi nous aimerions vous proposer, à titre de solution de rechange, le concept novateur de sacrifice concerté. Chacune de nos familles sacrifiera l'un de ses membres et nous choisirons chaque jour par tirage au sort celui qui fera votre repas. Non seulement cette méthode vous évitera de perdre du temps à aller et venir à la recherche d'une proie, mais elle réintroduira un semblant d'ordre dans notre existence. Bien sûr, certains d'entre nous seront bons pour l'exécution, mais du moins les autres pourront-ils vivre dans une relative tranquillité. Bref, nous nous engagerons à vous nourrir quotidiennement de notre propre chair.

– Cette idée ne me déplaît pas, répondit le lion, mais qu'est-ce qui me dit que je puis vous faire confiance pour la livraison ?

– Bonne question, Votre Toute-Puissance, bonne question, reprit la gazelle. Mais point n'est besoin de nous faire confiance à ce stade. Il vous suffit de nous laisser le temps de procéder à un essai : si nous ne vous livrons pas comme promis, vous pourrez reprendre vos anciennes habitudes et nous tuer au hasard. En vérité, vous n'avez rien à perdre, ô Lion Tout-Puissant.

– Humm ! fit le lion, c'est bon. Nous allons mettre votre Programme de sacrifices concertés à l'essai dès cet après-midi. Livrez-moi quelqu'un à manger d'ici quatre heures. Si ça marche, tant mieux ; mais dans le cas contraire, sachez que je fondrai sur vous dans une colère terrible et que je tuerai deux fois plus que tout ce que vous avez connu jusqu'ici. »

C'est ainsi que durant des semaines le lion prospéra grâce à ce que l'on ne tarda pas à appeler la loterie du PSC. Bien sûr, chacun était attristé par la perte des individus sacrifiés, mais on avait le sentiment qu'il n'y avait pas de remède à cette situation.

Or un jour, ce fut un certain lièvre qui gagna à la loterie. Il était maintenant établi que le gagnant ou la gagnante du sacrifice pouvait disposer d'une période de retraite pour méditer et se préparer, avant d'être conduit au lion. Après avoir fait ses adieux à ses amis et ses proches en pleurs, le lièvre resta assis une heure ou deux à l'écart. Puis, s'adressant à quelques-uns des administrateurs officiels de la loterie, il parla en ces termes :

« J'ai une dernière petite chose à vous demander, qui ne mettra personne d'autre que moi en danger. Retardez d'une heure ou un peu plus le moment de m'escorter auprès du lion, de manière qu'il commence à avoir très faim et à se demander si, oui ou non, on lui apportera son repas. Puis laissez-moi l'approcher seul, car j'ai un plan qui permettra peut-être de nous débarrasser une fois pour toutes de cette cruelle tyrannie.

– Étant donné que tu dois mourir de toute façon, lui dit un énorme sanglier tout chenu, après avoir conféré avec ses collègues administrateurs, nous ne voyons pas de raison de te refuser ce que tu demandes. Je ne puis, cependant, te cacher que cela nous amuse beaucoup qu'un simple longues-oreilles-queue-de-coton se targue de venir à bout du vieux Sème-la-Mort lui-même. Cela dit, une chance, si petite soit-elle, vaut mieux qu'aucune. Alors, bonne chance, mon fils ! »

Le lièvre traîna tant et si bien le long du chemin qu'il finit par être vraiment très en retard. Quand, enfin, il arriva à la tanière du lion, il appela d'une voix soumise et hésitante : « Oh, monsieur le Lion... Monsieur le Lion... Monsieur, où êtes-vous ?

– Ici, petit crétin, rugit le lion en bondissant de derrière un arbre. Qui es-tu, sacrebleu, et que signifie cet intolérable retard ? Où est mon repas ?

– On me l'a volé, monsieur, un autre lion me l'a pris. J'ai bien essayé de l'en dissuader, mais...

– Quoi ? tonna le lion. Un autre lion l'a volé ?

– Oui, j'escortais mon cousin pour le rendez-vous de quatre heures, quand soudain un membre peu engageant de votre confrérie nous a attaqués et s'est emparé de lui. "Arrêtez ! arrêtez ! ai-je crié, vous ne pouvez pas faire ça ! C'est le repas du lion maître de ce territoire que vous emportez. – Ah ? a-t-il répondu sur un ton fort arrogant, et qui va m'en empêcher, petit gringalet aux oreilles molles ? – Je vais être obligé de faire rapport au lion qui attend le repas que vous venez de voler, ai-je répondu, et je doute qu'il accepte comme ça votre braconnage. – Ah oui, oui, ton puissant maître, a-t-il rétorqué, j'ai entendu parler de lui. Il traîne toute la journée en attendant qu'on lui apporte à manger. En voilà un dur, un courageux ! Tu n'as qu'à lui dire de ma part que la proie appartient au chasseur. S'il veut récupérer sa petite gâterie, il n'a qu'à venir me la réclamer, s'il l'ose. Ha ! ha ! Et dis-lui qu'en attendant je prendrai dans ces lieux ce qu'il me plaira quand il me plaira. Il pourra manger les restes, s'il y en a, et il aura bien de la chance." Là-dessus, il s'en est allé dans la forêt avec mon cousin dans la gueule.

– Où est-il ? » éructa le lion, tétanisé par la rage, ses muscles frémissant le long de son échine. « Où est cet intrus, ce malappris qui me vole ma nourriture ?

– Je ne l'ai pas suivi, monsieur. Toutefois, je sais où il se cache, mais il me semble qu'il serait dangereux de s'approcher de lui juste maintenant.

– Quoi ? vociféra le lion. Dangereux, tu crois ça ? Eh bien, je vais donner à cet amateur miteux une leçon qu'il n'oubliera pas de sitôt. Dangereux ? Grrrrr ! Écoute, petit crétin au nez plein de tics, mène-moi jusqu'à lui sur-le-champ ! Ou je te romprai les reins de telle sorte que tu ne sauras même pas d'où vient le coup. Allez, en marche !

– Oui, monsieur, répondit le lièvre en simulant la terreur, si vous y tenez, monsieur.

– J'y tiens ! » répliqua le lion dans un rugissement si tonitruant que le lièvre en perdit un instant l'équilibre.

Le lièvre fila donc dans la forêt sans plus insister. Il eut bientôt conduit le lion jusqu'à une profonde fosse qu'il savait partiellement remplie d'eau. Il s'immobilisa non loin de buissons et de touffes d'herbe qui en masquaient le bord et murmura : « Excusez-moi, monsieur, mais j'ai peur d'aller plus loin tout seul. L'autre lion se cache dans un trou, juste là devant. Si vous le voulez bien, je vais avancer en même temps que vous et je vous le montrerai. »

Le lion y consentit d'un signe et tous deux s'approchèrent en rampant tout doucement du bord de la fosse. Au moment où ils traversaient les buissons, le lièvre dit

soudain d'une voix pressante : « Là, monsieur, il est là, et il tient mon cousin. »

Le lion se dressa brusquement en poussant un rugissement terrible, dont l'autre bord de la fosse lui renvoya l'écho. Aussitôt, le lièvre se faufila entre ses pattes de devant et, quand le lion regarda dans la fosse, eh bien, que vit-il ? Un lion qui tenait entre ses pattes un lièvre – *son* lièvre !

De toutes ses forces, il se lança à l'attaque. Le lièvre s'aplatit contre terre et le lion, passant en vol plané au-dessus de lui, alla faire un magnifique plongeon dans la fosse.

Il ne lui fallut pas longtemps pour se noyer. Chaque fois qu'il ouvrait la gueule pour maudire le lièvre, il s'y engouffrait un peu plus d'eau. Il eut beau barboter et se démener, il finit par perdre la vie. Quelques instants plus tard, le lièvre s'en retourna bondissant chez lui pour annoncer la bonne nouvelle aux autres animaux.

« Est-ce que tu penses vraiment t'en tirer avec un coup de ce genre ? demanda Kalila quand Dimna eut terminé. Et si tes mensonges aboutissaient à la mort de Schanzabeh ? C'est sûrement un grand péché que de faire du mal à quelqu'un d'aussi manifestement bon par des moyens malhonnêtes ! Crois-tu que Dieu ne le verra pas et ne percera pas à jour ta vraie nature ? Oh, Dimna, tu te fais des illusions !

– Parle tant que tu voudras, rétorqua Dimna, mais ma décision est prise. J'ai l'intention de tout faire pour discréditer Schanzabeh aux yeux du roi, dussé-je y perdre la vie. Ne viens pas me parler d'honnêteté et de malhonnêteté, ce sont des notions qui n'ont pas cours dans cette vie. Advienne que pourra, je suis résolu à mettre mon intelligence à l'épreuve et à aller jusqu'au bout pour satisfaire ma haine. »

Sur ces mots, Dimna quitta Kalila et disparut dans la forêt, où il demeura terré plusieurs jours à ruminer ses plans. Il réapparut par un beau matin, à la lisière ombragée d'une grasse prairie, alors que le lion, justement, passait par là. Le roi était seul et vaquait à ses affaires, descendant la voie principale d'un pas vif et la tête haute, l'allure vraiment royale avec sa crinière qui ondoyait au vent.

« Hé ! Dimna ! Dimna ! appela-t-il quand il aperçut le chacal au loin, Dimna, viens ici ! »

L'air terriblement pensif et déprimé, Dimna sortit de l'ombre et avança d'un pas mal assuré à travers les hautes herbes en direction du roi. Il allait tête basse, la queue entre les pattes. Voyant qu'il n'avait pas l'air bien, le lion quitta le chemin et alla à sa rencontre à travers la prairie.

« Qu'est-ce qui ne va pas, Dimna ? demanda-t-il en s'approchant. Tu as l'air absolument misérable. Cela fait des jours que personne ne t'a vu. Serais-tu malade ? »

Le chacal releva lentement la tête et plongea son regard dans les grands yeux d'ambre du roi. « Non, Votre Majesté, je ne suis pas malade », répondit-il à mi-voix. Il se tut un moment, clignant des yeux dans la lumière du soleil. « Mais je suis inquiet, soupira-t-il en secouant gravement la tête, je suis très inquiet.

– Grands dieux, s'exclama le lion, qu'est-ce qui a bien pu te troubler à ce point ? Allons, assieds-toi ici près de moi et détends-toi. Nous sommes seuls et pouvons parler tranquillement. Qu'est-ce qu'il y a ? Dis-moi tout sans réserve. » Le lion rabattit sa longue queue le long de son flanc gauche avant de s'installer dans l'herbe tendre.

« Merci, Votre Majesté, répondit Dimna en s'asseyant à son tour. Vous êtes très bon pour moi, Sire. Mais je ne sais de quelle façon commencer, tant est terrible la nouvelle que j'apporte.

– Que me contes-tu là ? interrompit le lion et un rien de brusque perça dans sa voix. Qu'est-ce qui est terrible ? Quelle nouvelle ? De quoi s'agit-il donc ?

– Votre Majesté, répondit le chacal d'une voix à peine audible, il y a trois jours, quelqu'un dont j'estime au plus haut point l'intégrité et le jugement m'a fait part d'une nouvelle absolument accablante. Depuis, j'ai passé mon temps à me demander si je devais ou non communiquer l'information à Votre Majesté. Je m'inquiète à l'idée d'être un messager de mauvais augure. Tout ce que j'espère, c'est que vous voudrez bien vous souvenir de mes services passés.

– N'aie crainte, Dimna, le rassura le roi, tu peux t'exprimer en toute franchise avec moi. Je te tiens, tu le sais, dans la plus grande estime et j'écouterai tout ce que tu as à me dire, peu importe ce dont il s'agit.

– Sire, je remercie Votre Majesté, répondit le chacal. Votre confiance dans mes pauvres capacités me donne le courage de poursuivre. Mais il me faut avertir Votre Majesté que ce que j'ai à dire est proprement incroyable, inconcevable. Lorsque j'ai entendu cette histoire, je n'ai tout d'abord voulu y voir que de simples ragots, un bruit sans fondement. Cela avait l'air si improbable que j'ai tout de suite tenté de l'oublier. Mais sans y parvenir. Et plus j'y pensais, plus s'imposait à moi l'idée qu'il valait peut-être mieux vous alerter, pour le cas où cela serait vrai. »

Le lion se dressa et commença à faire nerveusement les cent pas dans l'herbe haute. « Mais de quoi s'agit-il, Dimna ? coupa-t-il. Que t'a-t-on raconté ? »

Dimna se leva et se tint respectueusement devant le roi.

« Non, non, Dimna, assieds-toi et parle sans crainte, dit le lion en indiquant le sol d'un geste vague de la patte. Reste assis et raconte-moi toute l'affaire. Ne fais pas attention à moi ; je t'écoute. »

Le chacal se rassit et le lion reprit ses allées et venues.

« Eh bien, Votre Majesté, voilà, commença Dimna. À force d'y penser, j'en suis venu à la conclusion qu'il fallait vous mettre au courant. Il y va de la stabilité du royaume, peut-être même aussi de votre sécurité personnelle. Pour être franc, je redoutais d'être le premier à vous en parler et j'espérais vaguement que vous auriez appris la chose de quelqu'un d'autre. Mais je n'en suis plus à me soucier de moi-même à présent. Quelles que soient les conséquences, ne pas vous dire ce que je sais, ce serait me rendre coupable de négligence dans mon devoir ou, pis encore, de complicité potentielle de trahison.

– Absolument, répondit le lion en s'immobilisant face à Dimna et en le fixant droit dans les yeux. S'il s'agit d'une question de sécurité interne, tu dois tout me dire à l'instant même. Et maintenant, chacal, cesse de tourner autour du pot ; allons, parle !

– Eh bien, Votre Majesté, ce qu'on m'a dit concerne Schanzabeh. J'ai appris de source bien informée que le duc rencontre en secret certains animaux du royaume, dans l'intention de susciter une rébellion et de vous renverser. J'ai le regret de vous dire que Schanzabeh veut devenir roi à votre place ! »

Le lion fit des yeux ronds et son corps se figea brusquement. « C'est impossible ! » Et il reprit ses allées et venues de plus belle en grondant dans sa barbe.

À présent, le soleil était déjà haut dans un ciel sans nuages. À la lisière nord de la prairie, les verts innombrables de la forêt scintillaient dans la chaleur du matin finissant. À force de passer et repasser sur ses pas devant le chacal, le lion avait fini par tracer un sentier dans l'herbe. Dimna, assis immobile, contemplait la rivière d'un regard inexpressif.

« Qui t'a dit ça ? demanda le lion tout en poursuivant sa marche. Qui t'a fourni cette information, Dimna ?

– Un ami, Votre Majesté, une créature de la plus grande intégrité, quelqu'un qui, à ma connaissance, n'a de sa vie dit un mensonge.

– Oui, d'accord, répondit le lion, mais qui ?

– Sire, avec tout le respect que je vous dois, commença Dimna d'une voix prudente, j'ai promis sur l'honneur de ne jamais révéler ma source. Je ne puis vous dire qui il est sans trahir sa confiance. Mon ami craint, bien qu'absolument innocent de toute complicité de complot, d'être impliqué dans cette affaire. Il a vraiment peur, Votre Majesté, mais je sais qu'il est honnête et totalement étranger à l'entreprise en question. Il a surpris par hasard une conversation à ce sujet, un jour qu'on avait approché un parent à lui pour l'inviter à participer à l'une de ces réunions secrètes. Mais je n'ose pas dire son nom.

– Humm ! » commenta le lion à part soi, tandis qu'il arpentait l'herbe foulée. Il poursuivit un moment ses allées et venues, puis il vint s'asseoir à côté de Dimna.

« Cette histoire n'est donc pas prouvée, hein ? dit-il. De toute façon, je n'y crois pas. C'est absurde. Tu prétends que Schanzabeh, ce doux mangeur d'herbe, projette de me succéder, à moi, un lion ? Non, Schanzabeh est un bon ami. Cette idée ne lui ressemble pas. Je n'en crois pas un mot. Le duc de la Bouverie voudrait jouer les rois des animaux ! Allons donc, ça ne tient pas debout ! Ce sont des mensonges, Dimna, rien que des mensonges, des mensonges et encore des mensonges !

– Ça a été exactement ma première réaction, Votre Majesté. Moi aussi, j'ai trouvé cela incroyable, surtout de la part de quelqu'un d'aussi noble que le duc. Puis j'ai commencé à songer : "Et si c'était vrai ?" Et alors, je me suis demandé avec inquiétude si je devais vous en parler ou non. "Dimna, chacal, me disais-je, et si tu te tais..." »

Soudain, sans raison apparente, un cri rauque poussé par un perroquet en colère déchira le silence et Dimna vit les traits du lion se crisper sous l'effet de l'irritation. Tous deux tournèrent leurs regards en direction de la forêt. Les criailleries et les jacassements courroucés d'oiseaux chamailleurs, invisibles au loin dans les feuillages, leur parvinrent en vagues qui se succédèrent rapidement, puis s'apaisèrent tout aussi brusquement, s'achevant sur une ou deux notes discordantes qui ponctuèrent la fin de ce que Dimna prit pour une querelle interne sans importance. Le lion secoua lentement la tête tandis qu'il se retournait en pinçant les lèvres. Il avança les pattes de devant et s'étira en bâillant de tous ses crocs – la tête, le cou, la crinière et le dos tendus en un arc magnifique. Il tint la pose quelques instants, puis se relâcha, se secoua, fit claquer ses lèvres et s'étendit dans l'herbe, la tête sur ses pattes croisées et les yeux papillotant au soleil de midi.

« Que disais-tu donc, Dimna ? demanda-t-il d'une voix ensommeillée. Oui, cette histoire extravagante au sujet de Schanzabeh. C'est impossible. » Et de nouveau il fit entendre des bruits dubitatifs.

Dimna renversa la tête et se gratta derrière l'oreille droite. « J'en suis d'accord, Votre Majesté, dit-il, mais il serait peut-être sage de prendre certaines précautions – on ne sait jamais. Dans votre position, on ne saurait être trop prudent.

– Oui, je sais, soupira le lion. Mais pourquoi, Dimna, pourquoi ? Pour quelle raison Schanzabeh voudrait-il monter une révolte contre moi ? Est-ce qu'il est malheureux ?

– Apparemment, fit Dimna à mi-voix. Les discours du buffle lors de ces réunions secrètes visent en substance à discréditer le gouvernement de Votre Majesté. Je répugne à en faire état, Sire, mais j'ai cru comprendre que le duc insinue de façon répétée qu'il n'y a aucune raison pour quiconque de craindre Votre Majesté, parce que vous n'êtes – pardonnez-moi, Sire – qu'un couard, terrifié par sa grande taille et son puissant beuglement. Schanzabeh est allé jusqu'à dire que, n'eussent été ses conseils, le royaume se serait effondré il y a des mois. Le duc exhorte ses complices à se montrer logiques et à le choisir pour roi, puisque c'est lui qui détient la réalité du pouvoir.

– Mon Dieu, mon Dieu, soupira tristement le lion, et

il redressa la tête pour se frotter les yeux. C'est affreux. Dimna, que faire ?

– Le principal est, je crois, Sire, de ne pas vous laisser prendre au dépourvu, répondit le chacal. Je suggère que vous mettiez sur pied une stratégie pour le cas où ces rumeurs se confirmeraient. La situation me rappelle l'histoire des trois poissons, que je vous conterais bien, si je ne craignais de lasser la patience de Votre Majesté.

– Non, non, vas-y, je t'écoute », dit le lion, et il laissa retomber sa tête sur ses pattes. « Peut-être que ça m'aidera dans mes réflexions », ajouta-t-il d'un air las.

Dimna toussota poliment afin de s'éclaircir la voix et s'installa commodément pour conter son histoire.

Les trois poissons

Trois poissons gros et gras vivent dans un profond trou d'eau non loin d'une courbe que décrit le fleuve. Le premier est sage, le second astucieux, le troisième est bête. S'ils sont si gras, c'est qu'à eux trois ils contrôlent la totalité de leur territoire. Lorsque, d'aventure, un poisson plus petit se hasarde dans leur domaine, ils le dévorent aussitôt. De même, qu'un triton, une salamandre, une anguille, un insecte, une sangsue, un limaçon, une araignée, un serpent ou une grenouille s'y attarde un tant soit peu, la pauvre créature a de fortes chances de finir dans l'estomac de l'un ou l'autre d'entre eux. Et comme leur gîte se trouve en un lieu écarté et caché aux regards, aucune bête de proie ne vient jamais les déranger. Jusqu'au jour où deux hommes qui sont venus pêcher dans le fleuve découvrent le trou d'eau et remarquent nos trois compères.

Les poissons, eux aussi, remarquent les pêcheurs. À travers la surface de l'eau, ils voient l'index de l'un pointé tour à tour sur chacun d'eux. Son compagnon laisse échapper un sifflement admiratif. Des sourires pleins d'une joyeuse anticipation épanouissent leurs visages. L'un ferme les yeux et se pourlèche d'un air béat. L'autre lui tape sur l'épaule et lui montre l'endroit le plus indiqué pour procéder à la capture. Il mime le geste de lancer, puis de tirer son filet. Les deux hommes se concertent d'un air excité, puis ils déposent leurs filets sur un rocher voisin et commencent à se préparer.

Poisson Sage se soustrait immédiatement au danger. Sans même un mot d'adieu à ses amis, il fait force de nageoires en direction de la sortie du trou d'eau, laissant derrière lui un écumeux sillage. Puis il se propulse à grand bruit le long de l'étroit goulet qui mène au fleuve, et le voilà bientôt hors de vue.

« Efficace, mais pas particulièrement élégant, remarque Poisson Astucieux, qui se remet promptement de la surprise provoquée par la brusque sortie de Poisson Sage.

– Où est-il parti ? demande Poisson Bête. Pourquoi cette agitation ?

– Mon ami, explique très lentement et patiemment Poisson Astucieux, ces hommes ne vont pas tarder à lancer leurs filets et il faut que nous trouvions le moyen de les devancer. Sinon, ils vont nous attraper.

– Qu'est-ce que tu en sais ? demande Poisson Bête d'un air soupçonneux. Peut-être ces hommes sont-ils simplement venus observer les poissons et n'ont-ils pas de mauvaises intentions. Et puis je nage mieux qu'un homme ! L'eau est profonde ici et je peux aller me cacher au fond. »

Toujours patient, Poisson Astucieux tente à nouveau d'expliquer la situation. « Les filets de pêche ont un bord pourvu de poids, dit-il, et peuvent atteindre le fond, même ici. Et les pêcheurs ont une manière ingénieuse de lancer et de traîner leurs filets en eau profonde, si bien que les gros poissons comme toi et moi ont peu de chances de leur échapper. Il faut faire quelque chose. Il n'y a pas de temps à perdre !

– Ah, voilà qui est fort intéressant, répond Poisson Bête, plutôt agacé par le ton docte de son camarade. Eh bien, tu sais ce que je vais faire, moi ? Je vais faire un somme, voilà ce que je vais faire ! Tous ces discours me donnent sommeil. Je ne vois pas les hommes. Je ne vois pas de filets. Cela dit, je vais dormir près du fond, pour le cas où. Je te remercie de tes conseils. Et maintenant, tu vas ton chemin, et moi le mien. » Sur quoi, d'une majestueuse ondulation de la queue, Poisson Bête se propulse vers les profondeurs afin d'y prendre son repos.

Resté seul, Poisson Astucieux se laisse flotter sans presque bouger et réfléchit, tandis qu'il s'enfonce tout doucement. « Comment et à quel moment agir ? C'est la question », médite-t-il. De temps à autre, une bulle surgie d'entre ses lèvres remonte lentement jusqu'à la surface, où elle crève avec un bruit léger. « Il faut que j'analyse de très près la situation », se dit-il. Dans sa cervelle de poisson surdoué, il passe en revue les différentes phases de la marche à suivre : « Isoler systématiquement toutes les variables du problème ; procéder dans un esprit créatif à l'examen des probabilités tactiques ; élaborer par une démarche dynamique une stratégie originale de fuite. » Plus profonde est sa réflexion, plus il s'enfonce. Finalement, il décide d'inspecter le goulet qui mène au fleuve.

« Il faut disposer d'informations sûres avant de formuler des hypothèses », songe-t-il chemin faisant. Mais lorsqu'il arrive, il découvre que les hommes, alertés par le bruyant exit de Poisson Sage, ont bouché cette issue avec l'un de leurs filets. Il va de l'autre côté pour inspecter l'autre goulet. Là aussi, impossible de passer désormais.

« Bon sang », se dit-il. Pris de peur et ne sachant que faire, il commence à aller et venir de tous côtés. C'est alors qu'il entend quelque chose tomber dans l'eau. Lorsqu'il se retourne, il voit un filet déployer gracieusement son voile et s'enfoncer lentement à sa suite.

« Bon sang de bonsoir ! Qu'est-ce qui m'a pris de perdre tout ce temps ? Horreur ! Qu'est-ce que je vais faire maintenant ? »

Heureusement, Poisson Astucieux parvient à maîtriser son agitation en se remémorant l'une de ses maximes préférées : « Paniquer ne résout rien. » Puis, pour se rassurer encore, il s'en remémore une autre et, Votre Majesté me croira-t-elle, il va même jusqu'à rire en se la disant tout haut : « Rien ne vaut l'urgence pour aiguiser les facultés. »

Et faut-il le dire ?, voilà que, comme par magie, surgit dans sa puissante cervelle de poisson un plan génial. Il plonge en flèche jusqu'au fond. « Les filets ! Voilà les filets qui arrivent ! lance-t-il à Poisson Bête, qui somnole entre deux eaux.

– Oh, tais-toi, répond Poisson Bête en lui tournant le dos, laisse-moi tranquille. »

Poisson Astucieux se remplit la gueule de vase puante qu'il touille ensuite avec sa langue. C'est tellement répugnant que c'est tout juste s'il n'est pas pris de nausées. Puis il remonte vivement à la surface et, au moment de l'atteindre, il se laisse aller mollement sur le dos, comme mort, son ventre blanc tourné vers le ciel.

Pendant ce temps, les pêcheurs commencent à ratisser minutieusement l'endroit, lançant et promenant leurs filets dans l'eau, de manière à ne rien laisser échapper. Apercevant Poisson Astucieux qui flotte ventre en l'air à la surface, ils le tirent vers la berge. L'un d'eux le soulève par la queue et le renifle.

« Pouah ! Berk ! s'écrie-t-il. Celui-ci est crevé et pourri. » Et il jette Poisson Astucieux par terre.

La gueule toujours pleine de cette vase malodorante, Poisson Astucieux retient tant qu'il peut sa respiration. Et dès que les pêcheurs se sont remis au travail, il se propulse par une série de sauts de carpe en direction du goulet le plus proche, au-delà du filet qui en bouche l'entrée, finit par dégringoler dans l'eau dans une grande gerbe d'éclaboussures, recrache l'affreuse vase et file se mettre en sûreté dans le fleuve.

Poisson Bête dort et ne sait rien de tout cela. Il laisse échapper un mince chapelet de bulles qui montent tout droit, jusqu'au moment où le filet se referme sur lui. Il s'éveille alors pour son cauchemar final.

« Quoi ? Qu'est-ce qui se passe ? » s'écrie-t-il au désespoir, tandis que les deux hommes le tirent de l'eau en poussant de joyeuses exclamations. Poisson Bête a beau se débattre, point de salut pour lui maintenant. Les hommes l'assomment avec un gourdin et le rapportent chez eux pour une superbe friture familiale. Plus tard, ils n'en finissent pas de raconter l'histoire des « Deux gros qui se sont échappés », mais personne ne veut y croire.

Le lion ne parut guère ému par cette histoire. En fait, il resta allongé, sa grosse tête posée sur ses pattes, les yeux fermés comme s'il dormait. Le soleil, très chaud à présent, se reflétait sur son pelage ambré. Finalement, il se renversa légèrement sur le côté et, découvrant les griffes d'une de ses pattes, il se gratta posément le menton. Puis il regarda Dimna, interrompit son geste et s'assit lentement.

« Je sais, dit-il, que c'est dans le souci de mon intérêt que tu m'as raconté cette histoire. Et je comprends bien l'avantage qu'il y a à agir vite dans ce genre de situation. Cependant, Dimna, je ne parviens pas à croire que Schanzabeh soit dangereux. Dans ses rapports avec moi, il s'est en tout montré bon, fidèle et honnête. Jusqu'ici, il n'existe aucune preuve, si ce n'est ce que tu me rapportes, qui soit de nature à me faire changer d'avis.

– C'est parfaitement vrai, Votre Majesté, répondit le chacal. Pour le moment, il n'existe absolument aucune preuve. Cependant, il me semble que la prudence s'impose. Quand j'étais petit, mon grand-père – qu'il repose en paix – me disait souvent : "Le caractère, c'est ce qu'on est quand personne ne nous voit." Dans les circonstances présentes, cette idée paraît pleine de bon sens, parce que nous ne savons pas comment est le duc quand on ne le voit pas. Rien ne prouve qu'il complote en secret, mais rien ne prouve non plus qu'il ne complote pas. Pour autant que nous sachions, son comportement en public pourrait fort bien n'être qu'un masque de respectabilité sous lequel se cache un sinistre individu qui n'a d'autre pensée que de renverser Votre Majesté. Étant donné que nous ne savons pas qui est le vrai Schanzabeh, il serait, me semble-t-il, prudent désormais d'être sur nos gardes et de l'observer de près. Il n'y a pas de fumée sans feu, Sire. Quelle que soit la part de vérité présente dans ce que nous avons entendu dire, il y a assurément quelque chose qui brûle quelque part. Il faut être prêt en cas d'attaque soudaine.

– Oui, je dois admettre que c'est là une bonne stratégie, répondit le lion d'un air songeur. Après tout, je n'ai rien à perdre à me tenir sur mes gardes. Ainsi, au moins, je ne serai pas pris au dépourvu, si le danger se confirme.

– Exactement, Sire, répondit le chacal, il n'est pas un seul de vos loyaux conseillers qui n'approuverait cette décision, j'en suis sûr.

– Quand même, poursuivit rêveusement le lion, je ne parviens pas à croire cela de la part de Schanzabeh. Il a l'air si gentil, si doux, si bon, si digne de confiance... » Sa voix s'éteignit, puis il demeura silencieux, l'air absent, le regard tourné fixement en direction du fleuve, qui allait son chemin là-bas, de l'autre côté de la prairie.

« Sire, hasarda respectueusement Dimna, Votre Majesté me permet-elle de lui conter une autre histoire ? Il m'en revient une à l'instant, qui pourrait être utile.

– Hein ? Ah, oui... Oui, bien sûr. Je t'écoute », répondit le lion sans quitter son air absent.

La punaise et la puce

Un jour, une punaise se glissa dans le lit d'un riche bourgeois et de sa jolie jeune femme. La nuit venue, alors que l'heureux couple dormait d'un profond sommeil, elle alla à pas furtifs flâner sur leur corps et, chemin faisant, elle leur suça ici et là, sans que jamais ils s'en aperçussent, de petites quantités de sang. Elle ne tarda pas à se rendre compte que le sang de la jeune épouse était de loin le plus savoureux. Une semaine ne s'était pas écoulée qu'elle ne pouvait plus s'en passer, tant il lui paraissait exquis. Jamais elle n'avait goûté d'un mets aussi délicat – à tel point qu'il lui semblait être par quelque extraordinaire privilège nourrie par un ange endormi. Elle continua donc à vivre ainsi, comme font toujours et partout les punaises ivres de bien-être, jusqu'au jour où elle rencontra une magnifique puce, laquelle avait d'un bond quitté le dos d'un des chiens du riche bourgeois qui passait près du lit.

« Tiens, tiens, s'écria celle-ci quand elle aperçut la punaise blottie entre les draps, c'est donc là votre domaine, l'amie ?

– En effet, répondit la punaise, et l'adresse est bonne, vous pouvez m'en croire ! Mais que puis-je pour vous, ma belle ?

– Eh bien, voilà, commença la puce, je me suis dit comme ça que j'allais sortir un peu, voir le monde, enfin, vous voyez quoi... Donc, je voyage, je vais par les chemins... Et je me demandais, l'amie, puisque me voilà chez vous, si vous auriez l'obligeance de m'héberger pour la nuit ? Je vous en serais extrêmement reconnaissante.

– Mais bien sûr, restez, je vous prie, répondit la punaise. Et puis, nous festoierons ensemble lorsque les humains viendront se coucher. Si vous viviez ces temps-ci sur un chien, le sang de la jeune femme va, je pense, vous paraître plutôt exceptionnel. C'est un sang jeune : il y a là-dedans de la douceur et, en même temps, un je ne sais quoi de puissamment tellurique qui vous revigore, si vous voyez ce que je veux dire... Un nectar, quoi ! Vous allez vous régaler, je vous assure.

– Eh bien, je vous suis très obligée, l'amie, dit la puce. Merci mille fois. »

Après cet aimable préambule, les deux insectes s'installent confortablement dans les couvertures pour un entretien amical qui, bien que de plusieurs heures, leur paraît passé en un clin d'œil. Lorsque enfin l'homme et sa femme viennent se glisser entre les draps, la punaise et la puce se sont littéralement saoulées de paroles et, surtout, elles sont mortes de faim. À peine la puce a-t-elle senti le délicieux parfum de l'épouse, dont la délicate note musquée captive ses sens, que soudain ses pattes de derrière sont prises de tressaillements convulsifs et qu'elle fait malgré elle de petits sauts de frémissante impatience.

« Chut ! murmure la punaise d'un ton pressant. Il faut attendre qu'ils soient endormis. Chut !

– Je sais, je sais, répond la puce, c'est seulement que je crève de faim et qu'elle sent encore meilleur que ce que tu as dit. » Elle parvient pourtant à se maîtriser quelque peu et le couple ne tarde pas à s'assoupir.

La punaise et la puce s'attaquent alors vigoureusement à l'exquise épouse. Mais alors que la punaise se déplace avec lenteur et prudence, introduisant avec précaution son suçoir dans la peau de la jeune femme, la puce déchaînée la parsème de morsures qui y laissent des cloques rouges comme des roses. Oui, elle mord ses cuisses d'ivoire et dévore ses seins de lait, elle mord sa gorge délicate et suce sa croupe succulente, bref, elle s'acharne avec tant de rapacité et de cruauté sur son adorable anatomie que la jeune femme se réveille et passe les doigts sur les affreux boutons qui enlaidissent à présent sa peau soyeuse.

« Mon mari, mon mari ! appelle-t-elle dans un souffle en secouant son époux qui ronfle. Quelque chose m'a piquée ! Il y a une bête qui pique dans le lit !

– Quoi ? répond celui-ci à moitié réveillé. Une bête qui lit ?

– Non, non, corrige-t-elle, une bête qui pique, de la vermine. Une punaise, une araignée, une puce, un pou, je ne sais, mais je vous en prie, allumez vite la chandelle. Je ne peux plus supporter cet enfer. »

L'époux, docile, allume la chandelle et appelle la femme de chambre, afin qu'elle vienne les aider. Quelques instants plus tard, on ouvre le lit et l'on inspecte minutieusement les draps. Dès qu'elle aperçoit la lumière, la puce en quatre bonds puissants s'enfuit à l'autre bout de la pièce sans être vue de personne. Mais la punaise – ah, la punaise est trop lente et l'on ne tarde pas à la pincer, blottie dans un pli des draps.

« Ah ! s'exclame le mari en la saisissant entre le pouce et l'index, voilà la coupable, ma chère femme ! Et il fourre ce disant le misérable insecte sous le nez de son épouse.

– Ouououh », gémit-elle, horrifiée, et elle fond brusquement en larmes. Le mari tend la punaise à la femme de chambre et se précipite pour la consoler.

« Là, là, murmure-t-il tendrement en la serrant dans ses bras. Tout va bien maintenant. C'est fini, ma chérie. »

Cependant, aucun humain n'entend les pitoyables protestations d'innocence de la pauvre punaise qui, depuis sa prison, entre les doigts de la femme de chambre, hurle désespérément : « Ce n'est pas moi, c'est la puce ! Ce n'est pas moi, c'est la puce ! » Mais rien ne sert de crier : bientôt, les ongles pointus de la domestique se resserrent impitoyablement sur ses flancs, jusqu'à ce que son petit corps dodu éclate et se transforme en une bouillie tellement répugnante à voir qu'il vaut mieux ne pas en tenter la description.

« Par conséquent, Sire, conclut Dimna, tirant la leçon de l'histoire de la punaise qui périt parce qu'elle avait fait trop confiance à la puce, je suggère de ne pas trop vous fier à l'apparence débonnaire de Schanzabeh. Il se peut qu'il ne soit qu'un gentil mangeur d'herbe, mais il est sûrement assez intelligent pour trouver le moyen, si ce qu'on m'a dit est vrai, d'inciter les autres à faire la sale besogne à sa place.

– Il fait chaud et j'en ai assez d'être assis au soleil, dit le lion en se levant. Allons au trou d'eau de l'Ouest, où nous pourrons nous désaltérer et nous asseoir à l'ombre. Je veux réfléchir encore un peu avant de prendre une décision.

– Certainement, Sire, répondit le chacal en se levant avec empressement. Quelle bonne idée ! »

Puis il suivit le lion à travers les hautes herbes jusqu'au grand chemin. Le roi allait d'un pas fier et assuré, le menton tendu en avant d'un air pugnace. Ils marchèrent en silence pendant quelque temps. Ils traversèrent la prairie, pour s'enfoncer ensuite dans le bois qui couvrait le versant nord de la vallée. Là, sous les grands arbres aux frondaisons touffues qui masquaient le soleil, l'air était plein d'une verte fraîcheur. Le sentier qui vagabondait entre les arbres, s'incurvant tantôt à gauche, tantôt à droite, les entraîna progressivement plus haut.

« Je ne sais que penser de cette histoire, Dimna », lança le lion par-dessus son épaule.

Le chacal rattrapa le roi au petit galop, puis il se mit à trottiner à ses côtés.

« C'est une affaire difficile, Votre Majesté, en effet.

– Je ne sais vraiment pas quoi faire, dit le lion. D'un côté, je l'aime, et de l'autre, je le crains. Il n'y a pas de moyen terme entre confiance et méfiance – pas de cohérence, rien sur quoi se reposer.

– Je ne sais que trop quels sont vos sentiments, Sire, et j'aurais aimé, croyez-le, vous épargner cette incertitude.

– Je devrais peut-être parler à Schanzabeh et voir ce qu'il a à dire pour sa défense. Après tout, pour le moment, nous n'avons contre lui que des preuves vagues et circonstancielles.

– C'est vrai, Sire, mais d'un autre côté ce n'est peut-être pas une très bonne idée de le mettre au courant de vos soupçons.

– Que veux-tu dire ?

– Eh bien, si le duc sait que vous le soupçonnez des crimes dont nous admettons qu'il est capable, si improbable que cela soit, il aura aussi le temps de préparer sa défense. Nous perdons l'avantage de la surprise et lui donnons la possibilité de s'adapter à la situation.

– Oui, en effet... C'est très juste », approuva le lion.

À présent, les arbres s'étaient espacés et le chemin se faufilait entre des touffes de buissons épineux et de végétation rabougrie agrippées çà et là à un sol rocailleux. Ils parvinrent sur la crête rocheuse d'une hauteur dont les vastes flancs s'élevaient en plis majestueux d'une bonne centaine de mètres au-dessus des prairies qui s'étendaient de l'autre côté. La vue qui s'offrait à eux au-delà de la vallée s'étirait sur des dizaines de kilomètres et l'on apercevait au loin des troupeaux d'antilopes qui broutaient paisiblement dans la chaleur de midi.

À leurs pieds, se trouvait le trou d'eau de l'Ouest, abreuvoir naturel formé par un affleurement de la nappe enfouie sous la hauteur d'où ils embrassaient le paysage. Le trou d'eau, qui faisait bien une quinzaine de mètres de large, était protégé par sept gigantesques acacias qui poussaient en demi-cercle sur son bord opposé. Le bord le plus proche était parsemé d'énormes pierres plates recouvertes en partie par les traces boueuses de différents animaux.

Une petite troupe d'éléphants se reposait sous les arbres. Quelques-uns buvaient et s'ébrouaient au bord de l'eau. D'autres, occupés à frotter en un lent va-et-vient leurs larges flancs contre le tronc des arbres, savouraient le plaisir exquis consistant à soulager de pachydermiques démangeaisons.

Dimna et le lion restèrent un moment en contemplation devant la scène, avant que ce dernier se souvînt de sa soif. Il s'accroupit lentement et, contractant les muscles puissants de ses pattes de derrière, sauta du chemin sur une pierre proche. Puis par une série de bonds rapides, il gagna le sommet de la plus haute roche qui surplombait le plan d'eau. Alors, rejetant d'une secousse sa crinière en arrière, il tendit la tête en avant, découvrit ses crocs et annonça son arrivée par un rugissement terrible.

Les éléphants se figèrent aussitôt et tournèrent leurs regards dans la direction du lion dont la silhouette se détachait là-haut sur le ciel. Dans l'instant qui suivit, le mâle dominant leva sa trompe et donna l'alarme. Parmi les cris aigus des petits et les grognements irrités des femelles et des jeunes mâles, la troupe, frustrée de ses plaisirs, commença à s'éloigner de l'autre côté du bouquet d'acacias. Le vieux mâle, barrissant toujours avec insistance, courait autour des plus lents, les poussant de sa grosse tête ou leur fouettant la croupe de sa trompe, afin de les obliger à forcer l'allure. Bientôt, tout le monde fut rassemblé derrière les arbres et le troupeau se mit en route d'un pas régulier en direction des herbages.

Là-haut sur son rocher, le lion bâilla au soleil, se secoua de tout son corps, puis par bonds d'une grâce parfaite, il descendit de roc en roc jusqu'au bord de l'eau. Dimna le rejoignit en trottinant, langue pendante, par un sentier tortueux.

Ils restèrent un long moment à laper l'eau fraîche. Enfin, désaltérés, ils allèrent d'un pas allègre à la recherche d'un endroit ombragé sous les acacias. Très vite, le lion trouva au pied d'un des arbres un tapis de mousse au parfum accueillant. Il s'y assit et fixa sur le chacal un regard plein de confiance. Dimna, debout à côté de lui, attendait que le roi prît la parole.

« Cette eau m'a fait un bien immense, dit le lion. Je me sens beaucoup mieux et je suis sûr que nous allons venir très vite à bout de cette affaire. Jusqu'ici, nous n'avons fait que parler ; à présent, le moment est venu d'agir. À mon avis, il faut découvrir ce que le buffle pense vraiment. Tu as raison : mieux vaut éviter de le questionner trop directement. Nous risquerions de l'alerter et de lui donner le temps de mettre au point son histoire. Que dirais-tu de l'idée d'essayer d'infiltrer son organisation, à supposer, bien sûr, qu'elle existe ? Crois-tu pouvoir m'y aider, Dimna ?

– Bien sûr, Votre Majesté, répondit le chacal. Mais il y a peut-être un moyen encore plus simple de déterminer si Schanzabeh est coupable ou innocent.

– Lequel ?

– Comment dire, Votre Majesté... Je connais bien le duc et s'il est une personne en qui il a confiance, c'est moi. Donnez-moi un peu de temps et je suis sûr de pouvoir l'amener à se trahir. Il laissera forcément échapper quelque indice, s'il est impliqué dans cette affaire. Je le questionnerai sans en avoir l'air et je trouverai la vérité, quel que

soit le biais par lequel il cherche à m'échapper. Je ne m'arrê-
terai pas que je ne sache si, oui ou non, il sème la discorde,
combien il a de complices et quels sont leurs plans.

– Voilà qui me semble fort bien, commenta le lion.

– Quand je serai en possession de ces informations,
poursuivit Dimna, je viendrai vous faire rapport, Sire, et
j'amènerai le duc avec moi, afin que Votre Majesté puisse
l'interroger et se rendre compte par elle-même de son éven-
tuelle culpabilité.

– Parfait ! s'exclama le lion. Mais comment Schanzabeh
se trahira-t-il, s'il est coupable ?

– Par son regard, Sire. Il n'osera pas vous regarder en
face. Il aura les yeux fuyants et l'air inquiet : la plume de
son cœur inscrira chacune de ses pensées sur son front. Sa
gaieté habituelle fera place à un comportement hésitant et,
d'une manière générale, il se conduira de façon louche. S'il
est coupable, Sire, vous vous en rendrez compte par vous-
même, vous pouvez en être sûr !

– Voilà qui paraît logique, Dimna, car si Schanzabeh est
innocent, il n'aura aucune raison de se comporter de la
sorte. » Le lion se tut et réfléchit un instant.

« C'est bon, conclut-il. Va voir Schanzabeh et parle-lui,
puis amène-le-moi. Tu me trouveras ce soir dans le pré au
Banian, au pied de l'arbre. Éclaircissons une fois pour toutes cette ridicule histoire. Allez, va, Dimna, et fais vite. »

Dimna quitta le roi au galop et repartit en coupant à
travers la plaine. Il grimpa jusqu'à la lisière de la forêt qui
s'insinuait dans la vallée et la longea jusqu'à l'endroit d'où
l'on découvrait le fleuve et ses doux méandres. On eût dit
un immense serpent d'argent qui déroulait paisiblement

ses anneaux sur un tapis de verdure, sa queue ondulant sur des kilomètres jusqu'au pied des monts que bleuissait la distance, sa tête cachée derrière le relief du versant opposé. Le chacal mit le cap sur un bosquet près duquel Schanzabeh passait généralement la journée et, adoptant un trot rapide et régulier, il descendit dans la vallée.

En une demi-heure, il fut suffisamment près du fleuve pour discerner le murmure pressé du courant. Il traversa un haut massif de roseaux au niveau duquel le fleuve se déployait vers l'amont en une vaste boucle parsemée de bancs de vase. À l'intérieur de ce croissant, derrière les roseaux, poussait une herbe épaisse et savoureuse. C'était là que le duc de la Bouverie se restaurait d'ordinaire et, à l'exception de quelques rares antilopes, les autres animaux évitaient de faire intrusion dans son domaine et de troubler sa tranquillité.

Dimna se dirigea vers l'amont en longeant la rive et, comme de juste, il ne tarda pas à apercevoir le grand buffle qui ruminait à l'ombre d'un arbre. Schanzabeh était couché sur le flanc, les pattes de devant ramenées contre sa poitrine, remâchant son repas du matin et chassant d'un mouvement paresseux de la queue les mouches de son arrière-train. Dimna s'approcha lentement, l'air soucieux.

Quand Schanzabeh l'aperçut, il lui dit : « Tiens, Dimna, quelle heureuse surprise ! Cela fait des jours que je ne vous ai vu et je commençais à me demander si ce n'était pas délibérément que vous m'évitiez. » Le duc de la Bouverie se dressa lourdement sur les genoux, afin de se mettre debout.

« Bonjour, Votre Grâce, dit le chacal en s'arrêtant et en levant pour saluer une patte de devant. Je vous en prie, ne vous dérangez pas pour moi. Je ne voulais pas troubler votre repos.

— Pas du tout, pas du tout, répondit le buffle en se hissant sur ses pattes. Je suis ravi de vous voir. Comment allez-vous ?

— Oh, aussi bien qu'il est possible, vu les circonstances, répondit le chacal en détournant les yeux. Et vous ? Vous avez excellente mine.

— Oui, oui, je suis en pleine forme. Mais que se passe-t-il donc, Dimna ? Vous n'avez pas l'air dans votre assiette ? Des ennuis ? Dites, car s'il revient à quelqu'un de vous aider, c'est bien à moi, qui vous suis tellement redevable.

— Je vous remercie, Votre Grâce », répondit le chacal, puis il lança un bref regard au buffle et détourna de nouveau les yeux. « C'est très gentil à vous, mais... » Et là, il s'interrompit et poussa un long soupir. « Eh bien, ce n'est pas pour moi que je suis inquiet, à vrai dire.

— Allons, allons, reprit le buffle, quelle que soit la cause de votre tristesse, laissez-moi vous aider à la transmuer en bonheur. Tenez... Asseyez-vous à l'ombre à côté de moi et nous allons en parler. » Schanzabeh se réinstalla dans l'herbe et Dimna, haussant les épaules d'un air résigné, s'assit, tête basse.

« Cela fait des jours que personne ne vous a vu à la cour, remarqua gentiment Schanzabeh. J'ai demandé aux uns et aux autres s'ils savaient où vous étiez, mais personne n'en avait la moindre idée. Même le roi se posait la question.

— Je n'en doute pas, coupa le chacal d'un ton sec.

— Que voulez-vous dire par là ? demanda le buffle en cherchant le regard obstinément baissé du chacal. Seriez-vous en froid avec le roi ? Est-ce cela ? »

Dimna secoua la tête. « Non, non, dit-il, c'est simplement que je préfère ma liberté loin de la cour, c'est tout. Surtout après ce que j'ai entendu, ajouta-t-il mystérieusement.

– Et qu'avez-vous donc entendu ? s'enquit Schanzabeh.

– Des choses désagréables sur le caractère du lion, des choses qui me donnent la chair de poule, comme si j'avais par mégarde fourré le museau dans une fourmilière. Vous savez, le lion, tout roi qu'il est, n'en reste pas moins une bête fauve. Et les fauves sont des créatures imprévisibles, agressives... bien plus que je ne l'avais jamais cru possible.

– Ce sont là des paroles dangereuses, Dimna, observa Schanzabeh. Vous êtes manifestement très troublé et vous avez l'esprit confus. Cessez de faire des mystères et dites-moi ce qui vous inquiète.

– C'est dur, c'est bien dur, Votre Grâce », répondit le chacal en secouant gravement la tête. Puis il fit une sorte de moue et inspira une grande bouffée d'air. « Vous vous souvenez de la promesse que je vous ai faite, la première fois que nous nous sommes rencontrés ? demanda-t-il.

– Bien sûr, répondit Schanzabeh, comment aurais-je pu l'oublier ?

– Eh bien, cette promesse vaut toujours pour moi, vous savez, poursuivit le chacal. J'ai beaucoup d'affection pour vous, mon ami, et bien que nous ne nous soyons pas vus depuis longtemps, vous êtes souvent dans mes pensées. Et aujourd'hui encore je ferai tout ce qui est en mon pouvoir pour empêcher qu'on vous fasse du mal.

– Merci, Dimna, mais si agréables qu'elles soient à entendre, ces paroles ne m'aident guère à comprendre les causes de votre inquiétude.

– Je sais, je sais », répondit le chacal. Il se frotta les yeux d'une patte, se leva brusquement et se mit à aller et venir nerveusement. « Ce n'est pas pour moi que je suis inquiet, vous savez. C'est pour vous !

– Pour moi ? Comment est-ce possible ? Tout va parfaitement bien, je vous assure !

– Vous êtes en danger, Votre Grâce, asséna Dimna en s'arrêtant face à lui. Vous êtes en danger, et la menace vient du roi. Voilà ce que j'essaie de vous faire comprendre.

– Oh, allons, Dimna, cela ne tient pas debout. Pas plus tard qu'hier soir, le lion et moi sommes allés nous promener ensemble et nous avons eu un entretien parfaitement amical. Comment le roi pourrait-il être une menace pour moi ?

– Précisément parce qu'il *est* le roi. Il y a des choses que je sais et que vous ne savez pas. Nous devrions trembler de terreur en sa présence, parce que nous sommes toujours en son pouvoir. On s'expose à mille dangers en devenant le favori d'un roi, et le caprice du prince n'est pas le moindre de ces dangers. Même le plus grand peut tomber en moins de temps qu'il n'en faut à un moucheron pour cligner de l'œil. Et plus la position est élevée, plus elle est dangereuse, car on survit rarement à la chute.

– Ce sont là des truismes qui traînent partout, Dimna. Et je ne pense pas qu'ils soient applicables à ma situation. Je n'ai en rien fait offense au roi et je ne l'ai nullement menacé ; il n'a donc aucune raison de me vouloir du mal.

– Je sais, et c'est bien là l'injustice de toute l'affaire, répondit le chacal. C'est cela qui me révolte tant. Vous, un loyal sujet et conseiller du roi, vous faites, comme chacun sait, un merveilleux travail, et voilà le roi... le roi qui... oh, ces fauves sont des créatures d'une ingratitude ! Je n'ai désormais plus confiance en rien ni en personne. Que règne la folie ! Que triomphe le chaos ! Ah, que le diable emporte cette engeance !

– Dimna ! Dimna ! calmez-vous ! Tout cela ne mène à rien.

– Écoutez, dit le chacal, il ne faut jamais oublier que le roi est un carnivore et vous un herbivore. Il suffit qu'il le décide pour que vous lui serviez de pâture ! »

Schanzabeh eut un mouvement d'inquiétude. « Je suis au courant de nos différences de régime, bien sûr, dit-il, encore que je n'y songe pas en termes aussi dramatiques. Après tout, le lion et moi, pour ne rien dire des autres mangeurs de viande du royaume, vivons dans l'harmonie, et ce depuis longtemps. Pourquoi soulevez-vous cette question maintenant ?

– Eh bien, parce qu'il a récemment été question devant moi des préparatifs que le lion a ordonnés pour la fête d'anniversaire de sa mère. Il a l'intention de faire de vous la pièce maîtresse du festin qu'il donne en son honneur !

– Quoi ! » s'exclama Schanzabeh, et il se mit debout d'un tel élan que le sol en trembla et qu'un petit nuage de poussière s'éleva dans l'air. Un frisson courut le long de son échine et il fixa Dimna d'un air abasourdi.

Nul dans le royaume n'ignorait combien le roi avait à cœur les célébrations d'anniversaire de sa mère ; pour les lions, c'était la plus grande occasion de l'année. Toute la Tribu Royale, qui comprenait les nombreux enfants, petits-enfants et arrière-petits-enfants de la lionne douairière, se rassemblait pour une réunion strictement familiale et parcourait les confins du royaume, chassant et festoyant toute la journée. Des parents venus des territoires voisins – cousins, tantes, oncles, nièces ou neveux du roi – étaient également là. Il était donc extrêmement important que tout se déroulât sans accroc et, pour assurer le succès de la chasse, le lion chargeait ses léopards les plus rapides de prendre les devants, afin de rabattre le gibier en direction des chasseurs.

Une coutume en usage de longue date dans le royaume voulait que les citoyens végétariens autorisés à séjourner sur le territoire du lion fussent à l'abri des attaques des mangeurs de viande. Cette chasse, selon la loi en vigueur chez les carnivores, ne visait que les proies qui nomadisaient ou migraient aux frontières du territoire, ainsi que les éventuels étrangers qui, au malheur d'être comestibles, joignaient celui d'être pris en infraction dans les domaines royaux. C'est ainsi que le maintien de l'ordre était assuré dans le royaume et qu'une grande variété d'animaux ayant chacun ses usages et ses particularités pouvaient vivre ensemble dans une paix et une harmonie relatives. C'était traditionnellement au roi qu'il appartenait de tuer la première proie et de la présenter à la lionne douairière, ce qu'il faisait au milieu des grondements, rugissements, grognements et même ronronnements enthousiastes de la léonine assistance.

Si Schanzabeh était un citoyen de marque dans le royaume, il n'en était pas moins, à strictement parler, un étranger, puisqu'il n'y était pas né et qu'il était en fait le seul à avoir jamais été domestiqué. Mais c'était la question de la tradition qui tracassait le plus le buffle, car il fallait absolument que le lion, étant roi, se saisît d'un gibier d'importance, de quelque chose de suffisamment conséquent pour donner le coup d'envoi au festin en procurant de la viande à tout le monde. Schanzabeh vivait dans la vallée depuis déjà longtemps, certes, mais pas assez toutefois pour avoir encore eu l'occasion d'assister aux festivités organisées lors de l'anniversaire de la reine mère. Qui plus est, depuis quelques mois, la gent carnivore souffrait d'une relative pénurie de gibier. Bien que ce fût un sujet qui ne présentait guère d'intérêt pour lui, il était naturellement au courant de la situation, car il avait entendu beaucoup de mangeurs de viande – et même une fois le roi en personne – se plaindre de ce qu'il était devenu bien difficile depuis quelque temps de mettre la patte sur un repas qui méritât ce nom. Nul doute que, cette année, les léopards auraient du mal à débusquer une proie digne de leur roi.

Tous ces détails revenaient à l'esprit du buffle, tandis qu'il écoutait le chacal déplorer la malice des fauves en général et la perfidie du lion en particulier. Bien que son bon sens lui dît qu'il était absurde de douter de son ami le lion, il ne pouvait s'empêcher de trouver de plus en plus convaincantes les affirmations de Dimna, qui se répandait en discours pleins de vertueuse indignation et jouait sur ses craintes secrètes en déversant un flot ininterrompu d'attaques antiroyalistes. Debout auprès de Dimna qu'il dominait de sa hauteur, Schanzabeh déplaçait nerveusement son poids d'une patte sur l'autre, envahi par une inquiétude croissante. Bientôt, ses sentiments et ses pensées furent plongés dans un état de confusion tel que le chacal eut beau jeu désormais de le manipuler.

Schanzabeh se sentait piégé. Il avait l'angoissante impression de se retrouver comme auparavant, bête de somme captive, jouet de circonstances sur lesquelles il n'avait pas de prise, condamné à se traîner péniblement et inexorablement vers une fin inévitable. La situation était même pire à présent, car lorsqu'il était au service du marchand de Distawand, il bénéficiait au moins d'une certaine sécurité, il était sous la garde de quelqu'un qui s'intéressait à lui et à son bien-être. Maintenant, il était seul et abandonné, il n'était plus qu'un animal domestique cherchant contre vents et marées à survivre dans un milieu sauvage. Si ce que disait Dimna était vrai, sa situation était sans espoir. Personne ne pouvait l'aider à échapper au lion, s'il voulait le tuer. Lorsqu'il se rendit compte de cela, Schanzabeh sentit le cœur lui manquer. Un gémissement rauque et sourd à la fois monta des profondeurs de son corps. Il se figea, comme tétanisé, ébranlé jusqu'aux racines de son être. Un long frisson lui parcourut l'échine.

Dimna crut un moment être allé trop loin, tant était soudain et complet l'abattement dans lequel Schanzabeh était visiblement tombé. « Allons, allons, mon ami, dit-il, je vous ai fait part de ce que j'ai entendu pour vous avertir, non pour vous décourager. Ce ne sont certes pas de bonnes nouvelles, mais du moins pouvez-vous prendre des mesures pour vous protéger. Que pensez-vous faire ? »

Schanzabeh avait le regard vide, l'esprit à mille lieues. Il resta un moment silencieux, puis il revint à lui dans un sursaut et posa les yeux sur Dimna.

« Pourquoi ? dit-il dans à peine plus qu'un murmure. Pourquoi le roi a-t-il changé à ce point de sentiment à mon égard ? » Il toussa et se racla péniblement la gorge dans un effort pour retrouver sa voix. « Qu'ai-je donc fait pour qu'il en use avec tant de rigueur à mon endroit ? » Schanzabeh balança la tête et jeta un regard intense à droite, puis à gauche, et poursuivit. « Il doit y avoir des intrigues de cour derrière ce brusque changement d'attitude. Des ennemis ont résolu de me nuire auprès du lion. Ces perfides auront déjà créé dans son esprit une si mauvaise impression de moi que, quoi que je fasse à l'avenir pour lui plaire, comme dans l'histoire du cormoran et de l'étoile, il pensera que je feins. Vous la connaissez, Dimna ? Vous vous rappelez cette histoire ?

– Non, il ne me semble pas.

– Alors, la voici, dit le buffle. Écoutez. Elle est courte. »

Le cormoran et l'étoile

Un jour, un cormoran aperçut le reflet d'une étoile sur une mer paisible. Prenant cette tache de lumière qui ondulait légèrement pour un poisson, il plongea et tenta de l'attraper. En vain, bien sûr. Mais il continua obstinément de plonger, pensant qu'il lui suffirait de persister dans ses efforts pour y parvenir. Finalement, sa colère et sa frustration furent telles qu'il jura de ne plus jamais chercher à attraper le moindre poisson.

À partir de ce moment-là, il ne vécut plus que de petits crabes, de crevettes et de coquillages qu'il trouvait sur le rivage et, bien que ce maigre régime ne suffît pas à calmer sa faim, il refusa désormais de pêcher sous l'eau, car il estimait que les poissons étaient, comme l'étoile, chose impossible à atteindre.

« Le roi a sûrement commis une erreur du même genre, conclut Schanzabeh. Comment expliquer autrement son ingratitude concernant mes services passés ? Il a cru quelque calomnie lancée contre moi par des courtisans indignes et maintenant que ses soupçons sont éveillés, il n'éprouve aucun scrupule à m'ôter la vie.

– Bon, je dois admettre qu'en principe vous pourriez être dans le vrai, dit le chacal d'un air détaché, mais personnellement, j'en doute : votre douceur vous a acquis bien trop de sympathie pour que vous puissiez susciter ce genre d'envieuse vilenie. Connaissez-vous un seul animal, sans parler d'un seul groupe, qui vous ait jamais donné l'impression de ne pas avoir vos intérêts à cœur ? » Tête levée, Dimna sourit longuement au buffle, pour laisser à sa question le temps de faire son chemin, puis il poursuivit. « Non, je pense que votre bonté et votre générosité naturelles vous inclinent par trop à innocenter le roi en cette affaire. Après tout, c'est *lui* qui projette de vous tuer et il faut bien le tenir pour au moins partiellement responsable de cette décision. D'après moi, ce qui le motive, c'est sa propre nature, qui est capricieuse, impitoyable et sadique. Il vous jalouse à cause de vos nombreuses qualités, parce qu'elles font ressortir trop vivement ses propres défauts. De plus, il a le pouvoir de frapper et de détruire quiconque lui déplaît sans avoir à craindre de châtiment. Voilà en effet qui sied à un roi ! Il *plaît* à Sa Majesté de projeter votre destruction ! *Par tous les diables !* Quand j'y pense, je ne suis plus maître de moi ! »

Le chacal se hérissa et, bondissant sur ses pattes raidies, il fit plusieurs fois le tour du buffle, mâchoire en avant, ses babines relevées découvrant des crocs jaunes et acérés. Il secoua violemment la tête en poussant un grondement furieux et en roulant de tous côtés des yeux féroces. Schanzabeh regardait, attendant que son ami se calme, cependant que, de la queue, il s'employait à tenir à distance un nuage de mouches qui planait au-dessus de son arrière-train. La crise perdit progressivement de sa violence et Dimna, épuisé, pivota brusquement sur lui-même et s'effondra dans l'herbe, les flancs secoués par un halètement furieux.

« Je suis désolé, Votre Grâce, articula-t-il dans un hoquet, veuillez excuser mon emportement, je vous prie.

– Ce n'est rien, répondit Schanzabeh, n'en parlons plus. »

Les feuillages au-dessus d'eux bruissaient sous la caresse d'une douce brise, l'eau de la rivière faisait entendre un frais gargouillis, la queue du buffle allait et venait, avec un sifflement léger, à la recherche des mouches assez téméraires pour oser se poser sur ses flancs. Peu à peu, le souffle pantelant de Dimna s'apaisa. Venu on ne sait d'où, un pique-bœuf s'abattit soudain sur l'échine de Schanzabeh et, sautillant de-ci de-là, il se mit à lui fouiller le poil en quête d'insectes piqueurs et suceurs. Tournant la tête, le buffle lui adressa un regard amical, puis il commença à ruminer pensivement.

« Bon, d'accord, j'ai peut-être exagéré un peu, admit Dimna au bout d'un moment. Mais il faut faire quelque chose, Schanzabeh ! Je suis venu aussi pour vous transmettre un message. Le roi vous attend ce soir au pré au Banian. Il faut vous préparer à cette entrevue. »

Le buffle acquiesça d'un signe de tête.

« Bien sûr, logiquement, poursuivit le chacal, nous pourrions nous être trompés l'un et l'autre sur les motifs de son comportement. Nous pourrions peut-être commencer par envisager différentes hypothèses. »

Le buffle regarda Dimna. « Oui, dit-il, j'y pensais aussi. » Il se déplaça en opérant un mouvement tournant, de manière à faire face au chacal. Le pique-bœuf dressa tout droit la tête, s'assura d'un bref coup d'œil que tout allait bien, ébouriffa ses plumes et les secoua énergiquement, les rabattit et se remit à l'ouvrage. Schanzabeh rumina encore un moment en silence, puis, ayant terminé, tint le raisonnement suivant :

« Nous pourrions imaginer que le roi est malade et souffre d'une aberration mentale temporaire. Ou alors, j'ai sans le savoir, de même qu'à mon arrivée dans la vallée, commis un affront tel que Sa Majesté en a été offusquée au point de me retirer son amitié. Enfin, je suppose que l'on pourrait encore attribuer ce changement tout simplement aux inévitables et mystérieux caprices du sort. Bien sûr, si c'est mon destin d'être tué par le lion, j'accepterai la volonté de Dieu, sachant que même la mort d'un innocent peut entrer dans Ses plans. Pour ma part, cependant, je reste sur l'hypothèse d'une cabale montée contre moi. Je ne saurais nommer qui que ce soit, mais la cour est pleine de mécontents qui crèvent d'envie devant la faveur dont je jouis auprès du roi et ne rêvent que de provoquer ma chute par quelque perfidie. Les arbres fruitiers risquent de voir casser leurs branches, les canaris sont mis en cage parce qu'ils ont un joli chant et les paons poussent des cris quand on arrache les belles plumes qui ornent leur queue. De même, il arrive souvent que les favoris des rois aillent à leur perte sans qu'il y ait de leur faute.

« Le roi est juste, j'en suis sûr, et il cherchera à savoir la vérité avant de punir. Il est mon ami et ne prendra pas plaisir à ma souffrance. Je ne crois pas à sa cruauté, quoi que vous en pensiez. Cela dit, ses sentiments à mon égard ne peuvent que trop aisément changer du fait des insinuations propagées pour me nuire. Les calomnies répétées ont un effet non moins certain que l'eau qui, en s'égouttant sur la pierre, l'use peu à peu en emportant d'imperceptibles quantités de matière. Par conséquent, ni mes efforts pour établir mon innocence ni la bonne volonté du roi ne me seront d'un quelconque secours face aux machinations de mes ennemis inconnus. Cette vérité est clairement illustrée par une histoire qui a pour héros un autre lion et un chameau. J'aimerais vous la conter, afin de vous faire mieux saisir ma façon de voir les choses. »

Schanzabeh resta un moment silencieux, puis il s'éclaircit la voix et poursuivit.

Le chameau,
le lion, le léopard,
le corbeau et le chacal

Il était une fois, dans certains monts reculés, une route qui surplombait une vallée boisée sur laquelle régnait un lion. Celui-ci avait, entre autres, pour conseillers trois rusées créatures qui vivaient des restes de sa table : un vieux léopard, un chacal et un corbeau.

Le lion était un redoutable chasseur, mais en tant que roi il avait à cœur d'être tenu pour juste et bon. Il ne négligeait jamais de remplir son devoir à l'égard des plus faibles en leur procurant de quoi se nourrir et s'efforçait en toutes circonstances, y compris en temps de crise, d'agir selon la justice.

Un jour, une longue file de chameaux passa sur la route, soulevant un épais nuage de poussière qui demeura des heures suspendu au-dessus de la vallée. Lorsque enfin le tintement des sonnailles se fut éteint au loin, dans la direction du monde des hommes, on découvrit un jeune et pitoyable retardataire affalé sur les rochers au bord de la route. Il gisait là, épuisé, les yeux agrandis par la peur : son propriétaire, l'un des marchands de la caravane, avait abandonné le pauvre animal, faible et chancelant, après avoir réparti sa charge entre plusieurs bêtes plus vigoureuses. Longtemps, le malheureux resta couché sur le sol, la respiration haletante, à peine capable de se mouvoir. À la longue, il réussit pourtant à se remettre péniblement debout et, d'un amble encore plus flottant que ce n'est normalement le cas chez ses congénères, il quitta la route et se dirigea en flageolant vers les frais ombrages de la forêt qui s'étendait en contrebas.

Appuyé contre un arbre, le jeune chameau se demandait où trouver un peu d'herbe à brouter, lorsque soudain le lion surgit devant lui. S'attendant à être dévoré, il tenta de sauver sa vie en faisant humblement la seule offre qui lui fût possible.

« Aidez-moi, ô Grand et Puissant Fauve, aidez-moi, je vous en prie ! s'écria-t-il. Je suis seul et sans défense. Accordez-moi votre bienveillante protection, afin qu'une fois remis je puisse vous le rendre en me dévouant à votre service. »

Le lion eut immédiatement pitié de cet être chétif et bossu, dont il n'avait de sa vie jamais vu d'exemple. D'emblée il fut prêt à lui accorder l'asile, touché qu'il était au plus tendre de son âme de patriarche.

« Quelle sorte d'animal es-tu ? demanda-t-il. Et que penses-tu pouvoir faire pour mon service ? » Il s'interrompit et plongea un regard interrogateur dans les grands yeux bruns du jeune chameau, qui tremblait de se sentir si près de ce qui lui paraissait devoir être sa fin. Le lion s'aperçut de sa frayeur et recula d'un pas.

« Non que cela ait de l'importance, ajouta-t-il sur un ton apaisant. Tu n'as pas besoin de m'offrir quoi que ce soit en échange de ma protection. Je n'estime pas devoir me limiter aux seuls actes qui me sont directement profitables. J'étais simplement curieux de savoir quelles étaient tes intentions. Je t'aiderai de toute façon – que tu puisses ou non faire quelque chose pour moi.

– M-merci. Vou-vous êtes b-bien bon, bégaya le chameau. J-je vois bien que qu-quelqu'un d'aussi fort que vous n'a guère besoin d'un être f-faible comme moi. » Il s'interrompit quelques instants pour se reprendre, puis il poursuivit avec plus d'assurance : « Je suis une bête de somme, monsieur – un porteur de marchandises au service des hommes, un végétarien appelé chameau. Hier, dans la montagne, j'ai mangé des baies d'un beau vert qu'étant jeune et sans expérience je ne savais pas être du poison. Quand mon maître l'a vu, il m'a battu et les autres chameaux – et même ma mère – m'ont traité de tous les noms, mais il était trop tard. J'ai commencé à me sentir malade : c'était des douleurs violentes et soudaines comme les rafales de vent qui précèdent les tempêtes de sable. Quand la dernière bourrasque s'est déchaînée au fond de mon ventre, je suis tombé sans connaissance. Alors, comme je ne pouvais plus bouger, ils ont transféré ma charge et m'ont abandonné là-haut sur la route. Et me voici, me soutenant à peine, devant vous. Je ne sais pas très bien ce que je peux faire pour vous, car je suis ignorant de vos usages comme vous des miens. Mais je puis vous dire ceci : je vous serai dévoué autant qu'on peut l'être, pour la bonté que vous m'avez témoignée par le simple fait de m'écouter. Je vous remercie du fond du cœur. Faites de moi ce que vous

voudrez. » Sur quoi, le chameau inclina la tête et s'agenouilla, mais le lion le pria de se relever.

« Cette forêt et les prés alentour m'appartiennent, et je
suis le lion, roi des Animaux. Tu es le bienvenu ici et je
me porte personnellement garant de ta sécurité. Personne
n'osera s'en prendre à toi ; tu peux aller sans crainte à tes
affaires. Allons, viens, je vais te montrer, non loin d'ici,
une prairie où tu pourras manger, ainsi qu'un ruisseau où
boire. »

C'est ainsi que, très vite, le chameau recouvra la santé
et, avec elle, un pelage luisant et des bosses rebondies. Il
passait son temps à manger, à se reposer et à se distraire
en compagnie d'autres animaux avec qui il s'était lié d'amitié. À part de rares courses à faire pour le lion, il n'avait
pas d'obligations particulières. Tout allait bien et le temps
passait comme coule la rosée sur la feuille. Jusqu'au jour
où, lors d'une partie de chasse, il advint que le lion fut
blessé par un énorme éléphant mâle. Il parvint en se traînant à regagner sa tanière, mais très affaibli, car il avait
perdu beaucoup de sang. Il n'y avait rien à faire, sinon
attendre en espérant que le repos suffirait à le guérir.
Comme tout animal sauvage en pareil cas, le lion jeûna
pendant plusieurs jours en concentrant son énergie. Ses
yeux devinrent brillants et son regard intense. Il laissa son
esprit dériver sur le fleuve du temps, car il se sentait devenir
de plus en plus calme intérieurement au fur et à mesure
que grandissait son détachement. Mais pendant ce temps,
ses familiers – le corbeau, le léopard et le chacal – commencèrent à souffrir terriblement de la faim. Le lion finit
par le remarquer et les prit en pitié.

« Écoutez, dit-il en sortant de sa rêverie thérapeutique, ce n'est pas parce que je suis mal en point que vous devez broyer du noir, à demi morts de faim. Notre vieil ami le léopard devrait sûrement pouvoir mettre la patte sur quelques menus morceaux qui vous permettraient de tenir en attendant que je retrouve mes forces. »

Le corbeau agita ses ailes et lança un bref regard au chacal, qui avait l'espace d'un instant levé les yeux. Tous deux savaient que, si belles que fussent les mouchetures qui fleurissaient encore sa magnifique robe, le léopard ne valait plus grand-chose à la chasse. Oh, pendant les jours qui suivirent, celui-ci essaya bien, mais... enfin, ce ne fut pas vraiment ce qu'on pourrait appeler un succès. Il attrapa bien quelques pintades hors d'âge, un fourmilier par-ci, un singe étique par-là, mais rien qu'on pût en toute objectivité appeler un repas, surtout une fois la proie répartie entre les trois compères. Lentement mais sûrement, le léopard, le corbeau et le chacal commencèrent à fondre. Et les choses ne s'arrangèrent pas, quand le lion annonça qu'il souhaitait rompre le jeûne ; il leur fallait désormais partager leur maigre butin avec lui et, en sa qualité de roi, il avait droit au premier choix. Le moment ne tarda donc pas où le léopard convoqua le corbeau et le chacal pour une conférence privée.

« Il faut, dit-il, que je vous fasse part d'une idée qui me travaille depuis quelques jours. Nous voici réduits à un régime qui nous permet à peine de survivre, tandis que ce chameau de malheur prospère effrontément. Où est la justice là-dedans ? Il n'est même pas de notre confrérie, puisqu'il se nourrit d'herbe, et non de viande. Bref, c'est un étranger suralimenté qui, si agréable qu'il soit en tant que personne, ne contribue que très peu au bien-être de la communauté. Que diriez-vous de le tuer et de le manger ? Il est si grand et si gras que, même une fois prélevée la part de Sa Majesté, il nous restera encore de quoi vivre pendant plus d'une semaine.

– Excellente idée, nota laconiquement le chacal, et la faim plaide sans conteste en sa faveur. Mais vous oubliez, je le crains, que notre noble prince, comme beaucoup de puissants, est fort attaché à l'idée de laisser une image exempte de souillure à la postérité. Il lui est proprement impossible de se concevoir autrement que dans le rôle du souverain sans reproche. Vous vous souvenez certainement qu'il a promis sa protection à notre délicieux ami ? Il passerait pour odieux aux yeux de l'histoire s'il ne respectait pas sa parole. Il ne manquera pas d'opposer son veto à votre suggestion, et croire qu'il puisse en aller autrement serait à mon avis le fait d'un sot fieffé.

– Et alors, sale petit charognard, grinça le léopard, as-tu une meilleure idée ? » Et il gronda, l'œil chargé d'inquiétantes menaces, les babines retroussées sur des crocs redoutables.

« Allons, allons ! croassa énergiquement le corbeau. Voyons, voyons, gentes bêtes. Rien ne sert de nous disputer. » Il ébouriffa et secoua son plumage, puis il se mit à sautiller d'une patte sur l'autre en une sorte de danse dont le caractère insolite eut pour effet de distraire l'attention de ses deux compères.

« Il se trouve, reprit-il après s'être posé entre eux, que j'ai peut-être le moyen d'aplanir votre différend. Ce ne sera pas facile, mais avec votre permission je suis prêt à m'y essayer. On ne saurait nier les potentialités hautement nutritives qu'offre l'idée de Léopard, mais il est vrai aussi que Chacal a absolument raison en ce qui concerne la réaction probable du roi. Et si l'on accommodait et présentait le fait déplaisant de la mort du chameau de telle sorte qu'il devienne acceptable pour le lion ? Tout est dans la manière de présenter la chose. Si vous voulez bien attendre tranquillement ici un petit moment, je vais aller trouver le roi et tenter de lui dorer la pilule. Qu'en dites-vous ? Cela vous convient-il ? Et pas de dispute pendant mon absence, n'est-ce pas ?

– Oui, oui, d'accord », répondirent en chœur le léopard et le chacal. Car ils savaient bien que le corbeau était de loin le plus habile, quand il s'agissait de présenter une affaire quelconque au roi.

« Très bien. Alors, à tout à l'heure. » Il prit son essor et, flap-flap, s'en fut voir le lion. Prenant alors un air faible et famélique, il fit une profonde révérence et, haletant discrètement sous l'effet d'un prétendu épuisement, il dit : « Plaît-il à Votre Majesté de m'accorder quelques instants d'attention ? »

Le lion sommeillait, mais l'arrivée du corbeau éveilla son intérêt, car c'était l'habitude chez ce dernier de venir le prévenir quand le léopard avait attrapé quelque chose. « Oh, se dit-il, réjouis-toi, mon ventre. Voici une bonne nouvelle pour toi, si Dieu veut. » Puis, s'adressant au corbeau : « Parlez, monsieur du Corbeau », car c'était là son nom. « Je vous écoute. Comment va la chasse ? Qu'y a-t-il au menu aujourd'hui ? »

Quoique rougissant sous son fard, le corbeau fit bonne contenance et répondit bravement (car il savait ce qui allait suivre) : « Sire, nos griffes sont vides, malheureusement ; autant dire qu'il n'y a rien au menu. Le vieux léopard n'est plus le chasseur qu'il était et nous en sommes presque tous à mourir de faim. Le léopard n'a tout simplement plus la rapidité de sa jeunesse et comme il s'affaiblit de jour en jour, les prises se font de plus en plus rares et la situation ne cesse de s'aggraver. Par conséquent, Sire, je ne suis pas en mesure de vous annoncer de repas pour aujourd'hui. Le léopard a manqué un jeune marcassin que le chacal et moi avions rabattu vers lui. Cela étant, vos trois serviteurs se sont penchés sur le problème et ont trouvé un moyen de sortir de cette crise. Nous avons imaginé une solution qui, si Votre Majesté le veut bien, nous permettra de faire un festin.

– Un festin, dis-tu ? Comment cela ? De quoi s'agit-il ?

– Eh bien... et là, j'hésite, car je sais, Sire, que ce que j'ai à dire va plonger Votre Majesté dans une profonde consternation. Je m'y résous cependant, car c'est là notre avis sincère. » Le corbeau poussa un profond soupir et, fuyant d'un air embarrassé le regard attentif du lion, il poursuivit :

« Pour dire les choses sans détour, Sire, nous vous demandons, car il y va de la vie de Votre Majesté, d'autoriser la mise à mort du chameau. Il est rebondi, gras et dodu, plein comme un œuf. Il servira mieux Votre Majesté mort que vivant.

– Quoi ? rugit le lion, et d'indignation il tapa un grand coup la patte sur le sol. Tu oses me proposer de rompre une promesse solennelle ? Hors de ma vue, vil paquet de plumes puantes, ou je t'étripe, je te mets en pièces, je t'écrabouille ! » Et il fit mine de se jeter sur le corbeau, mais un élancement venu de sa blessure le figea sur place.

« Aouuuh ! Aïe, aïe ! » chevrota-t-il et, grimaçant de douleur, il se recoucha avec précaution. Le corbeau recula respectueusement de quelques pas et se prépara à un nouvel assaut de protestations indignées.

« Si ce n'était cet éléphant du diable, tu serais sans doute mort à présent, grommela le lion, quand il eut rouvert les yeux. Méchante bête, misérable, je devrais te...

– Sauf votre respect, Sire, interrompit le corbeau, sans "cet éléphant du diable", nous n'en serions pas là et je n'aurais jamais fait une telle suggestion. En la circonstance, "cet éléphant du diable" risque d'être notre mort à tous deux, sans compter beaucoup d'autres.

– Ferme ton bec, oiseau de malheur ! gronda le lion. Dis ce que tu voudras, mais rien dans ta perfide sophistique ne m'induira, quoi qu'il arrive, à violer ma parole. Tu peux accumuler les prétextes fallacieux et les raisons tordues, développer des arguments aussi subtilement biaisés que tu voudras, jamais je ne me laisserai prendre à ton maudit piège. Ne vois-tu pas ce que tu demandes ? Dois-je reprendre mes dons ? Retirer ma protection aux créatures en détresse à qui je l'ai accordée ? Le chameau n'a jamais causé le moindre déplaisir à quiconque et, pourtant, voilà qu'aiguillonné par la faim tu vois en lui la viande, et non plus l'ami ! Oh, va-t'en, laisse-moi, je suis las de cette conversation.

— Si je m'en vais, Votre Majesté, nous quitterons tous deux à jamais cette vallée de misère, et qu'adviendra-t-il de notre pauvre ami le chameau, une fois que nous serons morts de faim ? Votre royaume anéanti et le chaos installé à sa place, qui le protégera des aventuriers qui ne peuvent manquer de survenir ? Le chameau sera tué et dévoré par des loups affamés ou par des hyènes baveuses, ou même, faut-il le dire, par un autre lion que ne liera aucune promesse. Qu'en sera-t-il alors, ô Roi ? Sacrifiez nos vies, oui — chameau, chacal, léopard, corbeau, nous ne sommes, tous autant que nous sommes, que vos esclaves —, mais conservez la vôtre, mon Prince, je vous en supplie le cœur à deux genoux, préservez votre propre vie, sinon ce sera l'anarchie, meurtrière surtout pour le doux chameau et les autres bêtes de votre territoire.

— Je m'y refuse ! déclara péremptoirement le lion. Parle tant que tu voudras, je ne vous laisserai pas tuer le chameau !

— Tuer, Votre Majesté ? Qui a dit "tuer" ? Croâ, je vois maintenant ce qui a trompé la royale bonté de Votre Majesté. Non, Sire, il ne s'agit pas de tuer : il n'est nullement question de ravir une vie, cette vie est offerte ! Permettez-moi, Sire, d'en apporter la preuve à Votre Majesté. Le chameau viendra ici avec nous tous et Votre Majesté l'entendra de ses propres oreilles s'offrir en sacrifice. C'est, je le jure, la pure vérité. Le léopard, le chacal, le chameau et moi avons décidé que la survie de Votre Majesté importe plus que la nôtre : nous sommes, pour ainsi dire, prêts à mourir pour notre propre sécurité. D'où ma venue : je voulais simplement avertir Votre Majesté de la nature du projet qui nous amènera à nous présenter devant vous.

— Sors d'ici, dit le lion à mi-voix, et cette fois-ci j'entends être obéi. » Sa grosse tête s'inclina sous le poids de la fatigue et du tourment, puis après un long soupir il ajouta : « Ta jolie petite histoire m'a mis dans une humeur noire ; je veux être seul.

— Certainement, Sire, dit le corbeau en se retirant. Je regrette de vous avoir contrarié. Je prie Votre Majesté de me pardonner. » Puis il partit à tire-d'aile rejoindre les deux autres, qu'il trouva endormis par terre.

— Réveillez-vous, réveillez-vous ! » leur cria-t-il, puis il leur raconta sa conversation avec le roi. « Donc, si vous le voulez bien, conclut-il, je vais vous dire comment procéder. Mais tout d'abord, êtes-vous d'accord pour me suivre ? »

Le léopard et le chacal échangèrent un bref coup d'œil et firent signe que oui.

« Affirmatif, dit le léopard.

— Idem, dit le chacal.

— Bien », conclut le corbeau. Et prenant un air important il se mit à faire les cent pas, apparemment perdu dans ses réflexions.

« Bon, dit-il enfin. Voici ce que nous allons faire. Chacal, je veux qu'à l'instant tu ailles chercher notre morceau de choix. Tu lui dis que le roi est en train de mourir de faim et que nous trois projetons d'aller nous offrir en sacrifice pour lui permettre de se nourrir et prolonger ainsi sa royale vie. Dis qu'il s'agit d'une simple formalité, mais que nous

nous demandons s'il serait disposé à se joindre à nous, manière d'exprimer sa gratitude pour la vie paisible et prospère dont nous jouissons sous le règne de notre bon lion. Compris ?

– Oui, je vois.

– Bien. Parfait. Je suis sûr que ça marchera comme sur des roulettes. Mais maintenant, écoutez. Approchez-vous, car cette partie du plan ne doit être connue que de vous. »

Le léopard et le chacal se pressèrent autour du corbeau et nul hors de leur cercle n'eût pu entendre autre chose qu'un bourdonnement indistinct. Bientôt, le chacal fila chercher le chameau et, peu après, les quatre bêtes étaient en route vers la demeure du roi.

« Sire, dit le corbeau au lion épuisé, voici réunis devant vous de dévoués serviteurs, profondément affligés de voir Votre Majesté si terriblement affaiblie. Notre douleur est sans égale à l'idée que la faim puisse mettre en danger la très précieuse vie de Votre Majesté. Pour ma part, bien que tristement conscient du peu que je suis en mesure de vous offrir, Sire, je prie Votre Majesté de bien vouloir accepter ce maigre corps. Prenez et mangez, ô mon Roi, de cette pauvre et humble carcasse. Ne vous laissez pas emporter par la faim – faites de moi votre nourriture. L'intérêt pour le bien commun de la bonne santé de Votre Majesté l'emporte sur mon insignifiante vie. » Sur ces paroles, le corbeau s'avança en se dandinant humblement pour aller se prosterner aux pieds du lion, où il demeura étalé de tout son long, cou tendu, dans une immobilité de mort.

Dès qu'il vit le corbeau aplati contre le sol, le léopard se coula en souplesse jusqu'à lui et lui donna un coup de patte sur les plumes de la queue. Poussant un grand croassement de douleur, celui-ci se jeta sur le côté, l'air furibond.

« De la viande de corbeau pour un roi ? tonna le léopard. Vraiment, rien ne pourrait être pire. Sire, cette répugnante volaille est à peine bonne pour les asticots : mangez-en et, loin d'aller mieux, vous irez plus mal encore. Ce qu'il faut à Votre Majesté, c'est un repas, et non une bouchée de plumes et d'os décharnés. Prenez de la vraie viande, Sire : mangez-moi ! » Et le léopard, imitant le corbeau, se laissa tomber sur le sol, offrit son cou et attendit.

C'est alors qu'intervint le chacal, qui aboya : « Attendez, attendez ! Cela ne se peut, Votre Majesté ; sa chair sera dure comme le tronc d'un vieil arbre, et impossible à digérer. Je ne le cède quant au sens du devoir à aucun des plus loyaux sujets de Votre Majesté. Aussi, croyez-moi, Sire, quand je dis que, si je suis plus petit, je suis aussi plus jeune et ma chair est plus tendre. Si vous voulez vous casser les dents, prenez le léopard ; si vous voulez de la chair pour vous nourrir, choisissez-moi ! » Sur quoi, il s'aplatit contre terre, tandis que le léopard se retirait en feulant.

« Croâ, croâ ! s'exclama le corbeau en quittant le rocher où il s'était perché pour s'avancer par sauts décidés vers le roi. Pas question, Sire, il n'en est pas question ! Votre Majesté ne saurait consommer de la viande de chien ; ce n'est pas sain. Que le chacal soit plus tendre que le léopard, soit, je veux bien l'admettre, mais que sa chair soit bonne pour les lions ? Non, cent fois non ! La chair de chacal pue, que c'en est insupportable : même fraîche, elle sent la charogne. » Le chacal tourna vivement la tête et jeta au corbeau un regard des plus noirs.

Toute cette scène suscita dans l'âme du chameau un tourbillon d'émotions confuses. La dynamique de groupe opérant, il ressentait de plus en plus fortement le besoin de faire comme les autres. Il ne voulait pas rester en dehors de l'action, il ne voulait pas non plus déplaire au lion. Convaincu qu'il n'y avait là aucun danger et que les bonnes manières l'exigeaient, il s'avança à son tour, lorsque le chacal se fut retiré.

« Soit dit avec le plus grand respect, Sire, je suis beaucoup plus gros que mes trois amis réunis. Et ma chair n'est ni malodorante ni coriace ; beaucoup la considèrent même comme savoureuse et délicate. Aucune des objections soulevées jusqu'ici ne vaut dans mon cas : je représente en vérité de nombreux repas dignes d'un roi. Je vous en prie, Sire, épargnez la vie de Votre Majesté : mangez-moi et ne laissez de mon corps que les os ! » Et à son tour il se prosterna, présentant son cou au roi.

Alors, contre toute attente, après un bref instant de silence, on entendit la voix du corbeau, qui déclara : « Vous savez, je trouve qu'il a raison. Pas vous ?

– Oui, répondit le léopard en se dressant d'un bond, la chair de chameau est exquise. » Sur quoi, il plongea ses griffes dans le cou de la pauvre bête et lui ouvrit la gorge, avant qu'elle ait eu le temps d'articuler un mot de plus.

Le chacal et le corbeau

se précipitèrent à leur tour, jouant obligeamment du bec et des mandibules – et, pendant tout ce temps, bien sûr, le lion se tint le regard tourné ailleurs.

« Pauvre chameau », compatit Dimna, quand il eut compris que Schanzabeh avait fini son histoire. Il remarqua le pique-bœuf qui se tenait immobile, la tête dressée dans une attitude cocasse, comme s'il attendait une suite. L'oiseau frissonna violemment, s'auréolant soudain de ses plumes, puis, sa silhouette ayant retrouvé ses lisses contours, il se remit à l'ouvrage. « Pauvre chameau, dit encore Dimna.

– Oui, en effet... Peut-être comprenez-vous maintenant pourquoi j'estime avoir si peu de chances face à une cabale en règle. Toute faute de ma part ne fera que confirmer les calomnies que le roi a entendues, de sorte qu'il sera d'autant plus irrité et dangereux. Quant à me défendre, le lion étant par nature plus rapide et mieux armé que moi, cela est à peu près sans espoir. Oh, Seigneur, pourquoi faut-il que tout soit si affreusement compliqué ? Je ne vois pas de solution. Avez-vous une idée, Dimna ? »

Le chacal se rassit. « Eh bien, je pense que vous avez absolument raison d'éviter l'affrontement dans l'immédiat, dit-il. Mais si une agression directe paraît imprudente, il vous reste possible de ruser quelque peu. Vous devez raisonner comme un guerrier qui se trouve face à un adversaire plus fort que lui, mettre au point une stratégie de contournement. Votre seul avantage réside dans l'élément de surprise ; il faut donc être prêt à frapper le premier, et avec force, si la situation l'exige. Si vous comptez vous rendre au roi en victime prête au sacrifice, vous aurez peu de chances d'en réchapper et, franchement, vous n'aurez que ce que vous méritez. Il vous faut prendre garde aux légers signes annonciateurs de danger qui apparaîtraient dans le comportement du roi – changements de posture et autres indices qui ne manquent pas de précéder une attaque. Si la menace se matérialise, il vous faut rester ferme et indiquer clairement par votre propre attitude que vous êtes prêt à vous défendre, auquel cas on peut compter que le lion reculera et vous laissera le temps de vous justifier suffisamment pour le calmer. À vous de juger s'il va vous écouter ou non, et dans ce dernier cas, il vous faudra agir vite et le charger de toutes vos forces. »

Dimna regarda Schanzabeh qui raclait nerveusement le sol de ses sabots. « Voilà mon conseil, conclut le chacal. J'espère que vous êtes prêt à le suivre. Sinon, je crains que vous ne finissiez comme la mer, le jour où elle s'attaqua au nid des bécasseaux. Cela vous ennuie-t-il que je vous conte cette histoire ?

– Non, non... pas du tout, répondit Schanzabeh en hochant la tête d'un air inquiet. Ce n'est que justice que vous ayez votre tour. »

Les bécasseaux et la mer

Un couple de bécasseaux vivait au bord de la mer. Un jour, la femelle dit : « Voici venue la saison des nids ! Il faut que nous préparions un endroit pour nos petits. »

Le mâle se tourna de son côté. Conscient de sa responsabilité, mais peu enclin à trop se fatiguer, il répondit : « Bon. Ici, ce sera très bien. Nous pouvons creuser un peu le sable derrière cette touffe d'herbe. Elle te protégera du vent et te camouflera en même temps.

– Au diable le vent ! grinça sa compagne. C'est la mer qui m'inquiète. Il faut que nous allions plus loin à l'intérieur. Sinon, à marée haute, l'eau recouvrira mes œufs.

– La mer ne peut t'atteindre ici ! répliqua le mâle. Ici, il n'y a aucun risque, je te jure.

– Ne me raconte pas d'histoires, dit la femelle. Tu ferais mieux de t'assurer de la situation au lieu de faire des promesses à la légère. À trop dire n'importe quoi, tu finiras comme la tortue qui se fit transporter par des oies.

– Qu'est-ce qui lui est arrivé ?

– Écoute, je vais te raconter, répondit la femelle en haussant le bec d'un air supérieur.

– Bon, bon. » Et le bécasseau s'accroupit et se trémoussa
dans le sable, à la recherche d'une position confortable.

La tortue Piapia et les oies

Un couple d'oies vivait depuis de longues années auprès d'une superbe mare, en compagnie d'une tortue, gentille mais affreusement bavarde, qui s'appelait Piapia. Or, voilà qu'un certain été, sévit une terrible sécheresse qui réduisit la mare à l'état de simple flaque et rendit la vie extrêmement difficile pour les trois amies.

Les oies, ayant décidé de quitter l'endroit, allèrent trouver la tortue et lui dirent : « Écoute, Piapia, les choses ne sont plus ce qu'elles étaient. Ici, ça pue la vase, on se prend les pattes dans les algues et il reste à peine de quoi manger dans ce magma répugnant. Désolées de te laisser, mais nous partons pour un lac que nous connaissons dans le nord, où la vie sera peut-être plus supportable. »

Piapia parut très contrariée et dit : « Tout ça, c'est fort bien pour vous autres qui avez des ailes, mais moi, que vais-je devenir ? Quand l'eau aura disparu, je disparaîtrai à mon tour, car sur la terre je ne vaux pas mieux qu'une baleine échouée. Ce qui pour vous n'est qu'un détail, une simple affaire de confort, est pour moi une question de vie ou de mort. Je vous en prie, épargnez-moi cette angoisse, trouvez un moyen de m'emmener avec vous. »

Les oies se consultèrent en un bref aparté et après quelques discrets « coin-coin » revinrent à la tortue. Ayant pris la parole, le jars dit alors : « Ma chère amie, il se peut en effet qu'il y ait un moyen de partir d'ici tous les trois. Mais il comporte un risque mortel pour vous, au cas où ne parviendriez pas à garder le silence. Il faut que je vous le dise très franchement : vous parlez trop. Or, et c'est ce qui nous inquiète le plus, vous allez nous priver de notre tortue préférée, si vous dites un seul mot pendant notre voyage. Quoi qu'il arrive, il vous faudra rester bouche close, si vous voulez vivre. »

Le jars souligna ses avertissements d'un silence expressif, allongea le cou et secoua son plumage en battant des ailes et en agitant énergiquement la queue, avant de se rasseoir.

« Que voulez-vous que je dise ? finit par murmurer Pia-pia, tête basse, les plis de son cou pendant lamentablement. Bien sûr, vous avez tout à fait raison quant à cet aspect de ma personnalité : l'économie de parole n'a jamais été mon fort. Les bavardes de mon espèce prennent un tel plaisir à parler à tort et à travers qu'elles oublient ce que, souvent, des propos étourdis peuvent avoir de fatal. Merci de me l'avoir rappelé avec autant de franchise ; je vous en suis très reconnaissante. »

La tortue regarda le jars avec un petit sourire mi-figue mi-raisin et se rapprocha de lui de sa démarche cahotante. « Si la vie sature la mare de silence, déclara-t-elle, force me sera de boire de ses eaux calmes. Je jure par ma carapace, par les paupières de mes yeux et par les seize palmes qui ornent mes pattes, que je ne dirai plus mot, tant que nous n'aurons pas atteint le lac du nord où vous voulez aller. » Sur quoi, Piapia ferma résolument le bec.

« Bien ! dit le jars. Nous pouvons nous mettre en route immédiatement. Vous n'avez qu'à suivre mes instructions et tout ira bien. Si vous tenez suffisamment à votre propre personne pour rester parfaitement muette, votre tortuosité ne courra aucun danger. À présent, je vous prie de nous excuser, nous avons une course à faire. »

Les oies s'éloignèrent en se dandinant et revinrent bientôt chargées d'un solide bâton qu'elles déposèrent devant Piapia. « Fermez un bon coup votre bec au milieu de ce bâton et tenez-le solidement. Nous sommes prêtes pour le départ. »

Piapia referma ses mâchoires sur le bâton conformément aux instructions. L'oie et le jars en saisirent chacun une extrémité dans leur bec et en deux ou trois puissants battements d'ailes, ils s'élevèrent dans les airs, emportant leur ballottant fardeau. Bientôt, les trois amis volaient en direction du nord. Tout alla bien, jusqu'au moment où, alors qu'ils survolaient un village, des paysans les aperçurent.

– C'est quoi, ce chariot dans le ciel ? s'écria l'un d'eux en montrant du doigt l'étrange équipage.

– Regardez ces oies avec le bâton ! hurla un petit valet de ferme.

– Une tortue ! Une tortue ! C'est une drôle de tortue qui vole ! » s'exclama une fillette en dansant de joie. Bientôt, ce fut un beau branle-bas, tout le monde se précipita hors de chez soi et se mit à pousser de grands cris à la vue de cet incroyable trio.

« Fermez-la, maudits humains ! » hurla à son tour Piapia, oubliant le prix à payer pour avoir perdu patience. « Allez voir ailleurs si j'y suis, pauvres crétins ! » eut-elle encore le temps de crier avant de s'écraser sur le sol, où elle éclata en mille morceaux. Ce jour-là, il y eut au village des heureux qui dégustèrent une délicieuse soupe de tortue au repas du soir.

« Excellente histoire, ma chérie », observa le bécasseau quand sa compagne eut terminé. Puis il se leva et ajouta en se penchant vers elle : « Mais crois-moi si je te dis que la mer est trop avisée pour nous défier ouvertement. Niche ici et sois sans crainte. Je te protégerai.

— Mais comment peux-tu te comparer à la mer ? s'impatienta la femelle. Tu n'es qu'un petit oiseau !

— Peut-être, mais je ne suis pas aussi dénué de défense qu'il y paraît. La mer n'ose pas agir avec méchanceté, car elle sait que ce ne serait pas sans conséquences. En bon stratège, elle examine toujours les effets à long terme de ses initiatives. »

Dépassée par tant d'habileté dans l'art de la baliverne,

la femelle renonça et, pleine d'une véhémente exaspération, finit par pondre ses œufs dans le trou creusé derrière la touffe d'herbe. Cependant, la mer, qui avait surpris les vantardises du bécasseau, était curieuse de voir ce qu'il ferait. C'est pourquoi, quelques jours plus tard, profitant d'un moment où le nid était sans surveillance, elle roula ses vagues très haut sur la plage, s'empara des œufs et, les emportant sous son jupon d'écume, courut les mettre au sec dans un recoin secret, tout au fond d'une grotte.

« Voilà ! Regarde ce qui est arrivé ! cria maman bécasseau, quand elle découvrit le désastre. Que vas-tu faire maintenant, long-bec, toi et tes belles paroles ?

– Eh bien, tu n'as qu'à attendre un peu, répondit son époux sans se troubler. Je vais soit récupérer nos œufs, soit nous venger de la mer. Ne t'en fais pas, je tiendrai ma promesse. » Il prit aussitôt son vol et alla mettre au courant tous les oiseaux du voisinage, lesquels furent en effet profondément indignés de cette agression.

« Si nous ne demandons pas réparation à la mer, déclara le bécasseau, elle deviendra de plus en plus téméraire et aucun de nos rejetons ne survivra. Si vous ne vous joignez pas à moi pour présenter une protestation dans les formes au Conseil suprême des oiseaux, nous sommes voués à l'extinction ! Il faut parer à ce danger dès maintenant ! »

C'est ainsi qu'une fourmillante assemblée de pépiants oiseaux des grèves s'éleva dans les airs pour aller déposer officiellement plainte. Ils se rendirent dans la montagne, au siège des Très Puissants Êtres Ailés, où ils furent finalement admis en présence d'énormes aigles au regard perçant. Le bécasseau s'avança en multipliant les courbettes et fit un discours enflammé auquel faisait écho dans toute la salle un concert de gazouillements. Il s'adressa au Phénix qui, élu puissance de la journée, siégeait en majesté au-dessus du reste de la compagnie, resplendissant de toutes ses couleurs, ses plumes de feu agitées d'un flamboiement menaçant.

« Très Perpétuelle Plumité, commandez aux forces de cet Éternel Conseil d'attaquer la mer, pour s'être emparée de mes petits. Déchaînez votre puissance, afin qu'elle disparaisse, évaporée, de la planète. Usez du feu, afin qu'elle s'évanouisse en vapeur. Si vous n'êtes pas de simples emblèmes de force, entendez ma supplique et fondez avec nous sur cette voleuse d'enfants. »

Le Conseil suprême vota et décida d'user de la force pour imposer sa volonté. Alors, les oiseaux furent rejoints par un innombrable escadron de terrifiantes créatures des airs. Parmi elles, il y avait le Phénix, le Simorgh, le Dragon, l'Anka, le Griffon, le Garuda, l'Oiseau Roc et le Ptéranodon – chacune multipliée en mille millions de formes impossibles à regarder, tant elles étaient

horribles. La mer les vit arriver sur elle en un énorme nuage noir et, saisie de terreur, immobilisa ses vagues. Une voix puissante – celle de tous les oiseaux réunis, de leurs dieux et de leurs ancêtres – rugit :

« Rends ses œufs au bécasseau ou que le feu te brûle et t'expédie en vapeur dans le ciel ! »

Et en un éclair d'argent mouillé qui zébra la plage, la mer fit exactement ce qu'on lui disait, allant jusqu'à pousser tout doucement les œufs dans leur nid, derrière la touffe d'herbe. Jamais plus, après cette aventure, dame Bécasseau ne mit en doute la parole de son époux.

Dimna exhala le dernier mot avec un sourire, ferma un instant les yeux, puis les rouvrit pour observer le buffle, qui approuvait du chef.

« Votre histoire est on ne peut plus appropriée, Dimna, dit-il en raclant rêveusement le sol de son sabot droit. J'apprécie le bon sens de ce que vous me dites concernant les précautions à prendre. Toutefois, je pense que le mieux pour moi est de paraître devant le lion la conscience pure, l'esprit tranquille et sans colère. Je ne veux pas aggraver ses soupçons en me montrant trop vite sur la défensive. Si le roi me voit tel que je suis d'habitude, avec un état d'esprit normal et positif, il y a une maigre chance pour qu'il se souvienne de l'amitié vraie qui existait entre nous. Mais je n'oublierai pas votre conseil et me tiendrai prêt à attaquer, si je vois qu'il n'y a pas d'espoir de réconciliation. »

Schanzabeh tourna la tête et posa son regard sur Dimna.

Le chacal se leva, s'étira et se secoua vigoureusement. Puis, après avoir d'une brusque détente de chacune de ses pattes de derrière fait jaillir une brève giclée de terre, d'herbe, de feuilles et de cailloux, il se rapprocha du buffle et, levant la tête vers lui :

« C'est bien, Votre Grâce, dit-il, mais permettez-moi de vous adresser un dernier avertissement. Gare à vous, si le roi vous regarde fixement dans les yeux, couche les oreilles ou commence à agiter violemment la queue. Observez bien la position de ses pattes, et attention si les muscles de son arrière-train se contractent brusquement. Si deux de ces signes, peu importe lesquels, apparaissent simultanément, vous pouvez être certain qu'il s'apprête à bondir, et malheur à vous si vous n'êtes pas prêt à l'affronter comme le valeureux champion que vous êtes, je le sais. S'il voit que vous restez ferme et imperturbable, il se peut qu'il se contienne et vous écoute encore. Mais franchement, j'en doute ; vous feriez bien de vous attendre au pire.

— Merci, Dimna, je garderai ces avertissements à l'esprit. Mais il se fait tard et je pense qu'il est temps de me mettre en route, afin d'aller voir le lion et de connaître le sort qui m'est réservé. Nous savons tous le peu que vaut une vie ; aussi, Dimna, si je ne dois plus vous revoir, je veux que vous sachiez combien notre rencontre m'a été profitable.

— Oh mais, Votre Grâce, s'exclama Dimna, je veux aller avec vous au pré au Banian. Permettez que je reste à vos côtés pendant ces moments difficiles.

— Vous êtes très bon, mais je ne veux pas que vous ayez d'ennuis à cause de moi. Ce n'est pas parce que je suis en disgrâce auprès du lion que vous devez y tomber aussi. Non, il vaut mieux que vous ne veniez pas, Dimna.

– Laissez-moi au moins vous accompagner un bout de chemin, insista le chacal. Je ne puis supporter de vous voir partir seul.

– Bon, alors, un bout de chemin. Mais je vous en prie, quittez-moi quand nous arriverons à l'orée de la clairière. Je dois faire la dernière partie du trajet seul. Il se fait tard. Allons. »

Schanzabeh se mit lentement en marche en direction du sentier qui conduisait au pré au Banian et à la Place, Dimna sur ses talons. Cette fois, le pique-bœuf comprit qu'il ne s'agissait plus d'un simple changement de position et s'envola. Bientôt, le buffle et le chacal quittèrent les herbages et remontèrent en amont en suivant un chemin plat qui traversait une forêt de bambous. Ils avançaient entre deux rideaux bruissants de clairs feuillages, Schanzabeh marchant en tête d'un pas pesant et régulier, Dimna trottinant à sa suite. Le soleil de l'après-midi qui resplendissait non loin de l'horizon balayait le paysage de ses rayons, projetant sur chaque détail une poussière d'éclats lumineux. Un zéphyr caressait les hautes tiges des bambous, qui se balançaient et s'entremêlaient dans un léger murmure. Les cornes de Schanzabeh, qui débordaient du sentier, labouraient ces ondoyantes murailles et, au ras du sol, Dimna avait l'impression d'être momentanément perdu dans un mouvant tunnel de végétation obscure qui laissait par instants, venu de loin, percer un bref et magique éclair de lumière.

189

À l'approche du pré au Banian, l'étroit sentier débouchait sur une zone plus dégagée. Schanzabeh s'arrêta avant que quiconque eût pu les voir de la clairière.

« Je vous serais reconnaissant, dit-il, de bien vouloir me laisser à présent. J'aimerais rester un peu seul, avant d'aborder le roi.

— Bien sûr, répondit le chacal, je comprends tout à fait. Alors, bonne chance, cher ami, en espérant vous revoir bientôt.

— Merci, votre aide m'a été précieuse. »

À peine Dimna eut-il pris congé et disparu de la vue du buffle que, prenant le pas de course, il contourna le pré au Banian, coupa à gauche par un autre sentier, tourna à droite au niveau de la roche Plate et poursuivit sa route aussi vite qu'il put par le chemin le plus court jusqu'à la tanière de son frère. Comme il l'espérait, Kalila somnolait dans une flaque de soleil à l'entrée de son logis. Dimna se jeta par terre à côté de lui et, haletant furieusement, la langue pendante, il hoqueta : « Réveille-toi, mon frère... Réveille-toi... Enfin de bonnes nouvelles... Vite ! »

Kalila se retourna en bâillant longuement et ouvrit un œil soupçonneux. « Ah, c'est toi ? Hum !... » Ayant émis ce commentaire laconique, il revint à sa position antérieure, plus confortable, savourant manifestement les dernières délices du sommeil qui se retire. « Pourquoi cette excitation ? finit-il par demander, les yeux toujours fermés.

— Schanzabeh et le lion, haleta Dimna, ils vont se battre, tu peux parier tes moustaches. Viens vite voir ! Vite !

— Quoi ! s'exclama Kalila, tout à fait réveillé, en se dres-

sant d'un bond. Qu'est-ce que tu racontes, sale cafard ?
Quel mauvais tour as-tu encore joué ? »

Dimna fit un large sourire et adressa un clin d'œil mali-
cieux à son frère. « Allons, viens, ajouta-t-il en se levant.
Ce n'est pas le moment d'entrer dans les détails. Nous
manquerions la fête. Suis-moi et haut les cœurs ! Tout
ira bien, tu verras. » Et il partit au trot sans regarder en
arrière.

Kalila le rattrapa et se mit à courir à sa hauteur. « De
quoi s'agit-il ? répéta-t-il. Qu'est-ce qui se passe ?

– Arrête de faire des histoires et dépêchons-nous »,
s'impatienta Dimna. Il se mit à galoper à toute allure jusqu'à la lisière du pré et là,
ils s'affalèrent tous deux
dans de hautes herbes
et restèrent allongés,
tout pantelants, pen-
dant de longues minu-
tes. À quelque distance, à
une centaine de mètres
peut-être, sur leur gauche,
le lion était assis à l'ombre du banian qui donnait son nom
au pré. Un léopard, une paire de vautours, un sanglier, un
loup et quelques petits courtisans moins aisément identi-
fiables semblaient tenir compagnie au roi comme à l'accoutumée. Schanzabeh n'était pas en vue – sans doute était-il
quelque part sur leur droite, en train de méditer avant de
se présenter.

« Nous y voilà, commença Dimna quand il eut suffisamment repris son souffle pour pouvoir parler. Le combat

croc contre corne du siècle ! Sur notre gauche, portant crinière et robe fauve, le Lion, roi des Animaux ! Et sur notre droite, caché pour le moment, mais appelé à paraître d'une minute à l'autre, portant cornes et sabots, Schanzabeh, duc de la Bouverie !

— Tu es fou, dit Kalila.

— Ce spectacle vous est présenté pour ainsi dire à domicile grâce au merveilleux, magnifique, magistral travail d'organisation de Dimna – la superstar du subterfuge, du sabotage et de la manipulation psychologique. Voici l'événement de la saison ! L'un des héroïques participants va y laisser sa peau ! Mais un instant, mesdames et messieurs. Il nous reste un peu de temps pour entendre quelques paroles choisies de sagesse de mon distingué collègue qui est ici à mes côtés. À vous, frère Kalila ! »

Kalila s'assit avec raideur sur son arrière-train. « Ta mégalomanie, dit-il calmement, semble avoir atteint des proportions pathologiques. On a l'impression qu'il est dangereux y compris de t'adresser la parole, sans parler de critiquer ton comportement. Tout appel à la prudence est balayé comme fumée par le vent. Inutile de te donner des conseils sensés, tu es comme le singe ignorant que l'oiseau Casse-Pattes tenta d'aider...

— Une histoire, mesdames et messieurs, interrompit Dimna. Il va raconter une histoire ! Merveille ! Quelle chance nous avons ! » Il se leva d'un bond et tourna plusieurs fois sur lui-même en poussant des cris de joie et en pourchassant sa queue.

« Oui, en effet, bruyant imbécile ! Je doute que mes

efforts pour t'inculquer un grain de bon sens aient le moindre succès, mais tu es de la famille et je veux encore espérer. Alors, assieds-toi, tais-toi et écoute ! »

Dimna lui tira la langue, mais ne dit plus rien.

Les singes et l'oiseau Casse-Pattes

Il était une fois une troupe de singes qui vivaient assez confortablement sur le versant boisé d'une montagne en récoltant des baies, des noix, des racines et autres simiesques nourritures. Mais quand, soudain, un après-midi, se levèrent les vents d'hiver, les singes eurent froid et se blottirent misérablement les uns contre les autres en grelottant et en criaillant tout ce qu'ils savaient.

Or l'un d'eux, qui était un tout petit peu plus dégourdi que les autres, aperçut quelque chose de lumineux qui l'intrigua dans un buisson voisin ; il quitta donc le groupe pour aller voir de quoi il s'agissait. C'était un ver luisant, mais le jeune et astucieux animal crut que c'était une étincelle dont il pourrait se servir pour faire du feu et se réchauffer.

Il secoua donc le buisson, afin de faire tomber le ver luisant sur le sol, puis il entreprit de le recouvrir de feuilles mortes. Ce manège attira l'attention des autres singes, qui accoururent avec force cris et jacassements pour voir ce qui se passait. Du haut d'un arbre voisin où il était perché, un oiseau leur cria :

« Hé ! vous autres !... Vous ne pouvez pas faire de feu avec ça. C'est un ver luisant, pas une flamme. Ça ne marchera pas ! Ça ne peut pas marcher ! »

Ignorant cet avis importun, les singes commencèrent à aider leur frère en ramassant des branchages, des brindilles, de l'herbe et des feuilles et en les entassant sur le malheureux ver luisant. Pendant ce temps, le premier singe, de plus en plus réfrigéré, se mit à quatre pattes et souffla vigoureusement sur le tas, espérant en faire jaillir des flammes, tandis que, debout autour de lui, quelques-uns se frictionnaient la poitrine et le ventre et tendaient leurs paumes en direction de ce feu imaginaire.

C'en était trop pour l'oiseau Casse-Pattes. Il quitta son arbre et vint se poser par terre, à côté du singe qui continuait de souffler et de s'essouffler.

« Voyons, espèce de grand singe, je te dis qu'on ne peut pas faire de feu comme ça. Ne vois-tu pas que tu as affaire à un insecte phosphorescent, le *Lampyris noctiluca*, communé- ment appelé "ver luisant" ? On ne peut pas allumer de feu avec un insecte qui brille. »

Alors, le singe arrêta de souffler et tourna lentement la tête vers l'importun sieur Je-Sais-Tout. Sans un mot, il tendit le bras, saisit l'oiseau Casse-Pattes et le tira à lui d'un coup sec. Puis, tout doucement, il tordit le cou à l'animal éberlué et lui arracha la tête.

« La constance de ta foi dans ma parfaite indignité me va droit au cœur. Tant de patience mérite une juste récompense, si ce n'est dans ce monde, du moins dans l'autre », remarqua tranquillement Dimna quand Kalila eut achevé son histoire, puis il détourna la tête pour ricaner sous cape.

« Immonde sac à sarcasmes, gronda Kalila en faisant mine de se jeter sur Dimna.

– Allons, allons, fleur des champs, railla Dimna, ne nous laissons pas emporter par la colère.

– Emporter ! Ah ça, qu'est-ce que tu racontes, monstre aux dents de loup ? C'est toi qui as machiné Dieu sait quelle calamité ! Comment tu t'y es pris et ce que c'est, je ne le sais pas et je ne veux pas le savoir – mais une chose est sûre : ce n'est rien de bon ni pour Schanzabeh ni pour le lion, pour ne rien dire de nous tous. "Ne nous laissons pas emporter !" Non, mais qui est-ce qui dit ça ! C'est toi, misérable personnification de l'envie ! C'est toi qui t'es laissé emporter... non, ce n'est pas le mot ! Tu as été... tu as été... balayé par un typhon de jalousie... submergé par un maelström de cupidité... déraciné par un ouragan d'avarice ! Une ambition féroce a supplanté tes minuscules espérances et la soif de richesses te tient en otage ! Tu n'es qu'un esclave, Dimna, l'esclave de passions mauvaises ! Qui peut se dire ton frère, quand ton seul amour, c'est toi ?

– Tu peux t'arrêter un petit instant, fit Dimna, si ça ne t'ennuie pas ?

– Qu'est-ce qu'il y a ?

– Enfin, rien, à vrai dire, répondit Dimna d'un ton hésitant. Tu parles magnifiquement, et je trouve tes vitupérations extrêmement instructives, crois-moi. Mais dis-moi, n'y aurait-il pas une histoire qui pourrait convenir ici ? Un petit quelque chose pour notre édification ? Tu sais, un conte qui résumerait, pour ainsi dire, la situation au point où nous en sommes. Qu'est-ce que tu disais ? "L'esclave de passions mauvaises." Oui, c'est ça ! Parfait ! Parfait ! Ça me rappelle une fable sur un thème analogue. Elle a une morale bien frappée qui dit : "Il n'est pire ennemi qu'un faux ami." Oui, oui, c'est ça... et le titre... voyons, le titre... "Coquin et le...", "Coquin, l'arbre et...". Je l'ai sur le bout de la langue... C'est une histoire d'humains...

– Candide ! s'exclama Kalila. "Coquin, Candide et l'arbre."

– C'est ça ! Pourquoi ne la racontes-tu pas ? Il se peut même qu'elle ait un effet bénéfique sur ma personne, qui sait ?

– Tu te moques de moi, méchant coquin. Je devrais d'un coup de dents te trancher les oreilles.

– Oh, ça suffit. Arrête de japper. Qu'est-ce qu'il y a ? Tu ne t'en souviens plus ?

– Bien sûr que si !

– Parfait ! Alors, vas-y. Je ne suis plus qu'oreilles – pour ta voix, pas pour tes dents.

– Ha ! ha ! très drôle », dit Kalila en fusillant Dimna du regard. Puis, retroussant les babines, il se détourna brusquement avec une grimace de dégoût et, rageur, s'éloigna de quelques pas, revint et dit enfin : « C'est bon, assieds-toi et écoute. »

Coquin, Candide et l'arbre

Deux humains, Coquin et Candide, marchands ambulants, étaient associés à parts égales dans leur commerce. Un jour, Candide trouva au bord de la route un sac qui contenait mille écus d'or.

« Voilà notre tournée terminée, déclara-t-il gaiement, quand ils eurent fini de compter les pièces. Maintenant, nous pouvons rentrer chez nous et vivre trois ou quatre ans sans travailler. Quelle chance nous avons, hein ?

– Oui, en effet, répondit Coquin. Quel œil tu as eu, et comme tu as bien fait de penser à regarder ce qu'il y avait à l'intérieur du sac. »

Et les deux compères de s'en retourner joyeusement au village pour célébrer leur bonne fortune et vivre à l'aise. Quand ils furent près d'arriver, Candide s'arrêta sous un grand arbre et dit : « Pendant que nous sommes entre nous, asseyons-nous ici et partageons les pièces – cinq cents pour toi, cinq cents pour moi. Puis nous pourrons aller chacun de notre côté et jouir d'une splendeur à laquelle nous aurons tôt fait de nous habituer.

— Je trouve qu'il serait dommage de dissoudre notre association, répondit Coquin. Nous étions unis dans la pauvreté ; alors pourquoi pas maintenant dans la richesse ? La fortune, apparemment, nous a souri quand nous faisions équipe ; quel intérêt y a-t-il à nous séparer, alors que les choses semblent aller mieux que jamais ? De plus, je pense, personnellement, que ce serait une erreur de mener tout à coup un train de riches. Pourquoi susciter l'envie de ces redoutables parasites que nous savons tous deux avoir parmi nos parents et amis ? Non, je propose que nous prélevions chacun cent pièces pour nos dépenses immédiates et que nous enfouissions le reste en secret au pied de cet arbre. Plus tard, quand nous en aurons besoin, nous pourrons revenir tous les deux, déterrer le sac et faire un nouveau retrait. »

Candide trouva l'idée excellente. Ils mirent donc ce plan à exécution et rentrèrent chacun chez soi. Mais la nuit venue, Coquin revint et s'empara des huit cents écus restants, prenant soin de bien lisser le sol pour ne pas laisser de traces de son passage.

Après quelques mois de très bonne vie, Candide s'aperçut qu'il allait bientôt être à court d'argent. Il alla donc trouver Coquin et lui expliqua qu'il avait besoin de rendre visite à leur trésor caché.

« Tu dois être devin, lui dit Coquin. J'étais précisément sur le point d'aller te trouver pour exactement la même raison. Oui, allons à notre arbre. Moi aussi, j'ai besoin d'argent. »

Évidemment, lorsqu'ils creusèrent le sol, ils ne trouvèrent rien. Bientôt, Coquin commença à manifester une douleur extrême.

« Oh ! Oh ! s'écria-t-il en s'arrachant les cheveux. N'y a-t-il donc rien de sacré en ce monde ? Comment as-tu pu me trahir de manière aussi perfide ? Je t'avais toujours pris pour mon ami, et voilà ce que tu me fais ! » Et de se frapper la poitrine et de déchirer ses vêtements en pleurant à grand bruit. « Comment as-tu pu faire ça ? Comment as-tu pu faire ça ? » poursuivit-il en reculant plein d'une feinte horreur et en fixant son partenaire d'un air incrédule, comme s'il s'agissait d'un démon.

« Qu'est-ce que tu racontes ? s'exclama Candide, indigné. Je n'ai rien volé ! L'idée ne m'en est même pas venue ! Tu dois être en train d'essayer de te délester sur moi de ton propre crime, misérable escroc ! »

D'accusation en réplique, les deux compères s'échauffèrent de plus en plus, jusqu'au moment où, d'un pas rageur, ils allèrent trouver le juge, devant qui ils se plaignirent haut et fort l'un de l'autre. Le juge, qui était un sage, comprit tout de suite qu'une affaire aussi obscure ne pouvait être tirée au clair en un instant. En conséquence, il les fourra tous deux en prison pour les calmer un peu. Cinq jours plus tard, il enregistra les déclarations de chacun des partenaires et leur demanda s'ils pouvaient fournir des preuves. Candide dit qu'il n'avait que sa parole pour défendre sa version de l'histoire : il n'avait pas de documents. Mais Coquin, lui, répondit : « En fait, Votre Honneur, j'ai un témoin qui peut attester le bien-fondé de mon accusation. Ce n'est autre que l'Esprit de l'arbre au pied duquel nous avons enterré notre trésor. Demandez la vérité à l'arbre ! »

Bien sûr, cette affirmation stupéfia le juge, mais il décida de n'en rien dire et d'attendre tout simplement la suite des événements, espérant qu'avec le temps le fond de l'affaire viendrait au jour. De fait, il libéra les deux partenaires sous caution pour la nuit et leur ordonna de se présenter auprès du vieil arbre le lendemain à la première heure. Dès que Coquin eut versé sa caution, il fila voir son père.

« Papa, lui dit-il après l'avoir assuré qu'il allait bien malgré son séjour en prison. J'ai quelques ennuis et j'ai besoin de ton aide.

– De quoi s'agit-il, mon fils ? demanda ce père affectueux.

– Comme tu le sais sans doute, je me suis disputé avec mon partenaire et, du coup, il cherche à m'escroquer une somme qui est légitimement mienne. Et le plus contrariant, c'est qu'il s'agissait d'argent que j'avais mis de côté exprès pour toi et Maman, afin que vous en disposiez dans vos vieux jours. Ce coquin de Candide s'est emparé d'une cassette d'or que nous avions cachée ensemble et a pris ma part avec la sienne. Mon seul témoin est l'arbre au pied duquel nous avions caché le trésor, et c'est là que j'ai besoin de ton aide.

– Que veux-tu que je fasse ? demanda le vieil homme avec inquiétude.

– C'est beaucoup demander, mais je voudrais que cette nuit tu ailles te cacher à l'intérieur du tronc de ce vieil arbre. Il est creux et tu pourras t'y glisser sans trop de mal, mais habille-toi chaudement, surtout. Et demain, quand le juge et son huissier viendront interroger l'arbre, tu accuseras Candide. »

Ce plan retors plut au vieil homme qui, lui-même cupide, ne sut résister aux séduisants propos de son fils. Il

201

alla donc à la faveur de la nuit se cacher comme celui-ci le lui avait demandé. Le lendemain, à l'aube, le magistrat et divers dignitaires, notables et anciens du village arrivèrent devant l'arbre, ainsi que Coquin et Candide. Après avoir dûment donné lecture des charges retenues contre les deux partenaires et brièvement rappelé les déclarations qu'ils avaient faites sous serment, le juge fit prêter serment à l'arbre en sa qualité de témoin.

« Ô Esprit de l'arbre, clama-t-il, jurez-vous de dire la vérité, toute la vérité, rien que la vérité ? »

Tout le monde tendit l'oreille, dans l'attente d'une réponse. De l'endroit où il était parvenu à se hisser à l'intérieur de l'arbre, le père de Coquin, contrefaisant sa voix, beugla sur un ton tremblotant : « Je le juuure ! »

Comme il est assez naturel, après ces paroles, toute l'assistance s'entre-regarda avec stupeur, chacun espérant par des sourires, hochements de tête, grimaces, clins d'œil, murmures et marmottements divers confirmer sa propre santé mentale. Mais il n'y avait pas de doute, il fallait bien le reconnaître, l'arbre avait parlé.

« Très bien, reprit le magistrat quand l'ordre se fut rétabli. Les partenaires ici présents affirment avoir à telle date caché ensemble huit cents pièces d'or entre vos racines. L'un d'eux affirme en outre que, quelque temps après, l'autre est revenu et a déterré et volé ce trésor. Lequel a fait cela ? »

Il y eut un long silence, durant lequel chacun retint son souffle. Puis la même voix étrangement tremblotante se fit à nouveau entendre.

« C'est Candiiiide qui a volé l'ooor ! Candiiiide est un voleeeeur ! Il a pris les pièèèces !

– Merci », dit le magistrat. Puis se tournant vers Candide, il lui demanda : « Voulez-vous à votre tour interroger le témoin ?

– Oui, Votre Honneur », dit Candide, qui inspecta l'arbre et découvrit l'ouverture qui...

« Tais-toi voir un instant, coupa Dimna.

– Qu'est-ce qu'il y a ? demanda Kalila, manifestement irrité.

– Schanzabeh, répondit son frère avec un signe du museau. Le grand spectacle va commencer. »

Et en effet, ils virent le duc de la Bouverie sortir des hautes herbes qui bordaient cette extrémité de la clairière. Il avançait d'un pas lent mais régulier, les yeux rivés sur le sol.

« J'ai presque terminé, dit Kalila d'un ton froid. Pour finir...

– Pas maintenant ! protesta Dimna, exaspéré. Es-tu aveugle ?

– Puis-je te rappeler que c'est toi qui as voulu que je raconte cette histoire ? Maintenant que j'ai commencé, j'ai bien l'intention d'aller jusqu'au bout.

– Alors, pour l'amour de Dieu, fais vite. Allez, vas-y, continue.

– Volontiers », répondit Kalila d'un ton empreint d'un calme glacial. Et c'est ce qu'il fit.

Candide contourna l'arbre et découvrit le trou qui béait au milieu du tronc. Sans rien dire, il ramassa une brassée de petit bois, de brindilles et de feuilles sèches, les entassa dans le trou et y mit le feu.

« Je proteste, Votre Honneur ! s'écria Coquin. Que veut dire ce comportement ? Le défendeur menace le témoin !

– Pas du tout, Votre Honneur, répliqua Candide. Je cherche simplement à obtenir une réponse plus audible et plus distincte de la part de l'Esprit de l'arbre. Mes méthodes ne tarderont pas à donner des résultats, je vous assure.

– Objection rejetée, déclara le magistrat. Poursuivez. »

Quelques minutes plus tard, comme le feu léchait l'intérieur de l'arbre de ses flammes et y envoyait des tourbillons pressés d'âcre et épaisse fumée, Candide cria : « Ô Esprit de l'arbre, m'entendez-vous ? » Il y eut un bref silence, puis on entendit des bruits de toux, des hoquets, halètements, haut-le-cœur, suivis de hurlements.

« Aïe, aïe, aïe ! Vite, vite, vite ! De l'eau, de l'eau ! Je brûle ! J'étouffe ! Au secours ! À l'aide ! Pour l'amour du Ciel ! » Et le père de Coquin se laissa tomber de l'arbre, noir, fumant, les vêtements en feu. Ses cheveux avaient disparu et il dégageait l'atroce odeur caractéristique de la chair brûlée, ce qui n'empêcha point quelques rires de fuser. Le malheureux mourut quelques instants plus tard en poussant des gémissements pitoyables.

« Ci-gît l'Esprit de l'arbre », déclara Candide. Confronté à la mort inattendue de son cher vieux papa, Coquin éclata en sanglots et avoua son crime. Le magistrat le condamna à être immédiatement pendu haut et court à une branche du vieil arbre et déclara d'une voix forte, afin que chacun pût l'entendre : « Il n'est pire ennemi qu'un faux ami ! » On éteignit le feu et, par la suite, les huit cents écus restants furent découverts dans la maison de Coquin et attribués à Candide.

Quand il eut enfin terminé, Kalila s'assit en prenant soin de se tenir à distance de son frère. Dimna le remarqua à peine et parut s'en soucier moins encore ; depuis quelques minutes, il n'avait plus guère d'attention que pour Schanzabeh. Le buffle était à présent parvenu à une vingtaine de pas du banian et saluait cordialement le lion, qui se tenait assis devant un rideau mouvant de racines aériennes, la tête auréolée par sa crinière royalement hérissée.

Bien que ne pouvant saisir ce qu'il disait, les chacals perçurent nettement une certaine tension dans la voix du buffle, dont les attitudes trahissaient sensiblement le trouble intérieur. Il tenta une révérence, mettant brièvement les genoux à terre, cornes baissées, mais ses mouvements avaient quelque chose de gauche et d'empesé. Le roi lui répondait d'un ton rogue et, soudain, son attitude parut se raidir. Dimna savait que ses perfides conseils étaient pour beaucoup dans son humeur ; des germes empoisonnés qu'il avait semés dans son esprit surgissaient les soupçons.

Plus rapide que l'éclair, le lion prit son élan et bondit. Dans un mugissement sonore, Schanzabeh se déclara prêt

à affronter son roi rugissant. D'une de ses cornes, il emporta un bon quartier de fauve en plein vol. Le lion lança un feulement enragé, tournoya sur lui-même et se jeta sur le flanc du buffle, y traçant de longues traînées sanglantes, tandis qu'en s'aidant des griffes il grimpait sur son échine. Profond plongèrent alors les griffes et les crocs du lion dans la chair de Schanzabeh.

Avec des mugissements de douleur, ce dernier chargea à travers le pré en se tordant, se cabrant, virevoltant, pour tenter d'échapper à cette étreinte mortelle.

« Youpi ! s'écria Dimna. Regarde-moi ça ! On a gagné !

– Tais-toi, misérable ! » gronda Kalila.

Toujours galopant, Schanzabeh revient, fonçant droit sur le banian. En un frénétique sauve-qui-peut de plumes et de poils, léopard, sanglier, vautours, loup et courtisans de second ordre s'enfuient de tous côtés. Le buffle se précipite dans le rideau de racines du banian, espérant ainsi jeter bas le lion agrippé à lui. Mais en vain. Il commence alors à cogner son crâne et celui du lion contre une basse branche. Trop étourdi pour se maintenir, le lion glisse sur le sol et n'échappe de justesse à un furieux coup de corne qu'en se réfugiant au plus vite à l'intérieur de la masse de racines enchevêtrées.

Ainsi s'achève le premier assaut. Schanzabeh en fureur s'acharne sur les racines du banian, mais trop tard : le lion s'est esquivé de l'autre côté de l'arbre protecteur. Avec un gémissement de douleur et de frustration, le buffle dégage ses cornes et recule, afin de reprendre son souffle, les yeux fous. Pendant quelques minutes, les combattants, la respiration sifflante, aspirent l'air à grandes bouffées. Le sang envahit la robe de Schanzabeh et c'est à peine s'il reste au lion un peu de salive pour lécher sa blessure. Mais bientôt le combat reprend.

Le lion sort du couvert ; s'offrant comme cible, il incite le buffle à le charger toujours et encore et se dérobe à chaque fois par d'agiles roulades et sauts de côté, jusqu'au moment où Schanzabeh, épuisé, hors d'haleine, s'immobilise, incapable de poursuivre. Alors, le lion attaque à son tour, car la cible, c'est maintenant Schanzabeh. Et ainsi les assauts vont se succédant, mais le lion, né pour tuer, finit par enfoncer ses redoutables griffes dans le museau de Schanzabeh, lui bouchant les naseaux. Pendant un vertigineux moment, entre la force appliquée par le lion et les efforts du buffle pour se dégager, l'issue paraît indécise. Mais il n'y a plus d'air pour que vive Schanzabeh : le roi y veille. Le buffle suffoque, le monde autour de lui tournoie comme dans un rêve sans fin. Il frissonne, émet un gargouillis et, d'un coup, s'effondre, tandis que d'un bond le lion évite son corps, sans pour autant relâcher la pression. Quelques minutes encore, et c'est la mort pour Schanzabeh.

Le roi Lion proclame sa victoire par un rugissement terrible qui ébranle les cieux, bondit sur le corps de Schanzabeh et déclare d'une voix forte : « De la viande pour les carnivores ! Qu'on vienne se servir ! » Puis, blessé, épuisé, il titube et, ayant fait quelques pas, s'effondre à son tour, sans connaissance.

« Mon fils ! Mon fils ! » s'écrie la reine mère qui, à l'instar sans doute de tout un chacun dans le royaume, est venue assister à la fin de ce cruel combat. Elle se précipite dans la clairière, donnant enfin libre cours à de trop vives émotions. « Oh, mon pauvre enfant, gémit-elle, mon pauvre enfant ! » Et elle se met à couvrir de baisers, à lécher et à caresser son rejeton, inerte et pitoyable. Divers courtisans paraissent et commencent à s'affairer alentour en se donnant des airs importants et efficaces. On crie des ordres, on s'agite, tandis que les badauds venus en foule envahissent le pré pour féliciter le vainqueur (ou sa mère), contemplent le cadavre du buffle ou se répandent en vains caquets. Enfin, le lion ouvre les yeux et redresse faiblement la tête, manifestement en état de choc. Il promène lentement sur l'assistance un regard vide, puis se laisse brusquement retomber contre l'épaule de sa mère. Des vivats s'élèvent de la foule.

« Vive le roi ! hurle Dimna depuis le bord de la clairière. Vive le roi ! » Puis il s'élance et commence à danser de joie, quand soudain Kalila, surgi on ne sait d'où, fait brutalement irruption, se jette sur lui et le terrasse. « Qu'est-ce que... », réussit-il tout juste à articuler, mais son indignation n'a pas le temps de s'exprimer davantage, car Kalila le laboure de coups de dents, tant et si bien que Dimna le Maudit se met à couiner de douleur et, s'abandonnant mollement, finit par faire sa soumission. Notre vieux bonimenteur, sous le choc, ne trouve plus ses mots, quand il se voit cloué au sol, étendu de tout son long sur le dos entre les pattes de son frère furieux qui le fixe d'un air mauvais.

« Un seul geste, et je t'ouvre la gorge si vite que tu ne sauras même pas d'où est venu le coup, lance Kalila sur un ton menaçant. Tu es la plus ignoble créature que l'on puisse jamais avoir le malheur de rencontrer. Disposer de la vie d'un ami et mettre en danger celle du roi ! Eh bien, misérable hypocrite, traître, qui pourra jamais te faire confiance désormais ? Je ne sais pas ce que tu as fait, mais j'en ai vu les sinistres résultats. Il est dangereux de te connaître. Je ne veux plus de toi pour frère. Je te renie ! Considère nos liens de parenté comme dissous : nous n'avons plus rien de commun. À partir de maintenant, n'essaie même plus de m'adresser la parole ! »

Kalila se tait un instant pour reprendre son souffle et rassembler ses idées. « Écoute, vil morpion, poursuit-il enfin, c'est bien la dernière fois que nous nous voyons. Je vais te raconter encore une histoire ; ensuite, tu n'auras plus jamais à m'entendre.

– Dieu merci, c'est toujours ça, marmonne Dimna dans ses moustaches.

– Tais-toi, espèce de monstre », gronde Kalila. Et il fait pleuvoir les coups de dents sur les joues et les oreilles de Dimna, jusqu'à ce que celui-ci geigne de douleur. « Cette histoire est pour moi, pas pour toi, répugnant personnage ! ajoute-t-il en posant ses pattes sur ses épaules pour le maintenir couché. Que ça te plaise ou non, elle a sa place ici, et je vais la dire, quoi qu'il advienne. Peut-être que tu comprendras pourquoi je te renie, mais si tu ne comprends pas, eh bien, tant pis ! Alors, tiens-toi tranquille et tais-toi, ou bien, aussi sûr que je respire, tu es un chacal mort, frère ou pas – ça m'est égal ! »

Kalila fixe durement Dimna dans les yeux, puis il commence son histoire d'un ton mesuré, égal et très déterminé.

Les souris qui mangeaient du métal

Un jeune et riche marchand partit un jour pour un pays lointain, afin d'y conclure l'affaire de sa vie. Mais avant de s'en aller, craignant de perdre la totalité de sa fortune pendant son voyage, il prit la précaution de déposer deux tonnes de fer chez un ami, car il estimait – à juste titre comme le montra la suite – que le prix du fer ne baisserait jamais et que, quoi qu'il arrivât, il pourrait toujours revenir au pays et prendre un nouveau départ grâce à ce magot.

L'affaire de sa vie tourna au fiasco et il rentra quelques années plus tard, pratiquement ruiné. Désireux de se procurer de l'argent liquide, il alla chez son ami réclamer le fer qu'il lui avait laissé en dépôt, afin de le vendre. Or celui-ci, pris à la gorge par les dettes, l'avait dans l'intervalle vendu pour son propre compte.

« Ah, enfin ! s'écria-t-il. Je suis soulagé de te voir. Cela faisait des mois que je me faisais du mauvais sang. Il est arrivé quelque chose de terrible, figure-toi, et je ne savais pas où te joindre.

– Que s'est-il donc passé ? demanda le marchand, qui flairait déjà du louche.

211

– Eh bien, tu te souviens que nous avions entreposé ton fer dans la pièce du fond, qui était fermée à clé ? Je ne m'en doutais pas, mais l'endroit était infesté de souris : il y en avait des centaines, apparemment. Ton fer a entièrement disparu – dévoré par ces sales bêtes ! Elles ont tout mangé ! »

Notre jeune marchand était trop fin pour lancer l'accusation qui s'imposait à l'esprit. L'accord qu'il avait passé avec son ami était purement verbal : il n'y avait pas eu de contrat, il n'avait pas non plus demandé de reçu et il souhaitait éviter toute procédure prolongée. « Il y a là-dessous plus qu'on ne dit, pensa-t-il. Tâchons de démêler cette affaire. Je parviendrai peut-être à trouver un fil qui me conduira à la vérité. »

« Mangé par les souris ? dit-il à haute voix. Ah ça, *encore* ! Ça m'est déjà arrivé plusieurs fois dans ma carrière. Le fer n'est plus de la qualité d'antan : celui qu'on fait maintenant est doux et mou. Et l'imbécile qui me l'a vendu l'a probablement enduit de cette huile antirouille qui le rend encore plus agréable au palais de nos gentilles petites amies. Il a dû leur glisser dans le gosier comme du sirop. Enfin, inutile de geindre : je suis en vie et j'ai des mains pour travailler. Il faut prendre les ennuis comme ils viennent. Ha ! ha ! »

Cette manière de prendre les choses ravit à tel point son ami qu'il l'invita aussitôt à déjeuner, espérant lui faire oublier définitivement ce malheureux incident dans une débauche d'hospitalité. L'hôte et son invité passèrent fort agréablement l'après-midi à faire bombance et à boire ensemble en multipliant les démonstrations d'amitié. Après avoir pris congé, le marchand s'arrangea, une fois dehors, pour enlever secrètement le seul enfant de son hôte, son unique héritier. Il emmena le garçonnet chez lui et le garda en sûreté, enfermé dans sa cave.

Le lendemain, comme il vaquait à ses affaires en ville, il rencontra son ami, qui avait l'air affreusement bouleversé. « Seigneur, s'exclama-t-il, que se passe-t-il donc ?

– C'est mon fils, gémit piteusement celui-ci. Il a disparu hier soir. Depuis, nous l'avons cherché partout, mais jusqu'ici nous n'en avons trouvé trace.

– Voilà qui est curieux, remarqua le marchand. Maintenant que tu m'en parles, je me rappelle avoir vu un garçonnet au loin hier soir, quand je t'ai quitté. Il est blond, n'est-ce pas ? Oui, oui... Ce pourrait bien être lui. Au moment où je l'ai vu, un épervier était en train de l'emporter. Il le tenait dans ses serres, agrippé par les cheveux, et s'éloignait dans le ciel.

– Qu'est-ce que tu me contes là, menteur ! explosa l'autre. Mon fils emporté par un épervier ! C'est monstrueux ! Je devrais t'assom...

– Mon cher ami, coupa le marchand. Calme-toi, je t'en prie, et sois enfin raisonnable ! Dans une ville où les souris peuvent avaler deux tonnes de fer, qu'y a-t-il d'étonnant à ce qu'un épervier enlève un petit garçon ? Je ne serais même pas surpris si l'un d'eux s'envolait avec un éléphant dans les serres ! »

Alors, l'autre comprit que la partie était terminée et que le marchand n'était pas aussi bête qu'il l'avait cru. Il baissa la tête et avoua. « Ne sois pas fâché, dit-il. Les souris n'ont pas mangé ton fer.

– Ne sois pas triste, répondit alors le marchand. Aucun épervier n'a enlevé ton enfant. Donne-moi le prix du fer et reprends ton fils. »

Ainsi fut fait, mais plus jamais les deux hommes ne s'adressèrent la parole.

Kalila lâcha les épaules de Dimna, prit le temps de lui jeter un dernier regard, puis, se détournant et s'éloignant, il dit simplement : « C'est tout. Et maintenant, sors à jamais de ma vie ! »

Jouant frénétiquement des quatre pattes, Dimna se remit debout et se secoua vigoureusement. Après avoir lancé un regard mauvais en direction de son ex-frère, il se hâta d'aller voir ce qui se passait ailleurs. En l'occurrence, il alla voir le roi.

Il faisait maintenant presque nuit ; spectateurs et badauds avaient déserté la clairière. Une troupe mêlée de charognards – hyènes, chacals, belettes, vautours, buses et autres – était occupée, jouant du bec et des dents, à savourer le repas de fête qui avait eu nom Schanzabeh. Un nuage fourmillant d'insectes bourdonnait au-dessus d'eux, attendant impatiemment de pouvoir accéder aux restes. La puanteur de la mort était partout et ce qui subsistait du buffle était à peine reconnaissable. Le lion s'était suffisamment remis pour renvoyer sa mère et, tout claudiquant, aller retrouver quelque tranquillité au pied du banian. Le sang de la bataille avait disparu de son pelage, mais il était

seul et paraissait extrêmement morose, lorsque Dimna
s'avança très prudemment sur la pointe des pieds.

« Je vous dérange, Sire ? murmura-t-il tout doucement.

– Quoi ? » dit le lion d'une voix atone. Seuls ses yeux
d'ambre bougèrent, tandis qu'il cherchait la source de cette
interruption parmi les ombres du soir. « Oh, Dimna. Non.
Quelle journée...

– Je prie Votre Majesté de m'excuser de ne pas m'être
présenté plus tôt. J'ai été retardé et n'ai pu arriver avant le
buffle.

– Pourquoi ?

– Pour vous soumettre mon rapport, Votre Majesté.
Mon rapport détaillé sur la trahison de Schanzabeh. Mais
c'est un peu tard maintenant, je suppose.

– Oui, c'est un peu tard, répéta le lion. C'est vrai. » Il
soupira, regarda au loin et renifla bruyamment. « Oui, c'est
vrai. » Il baissa la tête et fit entendre de profonds gémissements.

« Quelque chose ne va pas, Votre Majesté ? demanda
doucement Dimna.

– Oh, Dimna, suffoqua le lion d'une voix à peine audible où s'exprimait un indicible tourment. Schanzabeh !
Schanzabeh est mort ! Le plus gentil, le plus généreux, le
plus doux, le plus sage, le plus honnête, le plus merveilleux
ami que j'aie jamais eu – pour ainsi dire un autre moi-
même –, et je l'ai tué. Cruellement, sans pitié ! Je pourrais
dévorer mes propres pattes de chagrin. » Et son corps fut
secoué de terribles sanglots.

« Là, là, Votre Majesté, fit Dimna en glissant pour le
soutenir un museau compatissant sous les épaules tressau-

tantes du roi. Calmez-vous, Sire, je vous en prie, calmez-vous. »

Pendant un long moment, le roi épancha sa douleur en présence de Dimna. Puis, quand il se fut un peu ressaisi, quand les sanglots se furent suffisamment espacés, le chacal reprit la parole et dit :

« Votre Majesté, nous savons tous combien il est difficile d'être roi. Les princes ont une dure tâche, et le plus malaisé est de vaincre son cœur. Mais Schanzabeh était un agent de subversion, Sire, le chef d'une conspiration destinée à vous détrôner ! Je vous jure sur tout ce que j'ai de sacré que c'est vrai ! Je l'ai interrogé de manière très serrée, comme nous en étions convenus, et Votre Royale Personne a pu elle-même constater sa très coupable conduite. Une bête innocente vous aurait-elle défié de cette manière ? Non, cent fois non ! Aussi, je vous en supplie, accordez-vous le pardon. En éliminant du royaume un ennemi aussi dangereux, vous n'avez fait que votre devoir le plus élémentaire, Sire. Mieux vaut un traître mort qu'une révolution déclarée ! Et maintenant, il me semble, si vous permettez, Sire, que Votre Majesté a besoin de repos. Tout vous paraîtra beaucoup plus clair après une bonne et longue nuit. Vous avez eu une journée extrêmement éprouvante, Sire.

– Oui, tu as sans doute raison », dit le roi. Puis, sans autre forme de procès, il quitta Dimna et suivit son conseil. Et si par la suite certains furent heureux, d'autres ne le furent point.

Dans l'intervalle

« Incroyable ! » s'écria Dabschelim, quand Bidpaï eut achevé sa version de *Kalila et Dimna*. Tous deux se tenaient face à face dans la lumière vacillante d'une demi-douzaine d'épaisses bougies de cire d'abeille que des serviteurs avaient allumées à la tombée de la nuit, près de quatre heures plus tôt. « Voilà bien la plus longue histoire que j'aie jamais entendu conter dans un seul souffle, poursuivit le roi, vous devez être épuisé !

– Je suis assez fatigué, en effet, Sire. Mais sûrement pas plus que vous-même : après tout, vous avez écouté pendant tout ce temps.

– Quelle idée ! répliqua le roi. Je suis resté absolument passif, et c'était un tel plaisir ! C'était vraiment merveilleux, vraiment... Et maintenant, si l'on vous apportait quelque chose à boire ou à manger ? Il est tard, vous devez avoir grand faim.

– Non, Sire, je vous remercie. Si Votre Majesté n'y voit pas d'inconvénient, je crois que je vais aller droit au lit.

– Mais bien sûr, répondit Dabschelim en se levant pour l'aider. Allons, prenez mon bras. » Bidpaï accepta avec gratitude, car il se sentait effectivement très faible après ce marathon.

« Gardes ! appela le roi. Chambellan ! Quelqu'un pour aider cet homme ! » Des pas précipités se firent entendre dans le corridor et, un instant plus tard, Bidpaï se sentit doucement soutenu sous chaque bras.

« Bonsoir, Sire », dit-il. Et il bâilla, les paupières lourdes. « Je... Je suis désolé de faiblir si tôt. Je vous prie de me pardonner.

– Ne vous inquiétez pas pour ça. Dormez aussi long-temps que vous voudrez. J'attendrai d'avoir de vos nouvel-les et j'espère que nous pourrons continuer ces passion-nantes histoires.

– Oh, demain, tout ira bien, Votre Majesté. » Bidpaï parut ragaillardi. « Soyez sans crainte. Bonne nuit, Sire. Dormez bien.

– Bonne nuit, maître Bidpaï. »

Le lendemain, Bidpaï tint parole.

« Je me sens magnifiquement reposé, dit-il à Dabschelim une fois qu'ils furent assis dans l'observatoire. Je crois que le deuxième précepte du roi Houschenk dit : "Veillez tou-jours à préserver l'équilibre et la compréhension mutuelle entre vos ministres, conseillers et dignitaires, de manière qu'ils œuvrent unanimement au bien de l'État."

– Oui, oui, c'est bien ça, approuva Dabschelim tout en scrutant la traduction que Farsi avait faite du document trouvé dans le trésor.

– Eh bien, ce précepte trouve son illustration dans l'his-toire de "Zirac et ses amis", dit Bidpaï, connue aussi sous le titre de "Comment se faire des amis". La voici. »

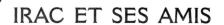IRAC ET SES AMIS

Il y avait au temps jadis une vieille corneille pleine d'expérience et de sagesse. Cette corneille nichait dans un arbre qui dressait sa cime majestueuse haut dans le ciel, à l'orée d'une vénérable forêt. Ses jeunes, devenus grands, avaient depuis longtemps quitté le nid et sa vie semblait une éternité de paix, jusqu'au jour où elle vit un chasseur qui se glissait d'arbre en arbre en direction de sa demeure. Toute la gent à plumes de l'endroit se tut et se figea dans une immobilité pétrifiée. Pas un cri, si faible fût-il, ne se faisait entendre, tandis que des centaines de paires d'yeux luisants observaient les mouvements sournois de l'homme. Celui-ci souleva de dessus son épaule un filet et l'étala avec précaution non loin du pied de l'arbre où se tenait la corneille. Il y éparpilla une poignée de grain doré, puis sur la pointe des pieds il alla se cacher dans des buissons proches de là et attendit.

« Alerte ! Alerte ! croassa de toutes ses forces notre héroïne. Attention aux filets ! Attention aux filets ! Un chasseur ! Un chasseur ! »

Tous les oiseaux du voisinage reprirent aussitôt l'avertissement et, bientôt, un concert de sifflements, hululements, pépiements, jacassements, criaillements, gazouillements, caquètements, coin-coin, cui-cui, tuit-tuit de toutes sortes monta dans le ciel au-dessus de la forêt. Et pourtant, ce cacophonique concours de cris apeurés ne parvint pas à alerter une compagnie de pigeons qui passaient par là. Peut-être étaient-ils trop haut pour entendre ou le battement de leurs ailes étouffait-il tout autre son.

Toujours est-il que leur chef, le roi Bonœil, aperçut soudain un minuscule éclair doré qui pouvait bien être du bon blé. Aussitôt, il vira sur l'aile et amorça une brusque descente en direction du levant, entraînant sa troupe à sa suite, et l'on vit, comme un miroitant éventail qui d'un gracieux mouvement s'ouvre puis se referme, une nuée d'oiseaux se déployer et se contracter tour à tour, tandis qu'elle s'abattait sur le sol en tournoyant rapidement. Le sifflement du vent empêchait les pigeons d'entendre les avertissements angoissés qui leur venaient d'en bas, si bien que, lorsqu'ils se posèrent au pied de l'arbre de la corneille, pressés de picorer le blé à présent terriblement tentant, beaucoup se prirent les pattes dans le filet.

Il y eut quelques instants de complet affolement. Les pigeons pris au piège voletaient de-ci de-là, tirant sur le filet dont les mailles se resserraient de plus en plus étroitement sur leurs pattes, ou cherchant vainement à se dégager à coups de bec. Avec un sursaut d'horreur, le roi Bonœil vit soudain toute l'étendue de son erreur et s'immobilisa aussitôt.

« Écoutez ! lança-t-il du ton ferme qui sied à l'autorité. Que tout le monde cesse de s'agiter. Ne bougez plus. Sinon, mon erreur sur ce blé va conduire au désastre. Il faut coordonner nos efforts, concentrer nos énergies, et non les disperser. »

Le silence se fit, tandis que le calme revenait peu à peu.

« Et maintenant, vite ! reprit-il. La menace est imminente. Il nous faut échapper ou périr. Alors, tous ensemble ! À trois, vous battez des ailes de toutes vos forces. Pas question de nous laisser prendre par ce maudit filet. C'est nous qui allons le prendre. Prêts ? *Une... Deux...*

– *Eh là ! Eeeeh !* glapit l'oiseleur, qui fit irruption hors des buissons où il se cachait et fonça sur la troupe en brandissant un gourdin, plein d'intentions destructrices.

– *TROIS !* » hurla Bonœil, et à l'instant tous les membres de la troupe qui étaient pris dans le filet se mirent à battre des ailes comme jamais encore ils ne l'avaient fait. Ceux qui avaient eu la chance d'éviter le piège vinrent à la rescousse et, du bec et des griffes, agrippèrent une maille par-ci, une maille par-là, et ramèrent tant qu'ils purent.

Eh bien, croyez-moi si vous voulez, l'opération réussit. Le filet décolle brusquement et proprement du sol, puis s'élève irrégulièrement dans le ciel, flottant comme un nuage grisâtre de molle dentelle. L'oiseleur s'arrête, paralysé dans son élan, et laisse tomber son gourdin. Bouche béante comme un idiot, il suit du regard son butin qui gagne le large.

« Allez, roucouleurs ! hurle Bonœil. Du nerf ! Les ailes à l'unisson ! Ramez, ramez ! En avant ! Plus haut ! »

La compagnie redouble d'efforts et bientôt, battant des ailes avec plus d'énergie que jamais, les pigeons parviennent à accorder leurs mouvements et l'extraordinaire attelage aérien quitte la lisière de la forêt pour s'élever au-dessus des champs.

– Plus haut ! vociférait Bonœil. Plus haut ! » Cependant, le chasseur revint brusquement à lui et, ramassant son gourdin, se mit à courir après son filet volant.

« Pareil exploit ne saurait se prolonger bien longtemps, grommelait-il sombrement. Ils ne vont pas tarder à se percher quelque part. Si je les suis sans perdre de temps, j'ai encore quelque chance de manger de la terrine de pigeon. »

Mais que devenait pendant ce temps notre amie la corneille, sur son arbre perchée ? Elle avait peine à croire ce qu'elle avait pourtant de ses deux yeux bel et bien vu. Il lui fallait absolument en savoir davantage, voir comment l'affaire finirait. Prise de délicieux frémissements de curiosité, elle s'élança à tire-d'aile, dépassa l'oiseleur qui, suant et soufflant, progressait tant bien que mal et rattrapa le beau Bonœil et son équipage.

« Le vieux deux-pattes nous suit ! criait Bonœil ; il espère que nous allons céder à la fatigue. Il faut le semer une fois pour toutes en survolant un terrain plus accidenté. » Il dut s'interrompre un instant pour reprendre sa respiration, car c'était un travail épuisant que de voler dans ces conditions tout en criant des ordres. Puis il poursuivit :

« Ho ! hisse ! Hardi les gars ! Virez cap sur ces collines boisées à tribord ! Il va souffrir dans les ronces et les fourrés. Et si la chance continue de nous sourire, nous parviendrons chez notre ami Zirac le rat. »

Tandis que troupe et filet décrivaient un élégant arc de cercle dans le ciel et partaient dans la direction prescrite, le roi Bonœil, tout haletant et suffocant qu'il était, pressait son équipage de la voix. « Pas question de faiblir ! Allez, ramez, ramez ! Plus fort ! »

La compagnie faisait merveille en dépit de la résistance opposée par le filet, et c'était un spectacle tout à fait extraordinaire que cet étonnant objet volant qui obstinément faisait route par-dessus colline et vallée. Cependant, l'oiseleur avait beau courir, trébucher, se tordre les pieds, rien n'y faisait, il perdait du terrain, freiné qu'il était par les obstacles qui se multipliaient et la pente qui se raidissait. Gagné par une rage impuissante, il finit par s'arrêter, trépignant de fureur. Les arbres qui se dressaient à présent devant lui allaient, c'était évident, cacher les pigeons à sa vue et l'épaisseur du sous-bois ne pouvait que ralentir encore sa progression.

« Tas de voleurs ! s'égosilla-t-il en brandissant le poing en direction de la légère gaze qui disparaissait dans le ciel. Méchants oiseaux, priver un honnête homme de son outil de travail ! » Puis, ayant exhalé sa colère, il haussa les épaules, tourna les talons et s'en fut d'un pas rageur.

Bonœil s'en aperçut au moment où l'oiseleur allait disparaître derrière les arbres. « Victoire ! s'écria-t-il d'une voix enrouée par la fatigue. Il s'en va ! »

Les pigeons et leur pendillant fardeau poursuivirent leur route pendant quelque temps encore, jusqu'au moment où ils atteignirent les ruines d'un vieux château abandonné. Quelques murailles crénelées – dont une surmontée d'une tourelle intacte – étaient restées debout, leur sommet éboulé recouvert d'amples draperies de vigne et de clématite sauvages. À en juger par son étendue et sa puissance, la forteresse avait dû fourmiller de vie en d'autres temps.

« Là-bas, près de ce monticule, indiqua Bonœil. C'est là que vit Zirac. On descend ! On descend ! » Les pigeons, épuisés, relâchèrent leur effort et mirent le cap sur l'endroit indiqué, une éminence rocheuse et déserte qui faisait penser à quelque tumulus. Pendant ce temps, notre amie la corneille était allée se percher sur un arbre d'où elle pouvait observer la scène et se lissait les plumes tout en gardant un œil sur ce qui se passait.

Le filet traîna sur le sol avant de s'affaisser en une série de plis mouvants. Puis les pigeons se laissèrent tomber à leur tour et restèrent là, éparpillement de corps affalés, dans un état de fatigue dépassant tout ce qu'on saurait dire. C'était comme si leurs petits cœurs qui battaient à tout rompre avaient voulu s'échapper de leurs gorges comme autant de prunes chaudes et palpitantes, et nombreux furent ceux qui crurent ne pas survivre à cette épreuve.

Mais il n'en fut rien. Les hoquets, halètements, râles, gémissements et autres sifflements asthmatiques qui sortaient de ces gosiers parcheminés se calmèrent progressivement, et bientôt l'air retrouva librement le chemin de leurs poumons surmenés. Quand le roi Bonœil fut suffisamment remis, il appela :

« Zirac ! Zirac, mon ami ! Où es-tu ? »

Or il n'y avait pas rat plus prudent que Zirac. Pour se protéger des attaques imprévues, d'où qu'elles vinssent, il avait doté son terrier d'innombrables entrées et sorties stratégiquement réparties. Et s'il n'avait pas vu les pigeons atterrir avec leur filet, le bruit de leurs ailes avait été suffisamment fort et inhabituel pour le tirer de son sommeil et le propulser d'instinct vers les profondeurs de son gîte. Quand il s'entendit appeler par son nom, tout surpris, il s'avança en rampant avec les plus grandes précautions en direction du jour qui filtrait par l'une de ses entrées.

« Ici », fit-il d'une voix forte, mais sans se montrer, « qui est là ?

– C'est moi, le roi Bonœil, le pigeon, ton vieil ami. S'il te plaît, viens vite. Nous sommes dans de méchants draps et nous avons besoin de ton aide. »

Zirac pointa le bout de son nez à l'extérieur en flairant tant qu'il pouvait et en clignant follement des yeux, ébloui qu'il était par le grand jour.

« Grands dieux, l'ami ! s'exclama-t-il quand sa vue se fut suffisamment ajustée pour lui dévoiler la scène. Comment avez-vous pu vous mettre dans une situation pareille ? » Pétrifié par la surprise, il contemplait l'incroyable spectacle de ces innombrables pigeons empêtrés dans leur filet, qui haletaient devant sa porte.

« Eh bien, répondit Bonœil, c'est la banale histoire de qui mal voit et trop croit – la mienne, en l'occurrence, je l'avoue. J'ai vu le blé, et pas le filet. J'ai regardé à travers mon estomac et me suis fait prendre par les pattes. Tels sont le pouvoir d'attraction et le danger de toute vision partielle, tel est le principe de fonctionnement de tout piège. Nous avons eu bien de la chance

de tomber dans un piège léger et d'avoir encore des ailes pour voler. Et c'est ce que nous avons fait. Nous avons eu bien du mal – crois-moi, mon ami – à échapper à l'oiseleur, et tu nous vois à présent réduits à l'impuissance, contraints de nous en remettre à ta bonté et à la dureté de tes dents.

– Voilà qui est bien tourné, mon ami ! observa Zirac, qui dégringola en riant le raidillon qui le séparait de Bonœil. Je vois que cette petite aventure ne t'a pas fait perdre tes moyens. »

Le rat s'approcha de son ami, se dressa sur son arrière-train et inspecta la scène en fronçant le museau. Bonœil s'était pris une aile dans le filet lors de l'atterrissage et avait la tête coincée contre l'épaule, de sorte qu'il pouvait à peine bouger. Zirac secoua lentement la tête d'un air plein d'une feinte incrédulité et fit entendre un « hum ! » ironique.

« On dirait que ce n'est pas vraiment de tout confort, remarqua-t-il de ce ton moqueur que l'on réserve aux plus proches copains. Allons, ne t'en fais pas, Bonœil, vieil emplumé. Je vais arranger ça en deux temps trois mouvements. »

Sur quoi, il se mit à ronger le filet de ses redoutables petites dents, de vrais rasoirs, si acérés qu'un ou deux coups bien précis, suivis d'un rapide grignotement, suffisaient pour trancher une maille, et il travaillait si vite que ses mâchoires faisaient un léger bruit, comme une machine miniature.

« Arrête ! Arrête ! s'exclama Bonœil, laisse-moi et occupe-toi d'abord des autres... Zirac ! Tu entends ? S'il te plaît ! »

Le rat fit comme s'il n'entendait pas et poursuivit obstinément sa tâche. Comme Bonœil insistait, il s'interrompit et leva le museau.

« Écoute, vieux, dit-il, qu'est-ce qui te prend ? Tu veux rester dans cet état ? Et si un faucon passait et te repérait ? Ou un homme ? Il y a des archéologues, comme ils s'appellent, qui viennent parfois fureter par ici. Alors, tais-toi et laisse-moi continuer.

– Non, insista Bonœil. Commence par dégager les autres. Occupe-toi d'eux d'abord.

– Es-tu fou ? Tu ne veux pas être libéré au plus vite ? Mais enfin, qu'est-ce qu'il y a ? Tu es le *chef*, et pas n'importe quel imbécile. En plus, c'est toi mon ami, pas eux !

– Justement. Et c'est moi qui les ai mis dans ce pétrin, et pourtant ils m'en ont tiré. Une telle loyauté fait de moi leur obligé. Leur sécurité vient avant la mienne et je ne mérite pas leur amour.

– Par la queue de mon grand-père ! Qu'est-ce que tu racontes là, espèce de crétin ?

– Écoute, Zirac – noble rat et ami de toujours –, je fais tout simplement un calcul pratique. Si tu me dégageais en premier, tu pourrais te fatiguer avant d'en avoir fini avec les autres. Tandis que si je viens en dernier, je sais que tu iras jusqu'au bout, parce que tu ne m'abandonneras jamais. Alors, délivre les autres de leur souffrance et de l'angoisse de l'attente pour, ainsi, me délivrer des miennes.

– Ça alors ! Tu es un drôle d'animal ! Je t'aime, plumeau dément », s'exclama Zirac. Et il tendit le cou pour donner au pigeon un maladroit mais très affectueux coup de tête, une caresse du museau, peut-être même un baiser. « Bon, d'accord, grand bec-fou, on y va », conclut-il.

Zirac se mit alors à cisailler les mailles qui retenaient le reste de la troupe. Il cessa de compter après avoir dégagé cent cinquante pigeons. Il lui fallut en tout cinq bonnes heures de grignotage obstiné avant de revenir à Bonœil. Une fois dégagé, celui-ci fit plusieurs fois rouler sa tête sur ses épaules, afin de soulager certains muscles terriblement endoloris. Puis il prit la parole, et voici comment il remercia Zirac :

« Que te dire, Rat plein de bonté ? Nos vies t'appartiennent. Pour nous, ce sont les années Zirac qui commencent. Cette période de grâce qui nous est accordée fleurira dans nos cœurs et, où que nous allions, le souvenir de ta personne et de ce que tu as fait pour nous resplendira à la place d'honneur dans nos mémoires. Tant qu'existera la race des pigeons, cette histoire vivra. De cela, tu peux être sûr.

– Oh, assez de pommade. Tu veux donc que mes oreilles prennent feu ? Allons, allez-vous-en et laissez-moi tranquille. C'est l'heure de la sieste et j'ai les mâchoires fatiguées. À bientôt, vieil emplumé, à une autre fois. »

Ayant ainsi parlé, il traversa toute la compagnie, prudemment assemblée à l'écart du filet dépecé, pour s'en retourner chez lui.

« Hip ! hip ! hip ! roucoula quelqu'un dans la foule. Vive Zirac, le rat aux dents d'acier ! » Immédiatement, l'air s'emplit de doux et roucoulants vivats, tandis que, tous en chœur, les pigeons rendaient hommage à leur sauveur. Bien qu'il prétendît ne se préoccuper que de ses mâchoires douloureuses, qu'il s'employait à détendre en contorsionnant les lèvres et en ouvrant et refermant la bouche, Zirac se sentait agréablement apaisé par ces murmurantes acclamations – pour ne rien dire des frôlements d'ailes qui, nombreux, l'accompagnèrent, tandis qu'il trottinait en direction de son trou le plus proche. Quand il parvint sur le seuil, il se retourna prestement et, se dressant sur son arrière-train, il remercia la foule adorante des oiseaux d'un petit sourire embarrassé et d'un timide salut de la patte, puis il détourna les yeux et disparut en un éclair dans les profondeurs de son terrier. Quelques minutes plus tard, le calme revenu, la troupe s'attaqua à ses affaires.

Dans une brève allocution, le roi Bonœil déclara que l'erreur qu'il avait commise lui faisait un devoir de renoncer au pouvoir. Mais sa troupe protesta énergiquement en faisant entendre un grand froufrou de plumes hérissées et de frénétiques claquements de bec. Puis leur doyen en âge et en sagesse conquit tous les cœurs, lorsque de sa démarche tremblante il s'avança dignement et, prenant la parole, s'exclama :

« Quelle que soit l'erreur que tu as commise, ô Roi, en nous conduisant *dans* le filet, tu l'as effacée en nous conduisant jusqu'ici *avec* le filet. Les choses en sont revenues à leur point de départ, et tu dois absolument rester notre Roi ! »

Et c'est ce qui arriva. L'offre d'abdication de Bonœil fut rejetée à l'unanimité et celui-ci, les yeux humblement baissés, se rendit gracieusement aux vœux de ses sujets, tandis que les vivats éclataient partout autour de lui :

« *Bo-nœil-Bo-nœil !...* Vive le Roi Bo-nœil ! »

Quand le tumulte se fut apaisé, celui-ci, sachant l'attention de tous braquée sur lui, leva soudain les yeux et parcourut du regard sa troupe, qui attendait, suspendue à ses paroles.

« Bien », dit-il à mi-voix, et chacun tendit l'oreille, craignant de perdre un mot de ce qu'il allait dire. « Et maintenant, si nous songions à manger un peu ? Il n'y a ici que du roc et des ruines. Mais je suis à peu près sûr d'avoir repéré un champ de froment en chemin. Et je suis également certain qu'il ne s'y trouve pas de filet mais, bien sûr, nous allons y regarder à deux fois avant de nous poser. Alors, qu'en dites-vous ? Avez-vous faim ? »

Bien sûr qu'ils avaient faim, et c'est ainsi qu'à peine quelques instants plus tard notre amie la corneille vit la troupe s'éloigner en décrivant un grand arc de cercle à contre-jour dans la lumière vespérale. Un profond silence s'appesantit sur l'endroit et comme, de la branche où elle était juchée, elle scrutait les alentours, elle se sentit tout à coup un peu seule. Mais cela n'avait guère d'importance, car elle avait déjà décidé de passer la nuit sur place. Elle savait, voyez-vous, que Zirac était là qui dormait tout son saoul quelque part au fond de son terrier, et elle était pour cette simple raison prête à supporter n'importe quelle épreuve, car – croyez-moi si vous voulez – elle s'était prise d'un invincible amour pour le rat aux dents d'acier.

Le lendemain, par une aube lumineuse, après avoir picoré un ou deux vermisseaux, la corneille en quelques sauts s'approche de l'une des ouvertures du terrier et appelle d'une voix douce et chantonnante :

« Zirac... Zirac... Viens me voir, s'il te plaît.

– Qui fait pareil tapage à cette heure du jour ? hurle Zirac. Allez-vous-en et laissez-moi tranquille !

– Je suis une corneille et je m'appelle Noirdazur. Je voudrais être ton amie. Viens me voir, Zirac... Viens...

– Oh, ferme ton bec et fiche le camp ! Une corneille ?! Amis ?! Non, mais qu'est-ce que c'est que cette idée ? Il n'en est pas question ! Nous sommes ennemis de naissance, toi et moi ! Allez, disparais !

– Oh, comment peux-tu être aussi méchant ? croasse doucement Noirdazur d'une voix larmoyante. Imagine juste un instant que je sois sincère ; qu'en sera-t-il alors de ta hâtive affirmation ? »

Touché par cet argument et pris de curiosité, Zirac s'avance à mi-chemin dans la galerie conduisant à l'ouverture près de laquelle se tient Noirdazur, afin de mieux voir la corneille, sans toutefois prendre le moindre risque. Mais il ne distingue qu'une paire de pattes fripées.

« Hé ! Toi là-haut ! crie-t-il, recule un peu, que je voie ton bec, quand tu causes. Alors, qu'est-ce que c'est que ces histoires ? Je voudrais bien savoir pourquoi au juste tu veux devenir mon amie. Qu'est-ce qui se cache là-dessous ? »

Noirdazur fait deux bonds en arrière et tend le cou pour tâcher d'apercevoir son héros dans son trou, mais sans grand succès. Elle a beau faire, tout ce qu'elle parvient à discerner dans l'étroit et obscur boyau, c'est tout au plus un petit œil en bouton de bottine, deux peut-être, qui luit vaguement dans l'ombre.

« Ô Être magnanime, dit-elle d'une voix suave, quand j'ai vu ce que tu faisais pour Bonœil et sa troupe, mon cœur a frémi et mon plumage frissonné. Jamais encore l'oubli de soi dans l'amitié ne m'avait à ce point pénétrée d'émotion ; toute mon attention était captivée par la noblesse de cette action. Et il m'a semblé que je ne pourrais supporter la vie loin d'une telle source de sécurité et de bonheur. Qu'arriverait-il si le malheur abattait sur moi son filet ? Où serait le Zirac capable de m'en délivrer ? Je me sentais seule, pauvre oiseau parmi les oiseaux, et la diversité m'est apparue comme une chose nécessaire. Mes ailes et tes dents, par exemple. Chaque animal a ses particularités et ses limites, et c'est pour remédier à mon imperfection que je viens à toi, dans l'espoir que nous deviendrons un soutien l'un pour l'autre et que cette nouvelle amitié nous rendra à l'un et à l'autre la vie plus facile et plus agréable. Ne me dis pas non, je t'en prie du fond du cœur.

– Hé ! hé ! bec babillard ! Qu'est-ce que c'est que ces discours ? répond Zirac après un bref silence. Où veux-tu en venir ? Chercherais-tu à m'aveugler avec tes théories ? À m'écraser sous la flatterie ? Alors, comme ça, tu veux être mon amie ? En voilà une nouvelle ! Allez, hors d'ici ! Tu es une corneille. Rat je suis. Est-ce qu'on peut grimper sur une chute d'eau ou nager dans un arbre, simplement parce qu'on en a envie ? Il y a des choses qui ne sont pas possibles, un point, c'est tout. »

Après un instant de silence, il s'avance de quelques pas vers la lumière, si bien que la corneille parvient à discerner le bout de son museau pointu et ses moustaches qui remuent au rythme de sa respiration, tandis que, le cou tendu, il flaire dans sa direction.

« Écoute, Noirdazur, reprend-il, c'est impossible. Tu es plus grosse que moi. Un coup de ton bec, et je suis mort. Comment pourrions-nous devenir amis, quand, dès que tu auras faim, tu pourras faire de moi ta nourriture ? Alors, va pigeonner quelqu'un d'autre, veux-tu ?

– Et qui consentirait à faire de toi sa nourriture, espèce

d'inutile petit sac à poils ! rétorque, furieuse, Noirdazur. Tu t'imagines peut-être que je ne peux pas trouver mieux à manger ailleurs ? Qu'il me faille pour ça perdre mon temps à tenter de circonvenir un méchant petit bout de viande de rat ? Tu es atteint de la folie des saveurs ! Et d'ailleurs, depuis quand les corneilles s'intéressent-elles aux rats ? Je n'ai jamais été un pic-rats et ce n'est pas mainte-nant que je vais commencer. Pour qui me prends-tu ? Pour un chat emplumé ?

– Bon, ça va, ça va, répond Zirac, légèrement irrité de voir dénoncer l'apparente irrationalité de ses craintes. Mais parle tant que tu voudras, je ne bouge pas de mon trou. La bonté ne saurait masquer nos inégalités. Tu peux me faire plus de mal qu'il ne m'est possible à moi de t'en faire. Quelle que soit la sympathie susceptible de naître entre nous, toute brouille rappellerait nos différences – un peu comme l'eau bouillante éteint le feu, quand le pot de cha-leur partagée se renverse.

– Mmm, bien dit, ô Rat, c'est juste, très juste ! Bien trouvé ! Mais n'importe : je reste déterminée à vaincre ta méfiance. Ta petite taille présente des risques, certes, mais la sincérité de mes intentions est un gage de sécurité. J'apprécie vraiment ta bonté et je voudrais unir tes qualités aux miennes, afin d'obtenir un alliage deux fois plus résis-tant. Ainsi, si elle pouvait voir le jour, l'amitié deviendrait notre plus grande force. Mais maintenant, assez parlé. Je m'installe ici et fais la grève de la faim jusqu'à ce que je crève ou que tu sortes de ton trou !

– Eh bien, crève ! crève donc ! Il se peut que tu sois effectivement bonne et sans mauvaises intentions, mais il ne peut rien sortir de bon d'une telle amitié. La nature finira toujours par reprendre ses droits : l'amour entre le cheval et l'âne meurt avec la mule. Un homme peut charmer un cobra avec sa flûte, mais seul un imbécile dormira avec un serpent de cette espèce.

– Je n'ai aucune intention de dormir avec toi, Rat ! Tout ce que je veux, c'est être auprès de toi, causer avec toi, apprendre à te connaître. Écoute, moi, je respecte la vie privée des gens et j'espère que c'est aussi ton cas ! Je vis dans les arbres, tu vis dans la terre – alors, qu'est-ce que tu as à craindre ? Allons, sors de ton trou, que je puisse te voir à nouveau. Arrête de discutailler et faisons la paix ! Qu'est-ce que tu as, voyons ! Je veux que nous devenions amis !

– Bon, ça va, ça va. Je viens. Je me rends : tu as gagné. Je voulais simplement m'assurer qu'il y avait au moins une chance pour que tu sois honnête et sincère. »

Le rat trottine jusqu'à l'entrée de son terrier, pointe le museau par l'ouverture et adresse un sourire mi-figue miraisin à Noirdazur, qui se tient tranquillement un peu plus loin.

« Et même maintenant, ajoute-t-il, rien n'empêche que tu sois en train de me leurrer. Mais tant pis. J'ai décidé de te faire confiance. Advienne que pourra. Nous savons tous deux que si nous nous battions, tu gagnerais à tous les coups, mais qu'importe ! Si tu as menti, au moins tu te souviendras que ce n'est pas la supériorité de ton intelligence qui t'a permis de l'emporter. Oh, que non, ma mie – c'est moi qui ai décidé, en te faisant confiance, de m'exposer dans ma vulnérabilité, et j'assume l'entière responsabilité de cette décision.

– Alors, pourquoi hésites-tu à passer le seuil ? demande Noirdazur d'une voix douce. Pourquoi ne sors-tu pas complètement ? Aurais-tu peur ? »

Le rat fixe un long moment la corneille droit dans les yeux.

« Oui, j'ai peur. Tout mon corps résiste au désir contre nature de s'exposer au danger. Fuir ou se battre, voilà un langage qu'il comprend. Mais faire confiance à plus puissant et se lier d'amitié avec lui – ça, c'est une autre histoire. En un mot, mon corps considère ma décision comme pure folie.

– Tu te méfies donc encore de moi ?

– Je ne sais pas. Les paroles ne sauraient remplacer les actes, quand il s'agit de savoir si l'on peut ou non se fier à quelqu'un. En ce qui te concerne, je dispose surtout de paroles, certes fort belles, et de quelques actes, plutôt insignifiants quant à eux. Comment les interpréter ? Seul le temps le dira. Il existe deux sortes d'amis : ceux qui s'adressent au cœur et ceux qui s'adressent à l'œil ; le sourire est le même dans les deux cas, mais différente l'intention. La différence tient à ce que l'un cherche quelque chose et l'autre n'attend rien. Jamais l'on n'a vu appât accroché à un hameçon pour réjouir le ventre du poisson !

– Certes, tout cela est bel et bien, observe Noirdazur, impatientée, mais quel rapport avec moi ? Pourquoi as-tu encore peur ?

– Écoute, je veux bien croire que toi et moi puissions établir des relations de confiance, mais qu'en sera-t-il de tes amies ? Et s'il venait une autre corneille qui n'est pas au courant ? Si, par exemple, omettant de se renseigner, elle s'en prenait à mes yeux et cherchait à me dévorer ?

235

– Oh, assez ! s'exclame Noirdazur. Ça ne tient pas debout. Si tu es mon ami, je te protégerai. Tes ennemis seront mes ennemis. De toute façon, je suis veuve et je n'ai pas d'amis, que ce soit chez les corneilles ou ailleurs. Alors, arrête de te créer des peurs imaginaires.

– Tu as raison ! C'est dit, je me rends sans conditions ! À moi, sacrée drôle de bête à plumes ! » Sur ces mots, il se précipite hors de son trou et embrasse la corneille avec emportement.

Noirdazur, ravie ô combien, répondit sans lésiner à ces vigoureuses démonstrations d'amitié. Quand ils se furent abondamment embrassés et réjouis ensemble, leur enthousiasme se calma progressivement et ils passèrent à des affaires plus terre à terre. Ils ne se mirent pas à proprement parler en ménage, la chose étant impos sible. Disons plutôt qu'ils coordonnèrent leurs lieux d'habitation.

Chacun sacrifiait, selon que de besoin, aux nécessités de sa propre espèce, mais une fois cela accompli, ils passaient ensemble le plus clair de leur temps. Au cours des semaines suivantes, ils eurent de longues et graves conversations sur à peu près tous les sujets possibles et imaginables. Il ne se passait guère de jour que Noirdazur n'apportât à Zirac un délicat morceau de viande, une becquée de grain ou quelque insecte, tandis que celui-ci offrait sans cesse à dame Corneille, ravie, non seulement ses plus savoureuses friandises, mais aussi, de temps en temps, des colifichets et autres scintillantes babioles qu'il était allé dénicher quelque part sous les ruines du château.

Noirdazur pouvait rester des heures à contempler ces témoignages de l'attachement de Zirac, la tête inclinée sur le côté, tandis que le regard de son petit œil perçant plongeait par-delà le bout de son bec dans les profondeurs du fascinant mystère de leurs scintillements. Elle tenait ces trésors cachés au creux d'une branche dans son arbre favori, d'où elle les descendait un par un pour les disposer sur le sol les jours où elle avait besoin de distraction ; elle s'absorbait alors dans une profonde rêverie, que Zirac se gardait bien de troubler.

Ce furent des jours heureux, où leur vie à tous deux baignait dans les eaux calmes du parfait contentement. Chacun devait se souvenir à jamais de cette période de paix comme du printemps de leur amitié, mais la nouveauté, nous en avons tous fait l'expérience, finit toujours par s'émousser tôt ou tard. C'est ainsi que de subtils changements apparurent progressivement, venus d'on ne sait quelles intimes profondeurs.

Ce fut Zirac qui le premier en accusa les symptômes. Il devint petit à petit plus silencieux et plus distant. Son humour se teinta d'une trace inhabituelle de cynisme. Pour le dire tout cru, il se transforma bientôt en un rat fort désagréable en vérité.

« Qu'est-ce que tu as ? demanda gentiment Noirdazur un jour que, drapé dans sa mélancolie, Zirac jouait négligemment avec la nourriture qu'elle venait de lui présenter. Tu as l'air tout déprimé depuis quelque temps.

– Ah, tu trouves ? répondit-il. Oui, je vois. Mais ne t'en fais pas. Je suis juste un peu songeur, c'est tout.

– Et à quoi songes-tu ?

– Oh, à pas grand-chose. Des trucs banals. Le temps... la vie... la mort... Tu sais, ce genre de choses.

– Je vois », dit la corneille. Et, tournant les talons, elle s'éloigna de quelques sauts. « Et tu es parvenu à des conclusions pratiques ? » lança-t-elle par-dessus son épaule sans tourner la tête.

Zirac leva vivement les yeux. « Des conclusions pratiques ? grogna-t-il, indigné. Des conclusions pratiques ? Certainement pas. Pourquoi poses-tu cette question ?

– Eh bien, répondit la corneille en se retournant vers lui, je dois avouer que je suis un peu inquiète à ton sujet. Je ne voudrais pas me mêler de ce qui ne me regarde pas, mais voilà un moment que tu as perdu ta gaieté habituelle. Il serait peut-être temps que tu essaies d'en finir.

– En finir ! éructa le rat. En finir ? Que veux-tu dire ?

– Tu sais bien, ces réflexions morbides. Est-ce qu'elles te mènent à quelque chose ?

– Qu'est-ce que j'en sais ? fulmina Zirac. Écoute ! Tu ne pourrais pas me laisser un peu tranquille ? Disons, pour en finir, que j'en ai marre de cet endroit, ça te va ? Je finirai bien par remonter la pente, ne t'en fais pas. Simplement, laisse-moi tranquille un moment, que les choses aient le temps de se décanter.

– Bon, bon, répondit Noirdazur, mais dis-moi juste ce que c'est qui te dérange dans cet endroit. Si je te pose la question, c'est parce que moi aussi j'ai ressenti quelque chose comme ça ces temps derniers, et je me demande si par hasard nous ne sommes pas dans le même cas.

– Dans le même cas, et quoi encore ! s'exclama Zirac. Je n'ai jamais vraiment aimé cet endroit depuis que je le connais. Et maintenant, quelle excuse vas-tu trouver ?

– Mais je croyais que tu étais d'ici ! s'étonna Noirdazur.

– Non, pas du tout. En fait, je viens de la ville. Je ne suis pas un rat des champs.

– Tiens, voilà qui est intéressant. Et qu'est-ce qui t'a amené ici ?

– C'est une longue histoire. Mais pas maintenant, et pas ici. Je te promets que je te raconterai ça un jour, mais pas aujourd'hui ! Alors, si ça ne te fait rien...

– Et si nous partions ? lança Noirdazur. Rien ne nous retient ici.

– Pardon ? demanda Zirac, interloqué.

– Ce n'est pas que nous ayons grand-chose à transporter, n'est-ce pas ? poursuivit la corneille.

– Et où irions-nous ? Pour qui nous prends-tu ? Pour des gens qui peuvent simplement se présenter et passer la nuit dans le premier hôtel venu ?

– Je connais un endroit. J'ai un ami, une tortue qui s'appelle Petitpas et...

– La tortue Petitpas ! Je vois... Pour sûr... Et Petitpas tient une gentille petite auberge de campagne...

– Non, tu n'y es pas du tout ! C'est un vieux marin qui vit loin de tout, dans un petit étang plein d'une eau fraîche et claire, et de poissons qu'il attrape pour nourrir ses hôtes. J'y suis allé et, crois-moi, c'est fantastique. Alors, qu'est-ce que tu en dis ?

– D'accord. On y va.

– Tu parles sérieusement ?

– Absolument. Pourquoi pas ? Qu'est-ce que j'ai à perdre ? Allons-y.

– Bon. Lève la queue.

– Lever ma queue ?

– Oui. Tu t'imagines peut-être qu'on va y aller à pied ?

– Non... Non, non... Mais...

– Eh bien, lève la queue !

– C'est bon, c'est bon, j'obéis, maudit oiseau ! » ronchonna Zirac. Sur quoi, il se retourna et dressa la queue tout droit, raide comme un manche à balai. « Allons-y, madame de la Grande Flotte Aérienne, marmonna-t-il encore, le museau dans la poussière. Montons ce spectacle dans les airs. Attention, monsieur Petitpas, tenez-vous prêt, c'est nous que v'là !

– Abaisse ta queue vers la droite ! cria Noirdazur. À environ quarante-cinq degrés, mais tiens-la droite ! » Elle recula à bonne distance pour prendre suffisamment d'élan, et tout en grommelant dans sa barbe Zirac obtempéra.

« Bien, fit la corneille. Parfait. Ne bouge plus. » Puis, ailes ouvertes, par petits sauts, elle s'élança de toutes ses forces dans la direction de Zirac en tenant le bec grand ouvert et la tête légèrement inclinée vers la gauche. Elle venait tout juste de décoller et allait désormais à toute allure, quand la queue de Zirac s'incrusta bien proprement dans le V de son bec. Elle referma celui-ci d'un coup sec, mais sans trop serrer, redressa la tête et, par une succession rapide de puissants battements d'ailes, s'éleva en spirale, emportant le rat dans les airs.

« Aïïiee ! couina furieusement Zirac, tandis que, pris
de vertige, il se balançait au
bout de sa queue. Faut-il vraiment
que tu me secoues aussi brutalement ?
Où as-tu donc obtenu ton brevet de
pilote ?... C'est bon. Laisse tomber.
Tais-toi et concentre-toi sur ta route. » Et pour contribuer
autant qu'il pouvait à sa propre sécurité, Zirac enroula le
bout de sa queue resté libre une ou deux fois autour du
bec de Noirdazur.

Ils voyagèrent ainsi pendant une vingtaine de minutes
peut-être – mais des minutes qui firent à Zirac l'effet d'une
folle éternité, durant laquelle il garda longtemps les paupières étroitement closes. Chaque fois qu'il tentait de jeter
un regard sur le vaste monde qui défilait sous lui, la terreur
lui refermait violemment les yeux. Pourtant, à la fin du
voyage, il s'était si bien accoutumé à l'immensité qui s'étendait sous sa tête congestionnée qu'il parvenait à la contempler sans crainte.

« Oh ! comme c'est beau ! s'enflamma-t-il finalement,
alors que Noirdazur amorçait sa descente vers la demeure
de Petitpas. Quel monde vous voyez d'ici, vous autres !
Nous qui rampons sur le sol n'avons tout simplement pas
idée du spectacle qui vous est offert ! Oh, j'espère que tu
m'emmèneras encore voir ça. Tant pis si ça me fait mal à
la queue. »

Ils approchèrent en vol plané de l'étang de Petitpas, dont
les eaux sombres, alimentées par une source, miroitaient
doucement dans un creux paisible du paysage. Depuis là-

haut, l'endroit avait l'air en effet fort agréable, isolé qu'il était, loin de toute habitation humaine, au milieu d'une étendue de verdoyants herbages et ombragé au nord par un gracieux bouquet d'arbres. Paix et silence semblaient à l'ordre du jour.

Petitpas se chauffait au soleil sur une branche morte dont une extrémité se dressait obliquement hors de l'eau. Sa carapace brune teintée de vert se confondait avec les miroitements de l'étang, et seul un regard particulièrement attentif permettait de la distinguer. Mais alors, on ne pouvait s'empêcher de remarquer combien elle était grosse et belle.

Noirdazur et le pendillant Zirac piquèrent sur l'étang et le survolèrent en rase-mottes en direction de Petitpas. La tortue ouvrit brusquement un œil et enregistra l'approche de cette apparition aérienne.

« Salut ! » fredonna gaiement Zirac en passant, telle une abeille, à côté de la tortue. « Belle journée ! »

Dans une gerbe d'éclaboussures, Petitpas se jeta dans l'eau et disparut aux regards.

Parvenue de l'autre côté, Noirdazur se cabra et se mit à battre furieusement des ailes de manière à freiner sa descente et, tout doucement, déposa Zirac sur les roches lisses qui bordaient l'étang. Aussitôt qu'il eut touché le sol, celui-ci, déroulant sa queue, lâcha le bec de la corneille et fila se musser dans une cavité sous un rocher. Une fois là, il fit volte-face et, avec un large sourire, embrassa d'un regard avide le spectacle nouveau qui s'offrait à lui.

Pendant ce temps, Noirdazur, qui s'était posée à son tour, était occupée à ébouriffer ses plumes, à étirer son cou, à s'ébrouer et à se secouer en tous sens, afin de dissiper les tensions musculaires et raideurs diverses laissées par son premier voyage avec passager. Mais dès qu'elle eut repris son souffle et remis de l'ordre dans son plumage, elle commença à appeler la tortue disparue.

« Petitpas, où es-tu, grand bêta ? Remonte ! C'est Noirdazur, ta vieille amie. Hé ! Petitpas, n'aie pas peur ! »

Il fallut quelque temps pour que le sieur Petitpas se rendît à ces appels insistants. Il ne pointa la tête hors de l'eau que lorsqu'il fut bien caché dans l'épaisseur des roseaux qui bordaient l'autre rive. Et encore, ce ne fut qu'avec les plus grandes précautions que, sans faire une seule bulle ni le moindre remous, il exposa tout d'abord le bout de son nez, puis ses yeux, et enfin ses oreilles. Il lança alors des regards furtifs entre les tiges des roseaux et écouta attentivement.

« Mais c'est la reine Noirdazur ! s'écria-t-il enfin d'une grosse voix rocailleuse qui retentit sur l'eau. C'est donc toi ! On ne l'aurait pas dit il y a un instant. Qu'est-il donc arrivé à ton visage ?

– Nous sommes deux, Petitpas, nous sommes deux, répondit Noirdazur. Je suis avec Zirac, le rat. Nous sommes venus te rendre visite, si ça ne te dérange pas.

– Ha ! ha ! Une minute ! J'arrive ! » Il plongea entre les roseaux et, quelques instants plus tard, sa tête réapparaissait au milieu de l'étang.

« Ça alors ! Pour une surprise, c'est une surprise ! poursuivit-il tout en nageant en direction de ses visiteurs. Ça fait un temps fou que nous ne nous sommes pas vus, Noirdazur. » Il prit pied sur la berge et s'avança en pataugeant vers la corneille qui accourut à sa rencontre, ailes grandes ouvertes.

« Salut, sacrée vieille sorcière, dit Petitpas, tandis que s'échangeaient maintes bises, accolades et bourrades amicales. "Si ça ne te dérange pas" ! Non, mais quelle idée de dire ça ! À qui donc un marin à la retraite parlerait-il si ce n'est à ses amis ? Que ma carapace éclate en mille morceaux si ça me dérange ! Ha ! ha ! ha ! Avec en plus, ici, des poissons en veux-tu en voilà ! Ha ! ha ! »

Le regard chargé de lueurs orageuses et le menton combatif, il fonça soudain de toute la vitesse de ses courtes pattes arquées en direction des roches qui surplombaient la berge, avec dans l'œil une expression si implacablement déterminée que Noirdazur recula devant lui par petits bonds précipités.

« Croâ ! Crouï ! Crouïïï ! piailla la corneille. Arrête, vieille brute ! Qu'est-ce que tu fais ? »

Petitpas l'ignora superbement, poursuivit sa route en la bousculant au passage, puis, avec un brusque sourire, d'autant plus surprenant que rien ne l'annonçait, ouvrit de grands yeux où brillait un éclat espiègle et, s'adressant aux rochers :

« Bienvenue à la mare Noire, monsieur Zirac, dit-il, si c'est bien vous que je vois sourire tant que vous pouvez là-bas au fond. Je suppose que le fait de se présenter sous les ailes de cette aviatrice toquée est une sorte de recommandation. Hé !

– Zirac, appelez-moi Zirac tout court, dit le rat en s'avançant allègrement dans la lumière de l'après-midi

pour saluer la grosse tortue avec force sourires et hochements de tête. Merci, mon capitaine, je vous remercie de
votre accueil.

– Oh, je vous en prie, c'est un plaisir. Nous allons passer
de bons moments ensemble, vous verrez. Et maintenant,
vous prendrez bien quelque chose ? Je vais aller à la pêche
dans un moment, mais en attendant, peut-être aimeriez-
vous un petit en-cas. Peut-être... euh... pourrais-je vous
offrir quelques *escargots nature**, que j'aurai ramassés en un
rien de temps. Des gastropodes lents de la famille des
mollusques, vous savez... Ils sont très appréciés chez les
tortues et nous en avons une très riche variété de l'autre
côté de la mare. Ou peut-être préféreriez-vous un bon plat
de limaces baveuses ? Nous en avons aussi, quoiqu'un peu
plus loin. Dites, Zirac. Ce sera comme vous voudrez.

– Ce qui vous donnera le moins de mal, répondit le rat.
Je n'ai pas de préférence. L'un ou l'autre me conviendra.

– Et toi, Noirdazur ? lança la tortue par-dessus sa carapace. Tu vas te joindre à nous, je suppose.

– Aurais-tu de la soupe de tortue par hasard ? demanda
celle-ci, taquine.

– Hé ! s'exclama Petitpas, qui commença à faire demi-
tour, faisant crisser le sable et les cailloux sous sa carapace.
Hé ! hé ! répéta-t-il quand il se retrouva face à la corneille.
Allez, venez, madame de la Plumequipique, ajouta-t-il d'un
ton rogue. Nous allons laisser Zirac s'installer et nous occuper de la boustifaille. J'irai chercher ce qu'il faut et tu seras
la jolie serveuse. Ha ! ha !... Zirac !

* En français dans le texte.

– Oui, mon capitaine ! répondit le rat en faisant prestement le tour de la tortue pour la commodité de la conversation. Je vous écoute...

– Une simple suggestion. Le mieux serait peut-être de vous installer auprès du troisième arbre, là-bas, à votre droite. » Levant une patte de devant, la tortue indiqua maladroitement la direction d'une griffe crochue. « Vous y trouverez en abondance de grosses racines, des feuilles mortes et des touffes d'herbe – de quoi vous aménager un confortable logis, en somme. Vous resterez quelques nuits, je suppose ?

– Oui, bien sûr, si vous nous invitez.

– Bien sûr que je vous invite, drôle de petite bestiole !

– Eh bien, merci, mon capitaine. Merci mille fois.

– De rien. On se retrouve tout à l'heure autour d'un bon poisson, si j'ai de la chance. En attendant, Noirdazur peut se charger des hors-d'œuvre. Quant à vous, installez-vous, Zirac, et mettez-vous à l'aise. À plus tard.

– Au revoir, dit le rat.

– À tout à l'heure », dit Noirdazur, et elle sauta sur le dos de Petitpas pour une course gratuite, quoique cahotante, jusqu'au bord de l'eau.

Et c'est ainsi que les trois amis entamèrent une fort agréable soirée. Zirac eut tôt fait de s'aménager au pied de l'arbre indiqué par Petitpas un petit terrier bien chaud et bien sec, où il s'installa, ma foi, très confortablement. Noirdazur fit plusieurs allers et retours, rapportant dans son bec des limaces et escargots de choix, qui leur parurent, à tous deux, les plus parfaitement exquis qu'ils eussent jamais goûtés de leur vie. Un peu plus tard, Petitpas reparut brus-

246

quement à la surface de l'eau, tenant étroitement serrée entre ses puissantes mâchoires une carpe qui se débattait frénétiquement. Il vint la déposer sur la berge, puis, aidé de Noirdazur, il la tua en un tournemain et la traîna jusqu'au pied de l'arbre de Zirac. C'est alors que la fête commença véritablement. Tandis qu'ils se régalaient de cette chair délicate, les trois amis causaient et plaisantaient entre eux, et les choses se passaient si bien que chacun se sentait enrichi et aucun négligé. Il apparut bientôt, pour le plus grand plaisir de Noirdazur, qu'après s'être au départ montrés plutôt réservés, Zirac et Petitpas se prenaient l'un pour l'autre de franche amitié. Le rire sonore de Petitpas se fit entendre jusque sur l'autre rive de l'étang, lorsqu'à son grand amusement Noirdazur lui conta comment Bonœil et sa troupe avaient échappé à l'oiseleur. Puis la corneille enchaîna assez logiquement sur l'admiration qu'elle avait conçue pour Zirac en le voyant délivrer les pigeons du filet qui les tenait prisonniers. Et prenant la parole à son tour, Zirac décrivit son récent baptême de l'air, suspendu par la queue au bec de la corneille. C'est ainsi qu'ils passèrent agréablement le temps dans la chaleur d'une bonne compagnie, jusqu'à ce que le soleil se nichât sous les nuages au ventre rose qui s'étaient massés en troupes épaisses à l'horizon. Le crépuscule étendit bientôt son mystérieux silence sur les trois amis, qui peu à peu se turent et tournèrent leurs regards vers l'occident pour contempler le départ du jour. Noirdazur monta se percher sur une branche voisine pour mieux voir. Un long moment passa avant que Zirac reprît la parole, et quand il s'y décida, il faisait nuit.

« Merci, dit-il, merci à tous deux : à toi, Petitpas, pour ton hospitalité sans égale, et à toi, Noirdazur, qui as eu la merveilleuse idée de me transporter ici. J'ai l'impression d'être un rat très différent de ce que j'étais ce matin, et un rat bien meilleur. Et pour vous exprimer ma gratitude, j'aimerais, si cela vous intéresse tous les deux, vous conter toute l'histoire qui m'a conduit à vivre seul dans les ruines du château où Noirdazur m'a rencontré pour la première fois. Elle m'a interrogé sur mon passé justement ce matin ; je sais donc que le sujet l'intéresse. Mais toi, Petitpas ? Je ne voudrais pas t'ennuyer.

– Arrête de faire des manières et raconte, dit gentiment la tortue.

– Bon. Alors, installez-vous confortablement. Voici. »

Super Rat et les moines

Je suis né et j'ai grandi dans la ville de Mahila. Après avoir quitté la maison de mes parents, je suis allé vivre dans un monastère situé dans les faubourgs. J'habitais la cellule d'un moine du nom de Charlie, où je menai pendant plusieurs années une existence extrêmement agréable.

Tous les matins, Charlie allait à la ville avec son bol à aumônes et soutirait aux passants la nourriture dont il avait besoin pour vivre. Ce faisant, il nourrissait non seulement sa propre personne, mais aussi la mienne – ce dont, le sachant, il était fort mécontent. En fait, les provisions de Charlie étaient si bonnes que le bruit s'en répandit et que je ne tardai pas à nourrir une foule d'autres rats. Cela m'était égal, car c'était des amis, je le croyais du moins, et il y avait abondance pour tout le monde.

Charlie rentrait chaque jour vers midi, se mettait à table et mangeait la moitié, peut-être, de sa récolte tout en gardant un œil méfiant sur moi, puis, quand il avait fini, il mettait ses restes de côté pour le repas du soir dans son bol à aumônes, qu'il suspendait par son anse à un clou planté haut dans le mur. Mais ces précautions ne lui

réussissaient guère, car je me débrouillais toujours pour mettre la patte dessus, une fois qu'il était sorti.

Après déjeuner, Charlie s'en allait faire ce que les moines sont censés faire l'après-midi : étudier, méditer, travailler dans les jardins du monastère – enfin, quelque chose comme ça, je n'ai jamais très bien su. Quoi qu'il en soit, son départ marquait pour moi le moment d'entrer en action. Peu importait où Charlie suspendait son bol ou comment il tentait de le couvrir, je parvenais toujours à mettre le nez dedans. J'étais un vrai champion de saut à l'époque – je ne craignais rien, eût-on dit, ni de manquer mon but ni de tomber. Mes amis s'attroupaient au-dessous et m'encourageaient de grognements et de couinements enthousiastes, tandis que je grimpais sur la table ou le long d'une étagère, pour m'élancer sur la réserve de nourriture. J'avais même trouvé un moyen d'atteindre les poutres, ce qui me permettait de sauter depuis le plafond, quand Charlie, redoublant de ruse, était monté sur une chaise pour suspendre son bol encore plus haut que d'habitude.

Aucun de ses efforts n'aboutit jamais. Il avait beau poser des pièges, déposer du poison, aller mendier le soir au lieu du matin, rien n'y faisait, j'arrivais toujours à m'emparer de ses provisions, même quand il dormait tout près. Je mangeais mon content et jetais le reste à mes compagnons, qui, à leur tour, me prodiguaient de flatteuses attentions.

« Mon vieux Zirac, disaient les mâles, quel champion tu fais ! Tiens, je t'ai apporté quelque chose que j'ai trouvé au jardin. Quel bond tu as fait hier soir, mazette ! »

Les dames rates me faisaient de l'œil, me donnant clairement à entendre qu'il n'y avait pas que la nourriture qui les intéressait. Un jour, comme je n'avais pas tout à fait saisi de quoi il retournait, l'une d'elles m'a murmuré : « Hé ! jeune homme, pourquoi tu n'essaies pas de sauter sur moi une fois ? » Et, rapide comme l'éclair, elle a tourné les talons et s'est enfuie, me laissant momentanément abasourdi, jusqu'à ce que, dressant les moustaches, je bondisse pour la rattraper (elle avait eu la bonté de s'arrêter et de jeter un coup d'œil en arrière, de manière à ne pas prendre *trop* d'avance !).

Oh, c'était la bonne vie en ce temps-là. Nous avions baptisé notre troupe le Cauchemar de Charlie, manière de nous moquer de notre patient quoique réticent gardien. Quant à moi, pour la seule raison que je sautais mieux que les autres, je découvris l'ivresse du pouvoir – sans jamais me rendre compte un instant du peu de consistance de ce sur quoi ce pouvoir reposait. En fait, l'idée que les choses pouvaient ne pas durer toujours ne m'effleurait jamais... Jusqu'au jour où arriva l'ami de Charlie...

Cette époque me fait l'effet, quand j'y pense, d'un beau rêve venu de l'enfance. Je ne saurais dire combien de temps elle a duré. Pendant des années, j'ai joui d'une précision apparemment imbattable, déjouant toutes les difficultés et atteignant infailliblement ma cible. Mais mon succès tenait pour une part à la faiblesse de caractère de Charlie, c'est certain. Il ne respirait pas la vigueur : il était grand et maigre et tenait les épaules courbées dans une position qui lui donnait l'allure d'un point d'interrogation. Il avait constamment les yeux chassieux et la goutte au nez. Quand il parlait, il avait une voix haut perchée et criarde, qui faisait penser au crissement de la craie sur un tableau noir. Bref, c'était un cas de charisme inversé : il rayonnait la mélancolie, éteignant la joie, rendant l'atmosphère lourde et grise tout autour de lui. Comment réussissait-il en tant que mendiant, je me le suis toujours demandé. Peut-être qu'il inspirait la pitié à cause, justement, du nombre disproportionné de ses infirmités.

Quoi qu'il en soit, à côté de lui, son ami faisait l'effet d'un joyeux point d'exclamation ! Il bouillonnait d'intérêt pour le monde qui l'entourait et une curiosité naturelle le poussait à considérer les choses dans le détail. S'il est un reproche à lui faire, c'est que son caractère indiscret l'amenait à se montrer un tantinet arrogant ; au physique, c'était un homme chauve, à la forte encolure, avec quelque chose du taureau – trapu et débordant d'énergie. Il allait droit son chemin, sans se soucier des sentiments des autres, et ne tolérait de fadaises, ou ce qui lui paraissait tel, de personne. Je crois me souvenir que lui aussi était moine, mais du type itinérant qui fait du vagabondage une vertu. Il raconta qu'il accomplissait un long pèlerinage, suivant un itinéraire tortueux et ne négligeant aucun sanctuaire ou lieu saint, soucieux de récolter tous les bienfaits possibles pour sa « pauvre âme ». À ces mots, je me rappelle, il se tut un instant et son visage perdit momentanément toute expression, tandis qu'il baissait les yeux sous l'effet d'une profonde modestie. C'était après déjeuner ; Charlie et lui étaient encore à table. Ce matin-là, peu après son arrivée, ils étaient allés mendier ensemble. À présent, le visiteur émit un rot discret : le moment était venu d'écouter quelques-unes des aventures les plus excitantes qu'il avait rencontrées sur sa route.

« Parle-moi un peu, pépia Charlie en adoucissant sa voix glapissante à l'intention de son vieil ami, des pays que tu as parcourus depuis la dernière fois que nous nous sommes vus. »

Alors, le gros homme leva les yeux au plafond, sourit et se lança dans son récit.

« La dernière fois que nous nous sommes vus... C'était, je crois, au solstice d'été, pendant les festivités de la pleine lune, il y a huit... non, neuf ans. Oui, je me souviens, nous sommes descendus le long de la rivière et nous sommes assis près des baraques des vendeurs de boissons fraîches, tandis que la fête battait son plein autour de nous. À vrai dire, ça fait bizarre d'être tellement au calme cette fois-ci – seulement toi et moi, seuls dans une pièce. Hummm... Oui, tout ça me revient clairement maintenant, les feux d'artifice qui s'élevaient dans la nuit pour rejoindre fugitivement les étoiles quasi éternelles, les rires sans cesse renaissants des enfants, le tournoiement lascif de toute fête, et la lune... la lune qui répandait sur nous tous, jeunes et vieux, ses sourires bienveillants... »

C'est ainsi que l'ami de Charlie discourait librement, élaborant son thème et prenant plaisir à faire jouer des cordes vocales remarquablement exercées. Cependant, tout en l'écoutant, Charlie de sa cuiller heurtait son verre à intervalles réguliers, ponctuant le récit de tintements sonores. Et voici ce qu'on entendait :

« Eh bien, tu te souviens peut-être que le lendemain matin je suis parti en direction du nord, par la longue route qui mène à Banaria, dans l'intention de... »

Ding !

« ... m'arrêter sur la tombe du grand saint Heavababi, qui se trouve, comme tu sais sans doute, près du village de... »

Ding !

« ... Peramat, un endroit délicieux que je te recommande vivement, si tu n'y es jamais allé. Il est situé dans une vallée verdoyante, non loin d'une chute d'eau où l'on peut... »

Ding ! Ding !

« Écoute ! éclata soudain l'ami de Charlie, qu'est-ce que tu fabriques avec cette cuiller ? Tu me demandes de te raconter une histoire et après, tu ne cesses de m'interrompre. Qu'est-ce que tu as ? »

Charlie, sous le choc, ouvrit de grands yeux et se renversa sur le dossier de sa chaise.

« Je suis désolé, pardonne-moi, dit-il, tout honteux, je ne voulais pas t'offenser. C'est ces maudits rats qui me volent ma nourriture, tu vois. J'essayais de les empêcher d'approcher.

— Empêcher les rats d'approcher ? répéta l'ami, incrédule.

— Oui, dit Charlie presque au bord des larmes. Tu vois, il y en a toute une troupe qui vit ici et qui me vole constamment mes provisions – parfois même sous mes propres yeux ! Rien de ce que je peux faire ne semble les décourager, et il y en a un qui est si impudent qu'il vient me grignoter les orteils la nuit, pendant que je dors. C'est affreux, tu sais, et je les déteste !

– Allons, allons, je comprends. Mais dis-moi, est-ce qu'à l'origine de ces ennuis il y en a un en particulier ou est-ce qu'ils s'y mettent tous collectivement ?

– Il y en a un, dit Charlie, qui est pire que tous les autres. C'est, je crois, une sorte de démon, car il saute si haut qu'on dirait qu'il vole. Où que je range mon bol avec mes restes, il le trouve. Il n'y a pas un endroit dans la pièce qui soit hors de sa portée.

– Ha ! ha ! s'exclama l'ami de Charlie. Ce n'est pas sans raison que Mme Sadili échange quelque chose contre rien.

– Pardon, dit Charlie, que veux-tu dire ?

– Tu ne connais donc pas l'histoire de Mme Sadili et des graines de sésame ?

– Non, non. Je crois bien que non.

– Alors, mets tout ce qui reste de notre repas devant moi, que je puisse le protéger de Super Rat. Donne-moi aussi cette cuiller et ce verre. Et maintenant, tiens-toi tranquille et détends-toi.

– Voilà », répondit Charlie.

Mme Sadili et les graines de sésame

Il était une fois un homme du nom de Sadili qui souhaitait recevoir certaines relations d'affaires. Il dit à sa femme :

« Doris, j'aimerais inviter quelques personnes à dîner un de ces soirs. Pourras-tu nous préparer le repas, s'il te plaît ? »

Et Doris de répondre :

« Qu'est-ce qui te prend ? Nous avons à peine de quoi nourrir notre famille. Comment pourrions-nous lancer des invitations à dîner ? Il faudra que tu travailles davantage et gagnes un peu plus d'argent, si tu veux t'offrir le luxe de jouer les amphitryons.

— Écoute, ma chère femme, commença-t-il d'un ton patient, ce pourrait être un dîner important. Si X. et Y. s'entendaient bien, cela pourrait nous rapporter quelques avantages financiers. Tu as sûrement mis un petit quelque chose de côté en cas d'urgence ou pour offrir une gâterie aux enfants. Eh bien, le moment est venu d'en faire usage, sinon nous risquons de finir comme le loup qui voulait thésauriser.

– Ah bon ? répondit Mme Sadili. Et qu'est-ce qui lui est arrivé ?

– Eh bien, écoute. »

Le loup qui voulait thésauriser

Un jour, dans la forêt, un archer bâti en athlète tua une belle biche. Il l'avait chargée sur ses épaules et la rapportait chez lui, lorsqu'il vit un sanglier qui fouissait le sol au pied d'un arbre. Sans faire de bruit, il fit glisser par terre le corps de la biche, prit une flèche dans son carquois, tendit son arc, prit sa respiration et tira. La flèche transperça de part en part le cou de l'animal, dont le sang jaillit à flots. Avec un grognement furieux, celui-ci fit volte-face, repéra le meurtrier de son petit œil perçant et, au mépris de la douleur, fonça sur lui, défenses en avant, à la vitesse de l'éclair – les sabots soulevés par la soif de vengeance.

La haine propulsait la bête enragée à travers fourrés et buissons. L'archer, paralysé par la surprise, n'eut pas le temps de fuir et prit le rasoir des défenses en plein dans le ventre. Oh, ce fut un carnage effroyable – le chasseur chassé par la proie, sans pitié d'aucune part. Dans un brusque et sanglant soubresaut, deux-jambes répand avec ses tripes sa vie sur le sol et se recroqueville sur lui-même, tandis que le sanglier, affolé par cette boucherie, secoue sauvagement ses dagues mortelles – jusqu'au moment où il trépasse à son tour. Trois morts jonchent maintenant le sol : une biche, un sanglier, un homme.

Tout est silence à présent... Jusqu'au moment où, une heure plus tard peut-être, un loup affamé se trouve passer par là. Il a peine à en croire ses yeux. Incrédule, il compte et recompte les corps. Puis il se dit : « Regarde un peu toute cette viande. Comment est-ce possible ? Oh, heureux loup – heureux autant que tu vis et respires ! C'est ton jour, mon vieux, pas de doute ! »

Il court d'un corps à l'autre, les renifle et constate l'incroyable fraîcheur de ce qu'il a sous les yeux, frétillant de plaisir à l'idée des repas à venir. Il se roule par terre dans un accès de joie solitaire, puis, tout aussi soudainement, alors qu'avec un sourire extatique il étire très loin ses pattes de devant, il s'interrompt pour réfléchir.

« Voyons voir, se dit-il en plissant les paupières, du calme, voyons, du calme. Ce qu'il faut faire, c'est répartir cette aubaine en rations, n'en consommer qu'un petit peu à la fois, conserver ce trésor, le mettre de côté et le garder pour les jours de pénurie. Oui, oui – c'est ça ! Je vais cacher mon savoureux assortiment de chair humaine, de cochon et de biche, afin de faire durer, durer, durer, ces provisions inattendues. Hé ! hé ! hé ! hé ! hé ! hé ! »

Le loup s'assit pour étudier le situation et remarqua l'arme de l'archer qui gisait abandonnée sur le sol.

« Ouais, se dit-il encore, est-ce qu'un estomac vide a une telle importance qu'il faille s'en occuper en premier ? Mmm, je refuse de me laisser tenter par aucune de ces friandises. Non, non, de la discipline, voilà ce qu'il faut – de la discipline. Je vais juste prendre un petit snack avant de cacher les corps.

Et c'est ainsi que, craignant de gaspiller la moindre parcelle de son trésor, le loup essaya d'avoir le beurre et l'argent du beurre. Il résolut donc d'apaiser sa faim sur les morceaux les moins délicats, en conséquence de quoi il posa ses pattes sur l'arc du soldat et commença à en ronger une extrémité, afin de grignoter la corde de boyau. Quelques instants plus tard, quand celle-ci se rompit, l'arc se détendit brutalement et fouetta sa gorge avec tant de force qu'elle la trancha et le tua.

« C'est bon, dit Mme Sadili quand son mari eut fini son histoire, j'ai compris. Mais je ne vois pas pourquoi il te fallait recourir à une démonstration aussi brutale. J'ai en réserve un peu de riz et des graines de sésame, assez, je crois, pour huit ou neuf personnes. Je peux en faire un repas simple, mais convenable. Ça n'impressionnera personne, mais ce sera toujours une marque d'hospitalité.

– Parfait, dit M. Sadili. Ne t'en fais pas. Tout ira bien, tu verras. Rappelle-toi ce qu'a dit si justement le poète :

Ne crains point aujourd'hui de manger ton avoir,
Aie confiance, et demain t'apportera ta part. »

Quelques jours plus tard, quand son mari eut lancé ses invitations, Mme Sadili se leva de bon matin et s'attela à la préparation du repas pour ses hôtes. Elle commença par écosser les gousses noires et velues du sésame pour en extraire les petites graines blanches, qu'elle recueillit dans un bol. Elle couvrit celui-ci d'un morceau d'étamine, le renversa sur une planche et en étala le contenu en une couche mince sur le carré de toile. Puis, avec précaution, elle porta la planche au jardin et la déposa au soleil, afin de faire sécher les graines.

Elle ordonna à l'aînée de ses enfants, une fillette qui n'avait pas plus de six ans, de surveiller le sésame pour empêcher les oiseaux de venir le picorer et retourna à la cuisine, où l'attendaient d'autres tâches. Mais, engourdie par la chaleur, l'enfant laissa son attention dériver rêveusement parmi les fleurs, ses yeux se mirent à papilloter et elle ne tarda pas à céder au sommeil. Elle se réveilla soudain pour voir, horrifiée, un énorme chien jaune qui lapait goulûment, à grands coups de langue baveuse, le précieux sésame.

« Maman ! maman ! » hurla-t-elle d'une voix suraiguë, avant d'éclater en sanglots terrifiés. Mme Sadili se précipita à la rescousse, chassa le chien de la voix et du pied, lui administrant un coup qui l'envoya valser avec des couinements de douleur, puis elle serra sa fille dans ses bras et la couvrit de baisers pour la consoler. Mme Sadili sut tout de suite qu'elle ne pourrait à aucun prix se résigner à servir le sésame souillé par le chien à ses invités ce soir-là.

« Là, là, roucoulait-elle, tandis qu'en esprit elle passait en revue les solutions de rechange possibles. Allons, voyons, c'est tout, mon trésor, c'est fini. »

Une fois la petite suffisamment calmée, Mme Sadili passa sans attendre davantage aux affaires pratiques. Elle ramena sur le reste du sésame les coins du carré d'étamine, les noua ensemble, jeta le ballot ainsi confectionné sur son épaule et, traînant après elle la fillette larmoyante, prit le chemin du marché. Elle se dirigea droit vers l'étal du grainetier et commença à négocier.

« J'aimerais faire un échange avec vous, dit-elle en faisant glisser le ballot de son épaule. Du sésame blanc contre du noir, mesure pour mesure. » Elle dénoua l'étoffe pour lui en montrer le contenu. « Il n'y a rien à lui reprocher, comme vous voyez.

– Pourquoi un échange aussi désavantageux ? demanda le marchand. Pourquoi ne le gardez-vous pas pour vous ?

– Disons que je n'en ai pas l'usage, répondit Mme Sadili.

– D'accord, dit le marchand en haussant les épaules. Comme vous voudrez. Posez-le sur la balance et je vous donnerai le même poids en gousses. »

Zirac et ses amis

Voilà donc exactement comme les choses se passèrent. Mais dès qu'elle eut tourné les talons, le marchand qui tenait l'étal d'à côté se pencha vers son ami et lui dit dans un murmure : « Il y a du louche là-dessous, mon frère. Ce n'est pas sans raison que Mme Sadili échange quelque chose contre rien. »

« Donc, tu vois, enchaîna l'ami de Charlie quand il eut achevé son récit, ce n'est pas sans raison que Super Rat atteint toujours ton bol. » Et il agitait sa cuiller au rythme de ses paroles. « L'impertinente audace de ton maudit rongeur a une cause précise. Il y a quelque chose qui lui donne cette force et, si tu me donnes une hache, je crois que je pourrai en découvrir la source.

– Une hache ? demanda Charlie en haussant les sourcils d'un air perplexe. Pour quoi faire ?

– Tu verras, répondit son ami en se levant et en repoussant sa chaise. Nous allons faire un peu de chirurgie exploratoire dans ta cellule et voir ce qui se cache dans ces murs au-dessus des trous de rats.

– Bien ! » s'exclama Charlie. Il se leva à son tour et courut chercher la hache dans le hangar à bois du monastère.

Le pressentiment d'une catastrophe imminente me fit frissonner. J'observais l'ami de Charlie qui parcourait la pièce d'un pas décidé en frappant bruyamment la paume de sa main du dos de sa cuiller, tandis qu'il repérait tous les trous par lesquels je pouvais accéder au domaine de

Charlie. Par bonheur, je n'étais pas dans mon repaire principal à ce moment-là. Autrement, les choses auraient pu tourner encore plus mal.

Charlie revint avec la hache. Ils restèrent un moment à se consulter, tout en me tournant le dos. Puis ce fut le vacarme le plus assourdissant qu'on pût jamais imaginer – de plinthes qui volaient en éclats, de clous qui crissaient, de plâtre que l'on éventrait. Les salauds étaient en train de faire effraction dans mon logis ! Je sentis mes moustaches s'affaisser, quand l'idée de ce qu'ils allaient trouver me traversa l'esprit. Caché à l'intérieur du trou où je résidais habituellement, il y avait un trésor, un magot secret de cent treize dinars d'or enfouis là bien avant mon arrivée au monastère. J'avais retiré les pièces de leur bourse pourrissante et les avais étalées sur le sol de ma demeure, car j'aimais le contact lisse et doux de l'or sous mes pieds. Je me vautrais dans le luxe de mon nid de rat, gambadant de tous côtés sur mon trésor ou sautant d'une pile à l'autre, ivre d'une joie maniaque. Il m'arrivait même parfois d'amasser frénétiquement sur moi tout cet or en un tas de plus en plus obscène, jusqu'à ce que mon plaisir atteigne un degré d'intensité tel que l'écume me montait aux lèvres et que je finissais par m'évanouir. C'était si incroyablement bon ! Je ne saurais dire pourquoi : cet or n'était même pas à moi, en fait. Mais qu'importe, il était là, et sa simple et constante présence me faisait déborder d'assurance.

Quoi qu'il en soit, l'ami de Charlie s'acharnait tant qu'il pouvait sur le mur de brique, se servant du dos de la hache comme d'une masse pour le défoncer. Soudain, il mit en plein dans le mille : six ou sept dinars fusèrent à travers la pièce et rebondirent contre le plafond et le mur opposé. Il reposa doucement la hache, et je vis les deux moines s'agenouiller en silence et commencer à fouiller les gravats.

« De l'or ! lâcha l'ami de Charlie à mi-voix.

– De l'or ! lâcha Charlie en écho.

– Hé ! hé ! fit, hilare, l'ami de Charlie. Hé ! hé ! hé !

– Hi ! hi ! fit Charlie. Hi ! hi ! hi ! »

Leurs rires enflaient avec chaque nouvelle pièce dérobée à mon trésor, jusqu'au moment où je me sentis emporté comme un fétu par la marée de leur moquerie et où toute confiance en moi m'abandonna. La nouvelle du cambriolage dont je venais d'être victime se répandit rapidement dans la communauté et quelques-uns de mes amis, ou prétendus tels, empruntant un passage secondaire, vinrent m'assurer de leur sympathie.

« Enfin », dit le premier qui émergea dans le trou d'où j'observais sombrement Charlie et son gros ami, tandis qu'ils exploraient mon trésor, « la fortune, ça va, ça vient, vieux frère ». En un éclair, je lui mordis les deux oreilles et le renvoyai couinant par où il était arrivé, ce qui occasionna une jacassante bousculade dans le tunnel, sa sortie précipitée obligeant les autres curieux à reculer et à retourner à leurs affaires. Après quoi, ils me laissèrent tranquille jusqu'au moment où leur estomac commença à gronder. Pendant ce temps, Charlie et son ami avaient fait main basse sur la totalité de mon or et s'étaient assis à table pour se partager le butin.

« Voilà donc le secret des bonds de Super Rat », remarqua l'ami de Charlie tout en poussant d'une pichenette les pièces tantôt d'un côté, tantôt de l'autre, afin de les répartir en deux piles égales. « Il sera impuissant désormais. »

Il se tut un moment, puis se mit à glousser de joie, tout en poursuivant le partage. Soudain, il éclate de rire, s'interrompt, se dresse d'un bond, son visage bouffi illuminé par un sourire béat, et d'une voix sonore chante à l'adresse de Charlie :

Super Rat est fichu !
Par ici la monnaie !
Il ne sautera plus.
Nous l'avons désarmé !

Charlie ricane de toutes ses dents de cheval, l'image même de la cloche efféminée qu'il a toujours été. Le gros lard, lui, se tape sur les cuisses et répète en braillant sa chanson imbécile. Renversant sa chaise, il contourne la table en trois bonds, d'une secousse met Charlie sur ses pieds, et voilà nos deux moines qui, se tenant ridiculement serrés par la taille, se mettent à danser à travers la pièce comme des écoliers en rupture de ban et reprennent leur chanson en l'enrichissant de vers du genre :

Tralala, tralalère !
Où est donc Super Rat ?
L'est plus là, l'est plus là,
L'est fini, Super Rat !

Inutile de dire qu'à présent rats et souris de toutes sortes et de toutes tailles, sans compter toute une troupe de cafards, poissons d'argent et perce-oreilles de mes amis, surgis de tous les coins et recoins imaginables, se pressent en foule dans la pièce pour voir ces extraordinaires gambades.

Quant à moi, que pouvais-je faire ? Rien, apparemment, tant que cette hystérie humaine n'était pas calmée. Je suppose que, pour eux, le plus beau, ce fut quand Charlie, ayant finalement saisi l'esprit de la chose, fut suffisamment gagné par cette humeur de folie pour se risquer à dévoiler ses maigres talents. Pour moi, ce fut le nadir absolu : rien ne pouvait être pire. C'est sans doute pour cette raison que je revois encore la scène comme si c'était hier. Je me rends compte à présent que c'était un de ces moments où le miroir de la vérité pivote et vous renvoie votre reflet en pleine figure. Le plus terrifiant dans l'histoire, c'est que Dieu ait choisi des êtres comme Charlie pour me présenter ma propre image. Je devrais en être reconnaissant, je suppose, mais sur le moment ça me parut odieux. Quoi qu'il en soit, Charlie tout à coup s'agenouilla, ouvrit grand les bras et se mit à roucouler en barytonant du mieux que le lui permettait sa voix de fausset. Ce fut affreux à entendre, mais d'un effet radical.

> *Je n'suis qu'un pauvre rat,*
> *un rongeur ordinaire.*
> *Fur'tant de-ci de-là,*
> *je cherch' mon ordinaire.*

> *Je n'suis qu'un pauvre rat,*
> *et c'est très bien comm' ça.*

Kalila et Dimna

D'sauter, c'est bien fini,
Non, plus jamais d'la vie !

Je n'suis qu'un pauvre rat,
Et c'est très bien comm' çaaaa !

Est-ce que ça vous paraît croyable – Charlie, se laisser aller à un comportement pareil ? Le gros se déchaîne et pousse des braiements d'allégresse en tapant vigoureusement Charlie dans le dos, tant et si bien que celui-ci s'étouffe et commence à tousser.

Bon, ces stupides moqueries ne me mirent pas de très bonne humeur. Si elles avaient duré beaucoup plus longtemps, j'aurais probablement fini par attaquer sans réfléchir, je me serais jeté sur eux, j'aurais essayé de leur lacérer le visage – et je me serais fait tuer en prime. Je ne suis pas très fier d'ailleurs du numéro auquel je me suis livré ensuite. J'étais dans une rage telle qu'il me suffisait de la plus légère provocation pour me couvrir de ridicule. Et faut-il l'avouer, mes amis ? C'est exactement ce que je fis.

Le calme était revenu. Les deux moines étaient à nouveau attablés, le souffle court après leurs joyeux ébats.

« Dis-moi un peu », haleta l'horrible gros, ruine de ma belle existence, « nous pourrions faire un test, ici même ». Et il indiqua du menton l'armée des curieux qui étaient restés figés de stupeur à l'autre bout de la pièce. « Devant une assistance de sa propre espèce », conclut-il.

Trop essoufflé pour parler davantage, il prit le bol à aumônes de Charlie et se leva lentement pour aller le suspendre à un clou planté bas dans le mur, à quelques pas de sa chaise. Puis il se rassit, la respiration toujours haletante. Quelques minutes plus tard, quand il eut repris son souffle, il appela d'une voix douce :

« Houhou ! Super Rat, viens chercher. Houhou ! Super Ratounet... »

Il ne m'en fallait pas plus. Ce n'était pas ce moine obèse qui allait me damer le pion. Je me précipitai hors de mon trou, jouant furieusement des quatre pattes. Ce n'était même pas un test, tant ça paraissait facile. Le bol était à un mètre du sol, guère plus – autant dire rien. Arrivé à quelques dizaines de centimètres de là, je me tassai sur moi-même, ajustai mes pattes de derrière, prêt à bondir. Et patatras ! J'allai droit dans le mur et retombai, tout étourdi. C'était à n'y pas croire : je n'avais pas visé assez loin ! Je m'imaginai qu'un excès de confiance en moi m'avait trompé, hochai la tête et me mis de nouveau en position, plus méthodiquement cette fois, assurant soigneusement ma stabilité en me balançant en souplesse d'avant en arrière pour trouver le parfait équilibre. Je notai que le silence s'était fait autour de moi. Brusquement, mon corps se détendit. L'espoir me souleva, mais pas assez haut.

Je me heurtai de nouveau au mur et me mis à le gratter frénétiquement de mes griffes, espérant gravir ainsi les dix ou quinze derniers centimètres. Mais le sol m'aspira et, cette fois, tandis que je demeurais là, hébété, assailli par de furieuses vagues de désespoir, j'entendis de discrets gloussements monter de

l'assistance. Je me relevai, flageolant sur mes pattes, et je vis quelques spectateurs quitter la pièce, insectes et rongeurs convergeant vers le passage par où ils étaient entrés. Un rire flûté tinta du côté où se tenait Charlie. Je me retournai d'un bond pour les voir, lui et le gros, la face hilare.

« Hé ! Zirac ! m'interpella l'un des rats qui étaient restés là, nous avons faim. Si tu nous refilais quelque chose à manger ? »

L'idée plut à la foule échauffée et, bientôt, un chœur de piaillements et de pépiements aigus envahit la pièce :

> *Zirac ! Saute dans l'bol !*
> *Zirac ! À manger !*
> *Dépêche-toi !*
> *Allez, saute !*
> *Saute, Zirac, Zirac, saute !*

Je ne me rendais même pas compte, idiot que j'étais, qu'ils faisaient ça juste pour s'amuser. Le héros déchu ne rend pas justice au brusque dédain du public, à son appétit d'idoles brisées. Qu'y a-t-il de plus tentant que de mettre en pièces celui que l'on a indûment hissé sur un piédestal ? Et pourtant, si l'on songe à notre faiblesse, quelle exaltation de la personne, quelle supériorité sur autrui pourrait être autre chose qu'un éphémère épisode, quand la mort détruit toutes les distinctions dont on a joui dans la vie ?

Ce sont là des choses faciles à dire après coup. Mais si, à cet instant, j'eus le sentiment très fort de l'imminence de ma perte, je ne compris pas à quoi elle tenait. Reconnaître que je ne faisais que jouer mon rôle en tant que rouage d'un mécanisme social aurait mis en danger ma conception du libre arbitre. Je m'apprêtai donc, jouet du caprice des autres, à tenter une dernière fois d'atteindre ce maudit bol.

Je sus avant même de m'élancer que c'était une erreur. J'avais les réflexes ralentis, le corps engourdi, mais je ne pouvais m'arrêter. Je courus lourdement, encouragé par la foule, et je sautai... si l'on peut dire. Ce fut pire que tout. Je trébuchai en m'emmêlant les pattes, quittai à peine le sol et allai rouler misérablement au pied du mur. Les huées et les quolibets plurent sur moi. Sans demander mon reste, je filai aussi vite que je pus me cacher dans mon trou. Relativement à l'abri des regards, je commençai à frissonner, puis à sangloter. Je ne fus bientôt plus qu'une épave en proie, je suppose, à une sorte de dépression nerveuse. Personne ne me vint en aide.

Je me repliai dans ma misère, m'économisant autant qu'il m'était possible, en attendant que se dissipe l'hébétude où m'avait plongé l'échec. Avec le retour du calme, il m'apparut graduellement que le détestable ami de Charlie avait probablement raison : c'était bel et bien à mon or que je devais, sans le savoir, l'énergie qui me propulsait si haut, c'était lui le ressort secret de mes bonds. Je compris que quiconque perd l'aura de la richesse sombre dans l'obscurité. Ses parents et amis cessent de le voir, car pourquoi devraient-ils eux aussi entrer dans les ténèbres ? Je suivis en esprit un long itinéraire de découverte intérieure, et pénétrai, par des portes nouvellement ouvertes, dans dif-

271

férents lieux de vérité. Je vis ce qui jamais encore ne m'était apparu.

Je vis que l'amitié apparente varie avec le statut. Qui n'est pas, d'instinct, porté à accorder aux riches et aux puissants une bienveillante attention ? Personne, sauf ceux qui sont plus riches et plus puissants qu'eux – ou qui, tout du moins, s'estiment tels. Mais au-delà de cette hiérarchie, il y a la sagesse de celui ou de celle qui, riche ou pauvre, peut en toute sincérité s'amuser à dire : « Le snobisme, je suis au-dessus de ça ! »

> *Quand la fortune coule à flots*
> *tous viennent boire à l'onde claire ;*
> *mais que vienne la sécheresse,*
> *triste est alors son lit désert.*

> *Quand le nectar emplit ta coupe,*
> *telles des abeilles, ils accourent ;*
> *mais que vienne l'hiver glacé,*
> *où, alors, s'en sont-ils allés ?*

Une histoire que racontait mon grand-père quand je n'étais guère plus qu'un petit bout de chair sans poils me revint en mémoire. Il la racontait à ma mère, qui s'enorgueillissait du nombre de ses amis, surtout à cette époque-là, où elle couvait une progéniture aussi vigoureuse que mes frères et sœurs et moi-même (nous étions sa première nichée ; sept ratons en tout). D'après mon grand-père, on avait demandé à un sage : « Combien avez-vous d'amis ?

– Je ne sais pas, avait-il répondu, car comme en ce

moment je suis choyé par la fortune, qui me comble de richesses au-delà de toute mesure, tout le monde me montre de l'amitié et se vante d'être de mes proches. Mais si l'adversité venait à me frapper dans mes biens, alors nous serions à même de distinguer l'ami de l'ennemi. C'est dans l'adversité et la détresse que l'on éprouve ses amis. La plupart des gens aiment les richesses et estiment celui qui en possède, mais quand elles lui échappent, ils disparaissent avec elles.

> *Qu'au jardin la rose déploie sa jupe d'or,*
> *le rossignol la célèbre en mille chansons,*
> *mais que le vent d'un souffle emporte sa corolle,*
> *et plus jamais l'on n'entend le nom de la rose.*

Ce petit poème flottait dans mon esprit comme une douce brise qui remue de tristes souvenirs, quand un mouvement soudain me fit sursauter. C'était un de mes amis de naguère, un mâle que j'avais cru bien connaître, qui passait en courant devant mon trou. Je l'appelai et lui demandai tout de go pourquoi il m'évitait. Il s'arrêta, se tourna lentement de mon côté et s'approcha, l'air embarrassé, car c'en était un qui, auparavant, se comportait toujours comme si un instant de ma compagnie était le gage d'un bonheur éternel. Il eut du moins le courage de s'exprimer sans mâcher ses mots.

« Écoute, Zirac, me dit-il, je n'ai rien contre toi personnellement, tu comprends ? Mais la vérité, c'est que tu n'es plus personne et qu'il n'y a plus rien à dire. Aucun de nous n'est assez bête pour flatter quelqu'un qui n'est rien. Quel intérêt cela aurait-il ? Quand tu pouvais vider le bol à aumônes, nous t'honorions, mais maintenant... enfin, il faut bien vivre et à chacun ses soucis, tu sais. »

Il sourit et d'un mouvement vif se frotta les moustaches contre une épaule, puis l'autre. À vrai dire, son attitude ne me surprenait pas tant que ça. Ma petite méditation m'avait préparé à ce genre de discours égoïste. Je parvins cependant à mettre un peu d'indignation dans ma réponse.

« Comment peux-tu dire des choses pareilles ? demandai-je. Le rat pauvre n'est-il pas un roi, affranchi qu'il est des servitudes du succès ? La joie n'a-t-elle pas une saveur exceptionnelle pour qui n'a nulle perte à redouter, pas même celle de la vie ? Les pauvres ne surestiment pas la vie qui leur est prêtée, car ils sont toujours sur le fil du rasoir et ont toujours, au pire de la misère, la mort pour proche voisine. Ils la tiennent même, lorsqu'ils sont sages, pour une amie chère qui réglera leur dette. Si, souvent, la richesse suscite le besoin compulsif de posséder toujours davantage, la pauvreté tranche les liens qui tiennent captif l'esprit asservi ; et savoir se contenter d'objets de plus en plus humbles confère une lucidité plus précieuse que toute autre chose dans la vie. Bref, les pauvres échappent à la mégalomanie et à la rage effrénée de consommation. C'est ainsi que les plus nobles fakirs et chercheurs de vérité disent à juste titre :

La pauvreté est ma fierté.
La pauvreté est essentielle et, sauf elle, tout est accidentel.
La pauvreté est santé et, sauf elle, tout est maladie.

– Ha ! ha ! ha ! ha ! Qu'est-ce que c'est que ces balivernes ! s'exclama mon compagnon en grossissant sa voix et en éclatant d'un rire exagéré qui pouvait difficilement passer pour poli. Quel rapport peut-il bien y avoir entre la perte inattendue de ton or et la pauvreté *volontaire* louée par les saints ? La vraie pauvreté suppose que l'on n'accepte ni la monnaie de ce monde ni celle de l'autre – ce qui veut dire que l'on abandonne tout pour acquérir tout. "Ne parvient à la totalité que celui qui a rompu avec la totalité." Cette pauvreté-là est celle du derviche, tandis que l'autre est celle du mendiant. Le derviche abandonne le monde, mais c'est le monde qui abandonne le mendiant.

Celui qui mendie son pain est comme un poisson échoué,
Il a l'air d'un poisson, mais il a fui la mer –
C'est un miséreux à la recherche de friandises, mais sans souci
*   de Dieu :*
Ne fais pas d'offrandes aux âmes mortes. »

Sur cette pique finale, **mon soi-disant** ami tourna les talons et s'en alla prestement, **tandis** que je suivais d'un regard hébété sa queue qui zigzaguait au rythme de sa course. Je surmontai le sentiment de faiblesse que m'avaient laissé ses derniers mots. Quelle que fût son opinion (et ses paroles m'avaient, certes, fait une très forte impression), je ne pouvais tout simplement pas renoncer à tout espoir de recouvrer mon pouvoir. C'est ainsi que j'attendis patiemment jusqu'à ce qu'il fît noir. Charlie et le gros lard s'étaient installés pour la nuit sur leurs couches respectives, après avoir enfoui chacun sa part de mon or sous son oreiller. Je sortis à pas de loup dans la lumière pâle de la lune, résolu à voler cette pauvre lavette. La respiration des deux hommes paraissait suffisamment profonde et je les estimai bien partis pour le royaume des Songes. Mais c'était sans compter avec l'absolue fourberie de ce gros diable de moine. Il m'attendait en faisant semblant de dormir. J'étais peut-être à un ou deux mètres de Charlie, réfléchissant à la manière dont j'allais m'y prendre pour récupérer les pièces qu'il avait serrées dans un baluchon sous sa tête, quand *crac !* la canne du gros s'abat sur mes reins, si fort que c'est tout juste si le coup ne me fracture pas la hanche. Je m'échappe en boitillant et rentre dans mon trou dans un tel état de souffrance que je crois m'évanouir.

Charlie s'éveille et, malgré la douleur qui me brouille les sens, j'entends la voix excitée du joufflu, qui raconte son exploit. Mais ce lointain babillage ne dure que quelques instants et, une heure plus tard à peu près, ce ne sont plus que ronflements. Je sors donc pour faire un nouvel essai, ma tenace ambition plus féroce que jamais. Oui, c'est vrai : la pauvreté n'était *pas* pour moi – pas encore, en tout cas ; je n'allais pas renoncer aussi facilement à une fortune.

Je me glisse tout doucement le long du mur et j'aborde l'oreiller de Charlie sous un angle différent. Peine perdue : le gros plein de soupe, ce démon, m'attend : *crac !* Cette fois, c'est ma tête qui prend. Un éclair soudain m'aveugle et je me convulse sur le sol, étourdi, saignant par une large blessure à la tempe, l'écume aux lèvres, sentant la mort proche – minuscule rat palpitant, sur le point de disparaître dans la nuit. *Clac ! Clac ! Clac !* Cette maudite canne résonne sur le sol tout autour de moi, tandis que je me tords en tous sens, l'obscurité pour seule amie.

« Aïïïe ! » hurle Charlie, réveillé en sursaut par les coups qui pleuvent autour de sa tête. Le gros lard gronde quelque chose comme « *La ferme !* » ou « *Tiens-toi tranquille, espèce d'imbécile !* », je ne sais plus très bien ; je ne me rappelle même pas comment je m'échappai de là. Toujours est-il que j'y parvins et que, cette fois, lorsque j'eus atteint mon sanctuaire, je m'écroulai, mort au monde.

Le premier souvenir qui me revient après ça, c'est la fin de la matinée : impossible d'ouvrir les yeux, tant mes paupières sont collées par le sang séché, mais j'entends les moines qui vont et viennent. Je reste terré, écoutant ces lointains bruits humains, pris entre le désespoir d'avoir si complètement échoué et la nécessité d'éviter tout mouvement, sauf à déchaîner des douleurs insupportables. Chose étonnante, mon esprit flotte avec aisance et légèreté, vogue au-delà de ma petite vie et acquiert de la hauteur. Je vécus alors, pendant un bref moment, sur deux niveaux à la fois, niveaux qui se situaient à l'intérieur de la douleur, sans toutefois relever d'elle. Ce fut – comment dire ? –, ce fut comme si, m'étant dédoublé, je m'élevais au-dessus de moi-même, pour accéder à une perspective désintéressée qui me permettait une clairvoyance hors du commun. J'avais l'impression de planer comme un esprit immobile au bord d'une nouvelle découverte. La connaissance que j'acquis alors au prix de la douleur se révéla plus véridique dans ce qu'elle me fit voir que le regard avide que je portais jusque-là sur les choses. Et qu'est-ce que je vis ? Ah, voilà bien la question la plus difficile à faire tenir dans le filet serré de la précision, mais je vais essayer, car elle me tourmente par sa complexité et j'aimerais vraiment tirer ces choses au clair.

J'ai touché la mort du doigt : les yeux fermés, je me suis vu gisant là, inerte. Et pourtant, j'étais en fait libre pour la première fois de ma prétendue vie. Je n'étais habité d'aucune crainte, d'aucune inquiétude ; l'impression de manquer quoi que ce soit de précieux ne m'effleurait même pas. J'étais seul : moi-même, enfin, tel que je suis réellement – un rat ordinaire, tout simplement, doué pour certaines choses, nul pour d'autres. Super Rat était mort. J'éprouvais une sorte de pitié pour lui, comme on en ressent pour quelqu'un qui gâche son talent. Je voyais son orgueil, cette arrogante fausseté qui lui inspirait des désirs de grandeur – bref, sa cupidité, car c'était là sa pire maladie –, cette cupidité qui le poussait à convoiter toujours davantage cela même dont il n'avait nul besoin. Cette ignorance avait pour prix la souffrance, et il n'avait pas regardé à la dépense. C'est alors que les entraves de la dévorante voracité se rompirent : je gisais vaincu mais content, vainqueur de ma propre guerre contre l'insatiable désir de possession. La vie, rien que la vie, voilà tout ce dont j'avais besoin, et je revins à moi et m'y raccrochai. « Zirac, mon garçon, me dis-je, haut les cœurs ! L'or est perdu, mais le peu de temps qui te reste est à toi. Alors, vas-y ! »

> *Bois le nectar du contentement,*
> *Joie des esprits paisibles –*
> *Laisse l'or aux esprits cupides*
> *Qui ne connaissent pas le repos.*
> *Le bonheur, c'est la santé – rien d'autre !*

Cette pensée m'avait à peine traversé l'esprit qu'arrive une très chère amie. « Ooooh ! » s'écrie-t-elle, horrifiée, en découvrant mon corps prostré. Je reviens à moi sur-le-champ, pour être là quand elle commence à me couvrir de baisers. Cette seule et unique amie de ma race lèche le sang qui macule ma face jusqu'à ce que je me réveille dans un gémissement. C'est alors que commença ma nouvelle vie. Les jours passant, je parvins, grâce à ce cher ange, à bouger un peu. Je n'avais rien à lui offrir que de la gratitude et la volonté de la lui exprimer, fût-ce maladroitement. Pourtant nous ne pouvions vivre ensemble : elle avait d'autres devoirs envers la tribu. Je m'en fus avec tristesse, mais à aucun moment je ne doutai. Nous nous séparâmes tendrement et je partis en exil dans le désert au nord de Mahila, où je menai une vie de revigorantes privations. C'est là que je fis la connaissance du roi Bonœil, alors célibataire, et nous survécûmes à certaines épreuves extraordinaires. Ensemble, nous atteignîmes les ruines abandonnées et je décidai de m'y établir : d'une certaine manière, la fréquentation des fantômes me convenait. Bonœil s'en alla vers de nouvelles aventures, jusqu'au jour où, des années plus tard, il revint à la tête d'une compagnie piégée par les pattes. Dans l'intervalle, j'avais grâce à la solitude acquis une force d'âme nouvelle.

Au début, il m'arrivait parfois de m'attrister sur ma gloire passée. Mais la seule pensée de l'or, associée au souvenir de la bastonnade finale que m'avait infligée l'ami de Charlie, déclenchait dans tous mes membres des crises de frissons et de tremblements tellement affreuses que je résistai désormais à la tentation de m'apitoyer sur moi-même. Je connus le dégoût sous différentes formes, j'allai jusqu'à tenir avec moi-même des débats passionnés au cours desquels s'affrontaient divers points de vue. Le monticule où j'habitais était comme une scène aux multiples entrées, et j'avais coutume de faire irruption par l'une ou par l'autre, pour paraître ensuite à une troisième, à une quatrième et davantage, me répandant en discours enflammés, avec répliques, contre-attaques, feintes ou esquives – m'acharnant sur tout sujet particulièrement coriace. Une fois celui-ci épuisé – et avec lui un nombre suffisant de mes différents moi –, j'allais faire un somme. Quelle importance ? Qui pouvait m'entendre dans la solitude de ce désert ? Je tempêtais : je délirais. Peu à peu, mes forces et ma confiance en moi revinrent, encore que je fusse, je crois, à moitié fou, en ce sens que, d'une certaine manière, je surcompensais l'insignifiance de ma personne qui m'était à présent connue. Cela dit, je me réjouissais de la simplicité de mes quelques besoins. J'étais seul, mais j'étais en vie !

C'est ainsi que, lorsque Bonœil revint, j'étais comme un prisonnier depuis trop longtemps tenu au secret. Je ne savais plus comment prendre les joies simples de la vie en société. Je fus saisi de frissons quand les pigeons m'acclamèrent. Sous ma rudesse, je m'en rendis compte plus tard, il y avait encore un rat timide et sans attaches. C'est à Noirdazur que je dois d'être délivré de l'obsession de soi. Elle a vaincu mes soupçons et m'a appris la confiance. Et elle m'a, à sa manière bien à elle, témoigné de la bonté. Quand je retombais trop longtemps dans mes ruminations sur la mort, la solitude, la décrépitude et la poussière, elle souriait, penchait sur le côté sa tête si noire et croassait : « Alors, mon petit raton ! Qu'est-ce donc qui te rend mélancolique ? »

Et voilà qu'elle m'amène ici et que je vous conte mon histoire. La raison qui m'y a poussé, c'est que toute ma vie j'ai pris ou reçu et peu donné en retour. J'ai pris des forces, de l'or, les provisions de Charlie, j'ai été adulé, j'ai reçu des cadeaux, du prestige, de la grandeur, du pouvoir et des louanges : j'étais Super Rat. Mais à présent, je suis simplement Zirac, frère rat, un ami qui, s'il est besoin, donne le peu qui est en son pouvoir. La vraie richesse, je le découvre ici avec vous, qui avez eu la bonté de m'écouter si longtemps, ce sont ces liens entre créatures que l'on appelle amitié. Tout le reste en ce monde n'est que pacotille sans valeur.

Quand il eut achevé son histoire, Zirac se rencogna dans son terrier. Il régnait un profond silence, l'air était frais et un croissant de lune était suspendu juste au-dessus des bras que lui tendaient les arbres. Pendant un long moment, les trois amis écoutèrent le doux clapotement des vaguelettes qui ridaient la surface de l'étang, les yeux fixés sur le ciel poudré d'étoiles. Finalement, Petitpas se tourna vers Zirac, faisant crisser les graviers sous sa carapace.

« Merci, Rat Ordinaire, de nous avoir conté cette superbe histoire, dit-il en adoucissant sa voix rocailleuse. Je n'ai pas eu le plaisir d'entendre une telle abondance de merveilles depuis que la mère de ma mère – bénie soit sa carapace – s'en est allée. Ses récits mettaient ma petite cervelle de gosse en ébullition, comme celui que tu viens de nous faire ; et un autre soir, quand nous aurons le temps, je tenterai d'aller repêcher quelques-unes de ses perles au fond de ma réserve à souvenirs. Mais pour le moment, je veux te remercier du fond du cœur d'avoir fait défiler devant nos yeux des images de ta vie ; grâce à elles, je vois clairement le chemin que tu as parcouru pour parvenir à l'état lumineux où tu es maintenant. J'ai énormément aimé ces aperçus sur ton passé ; j'espère que tu ne m'en voudras pas de dire ça et que... et que... euh !... J'ai perdu le fil : me voilà pris dans le piège des mots comme dans un inextricable fouillis d'algues ! Enfin, ne fais pas attention, Zirac, mon vieux. Ce que je veux dire, c'est que c'est toujours la même histoire. Ça commence avec la naissance ! Nous connaissons tous des hauts, des bas et d'insipides moments de calme plat – aussi, quoi de neuf ici-bas, pour toi, pour moi et même pour cette chère Noirdazur ? Mais, entre nous soit dit, aussi longtemps que le jour brillera sur ma carapace, comme un moucheron je voltigerai dans ta lumière. Tu m'as bien eu, vieux bandit de souterrain, et je me rends sans conditions – foin de prudence et de réserve ! Dans mes bras, mon frère ! Mon amitié, foi de tortue, t'est acquise à jamais. Restez avec moi, tous les deux, et aidez-moi à vivre quelques années ! Sans un ami, toutes nos possessions ne sont rien, comme tu dis. Compte un millier d'amis comme si tu n'en avais qu'un, mais un ennemi comme s'il en cachait mille. »

Zirac se précipita hors de son terrier en poussant de petits couinements de joie et parvint, Dieu sait comment, à jeter ses pattes autour du cou ridé de Petitpas. Ce spectacle émut tant Noirdazur qu'elle faillit dégringoler de son arbre.

« Croâ ! fit-elle à l'adresse de cet affectueux enchevêtrement tout en battant des ailes pour rétablir son équilibre. Assez, vous deux ! Je n'en peux plus de joie ! C'en est trop ! Comme nous voilà riches à présent que nous ne sommes plus seuls !

– Là, là, dame Piqueplumes ! lui cria Petitpas entre deux coups pressés de museau de rat sur sa tête osseuse. Toujours dans les strictes limites de la bienséance, je vous assure, madame – même dans le noir, là ! » Noirdazur se stabilisa en prenant appui contre le tronc de l'arbre, tandis que cette affectueuse frénésie se calmait. « Assez, frère Mord-Puces, gloussa Petitpas. Assez, voyons ! Prends mon âme, mais laisse la carapace ! Arrête ! Arrête ! Tu me chatouilles, que c'est insupportable. Assez ! »

Zirac s'arrêta et se tint pantelant devant la tortue. « Désolé, mon capitaine, dit-il, je me suis laissé emporter par la joie.

– Nous sommes tous dans le même cas, dit en riant Petitpas. Ça ne fait rien. Ces **petites** extases nous sont envoyées pour nous éprouver. Mais à présent je me laisserais bien emporter par le sommeil. Je suis fatigué.

– Bonne idée ! fit entendre de là-haut la voix lasse de Noirdazur.

– D'accord, dit Zirac. Bonne nuit et merci de m'avoir écouté. » Et il fila dans son terrier.

« Bonne nuit », lui répondirent les deux autres, et tout rentra bientôt dans le silence.

Le lendemain, les trois amis furent réveillés en sursaut. Quelqu'un approchait en fonçant à grand fracas à travers les broussailles. Aussitôt, Petitpas se laissa glisser sur la berge et disparut sous l'eau. Noirdazur alla se cacher dans les plus hautes branches d'un arbre. Zirac regretta de ne pas avoir fait plus profond son terrier d'une nuit. À travers les feuillages, Noirdazur vit une gazelle affolée bondir dans la clairière et se figer, telle une statue, au bord de l'étang, ses yeux brillants agrandis par la terreur, ses pattes raidies toutes tremblantes. La corneille prit son vol en direction du zénith afin de reconnaître les alentours et revint quelques instants plus tard, après avoir constaté qu'il n'y avait personne aux trousses de la gazelle.

« Zirac ! Petitpas ! Tout va bien ! s'égosilla-t-elle du haut de son arbre. Ce n'est qu'une gazelle assoiffée ! Zirac ! Petitpas ! Ce n'est rien ! Tout va bien ! »

La queue de la gazelle eut un brusque tressaillement et l'une de ses oreilles se tourna vivement du côté d'où venait la voix de Noirdazur. Petitpas émergea au milieu de l'étang, si doucement qu'il en rida à peine la surface, tendit le cou et fit lentement pivoter sa tête jusqu'à ce qu'il eût repéré la gazelle haletante.

« Tout va bien, Petitpas, reprit Noirdazur depuis son arbre. C'est juste une gazelle qui vient boire. Elle est seule. »

Mais de son poste d'observation, Petitpas voyait bien que la soif n'expliquait pas tout. En effet, la gazelle restait comme hypnotisée au bord de l'étang, paralysée par la terreur, avec dans ses grands yeux ronds un regard fixe. Son beau pelage de la couleur du sable était souillé de longues traînées sombres et sa langue pendante trahissait l'épuisement. Petitpas nagea dans sa direction tout en s'efforçant de la tranquilliser.

« Bien le bonjour, lui dit-il avec bienveillance. Je m'appelle Petitpas et vous êtes ici sur les bords de la mare Noire. Ne voulez-vous pas rester un peu et prendre un rafraîchissement ? L'eau est claire et fraîche ; vous pouvez y boire, et même vous y baigner. Soyez notre hôte, je vous prie, et mettez-vous à l'aise. » Petitpas, qui avait atteint la berge, s'était hissé à terre et se tenait maintenant, avec ses pattes arquées et l'eau qui dégouttait de sa carapace, devant la gazelle terrifiée, la tête gentiment inclinée sur le côté. « Comment vous appelez-vous ? » demanda-t-il.

La gazelle sursauta violemment. « *Quoi ?* » s'écria-t-elle en battant des paupières et en déglutissant. Puis elle ajouta plus calmement, mais l'air encore perdu : « Oh ! Je suis Biche Tachetée. Bonjour.

– Bonjour à vous, dit gaiement Petitpas. Vous êtes en parfaite sécurité ici ; n'ayez donc aucune crainte. Voulez-vous boire ? Vous vous sentirez mieux après.

– Oui, avec plaisir, répondit Biche Tachetée d'une voix douce. Merci beaucoup. » Petitpas se retira lourdement sur le côté et observa la gazelle, tandis qu'elle s'avançait de quelques pas tremblants mais incroyablement élégants et légers, baissait la tête et lapait délicatement l'eau de la mare.

« Allez, l'encouragea la tortue, baignez-vous, si le cœur vous en dit. Personne ne vous dérangera. » Biche Tachetée releva la tête et regarda Petitpas de ses yeux noirs bordés de longs cils, pareils à ceux d'une houri, et fronça le museau en un petit sourire plein de tristesse. Puis elle avança un peu plus loin dans l'eau.

Pendant ce temps, Petitpas alla trouver Zirac et Noirdazur, et les trois amis convinrent très vite d'offrir l'hospitalité à la gazelle. Lorsque celle-ci fut sortie du bain et se fut séchée au soleil, Petitpas l'invita à venir faire connaissance avec la corneille et le rat. Après les politesses d'usage, Biche Tachetée raconta comment elle avait échappé à des chasseurs qui, avec une meute de chiens, avaient attaqué sa harde l'après-midi précédent. Peut-être était-elle la seule survivante, car elle avait vu périr un grand nombre de ses compagnes – y compris toute sa famille proche. Elle avait eu la chance de passer à travers les mailles du filet, mais avait été prise en chasse par un cavalier et deux chiens. La terreur lui avait donné des ailes ; elle avait couru, couru tant et tant qu'elle avait fini par ne plus savoir où elle était. La nuit venue, elle avait poursuivi sa course, hantée par les gémissements de ses proches parentes et de ses amies agonisantes, qui résonnaient encore à ses oreilles. Elle était en vie, certes ; mais c'était comme si elle fuyait un gouffre obscur ouvert à l'intérieur même de son être, une blessure béante aux bords déchiquetés qui ne cherchait qu'à l'aspirer. Il lui fallait détourner de force ses pensées de ces souvenirs déchirants, ou bien s'exposer au raz-de-marée du chagrin. La chance l'avait favorisée jusqu'au bout et elle était là, épuisée, mais heureuse de parler à des êtres vivants capables de l'écouter. De grosses larmes emplirent les yeux doux de Biche Tachetée et roulèrent silencieusement, comme d'humides joyaux, sur ses joues.

« Là, là, Biche, mon petit, roucoula Noirdazur, remets-toi. C'est fini maintenant. » La corneille s'avança vers la gazelle et chercha gauchement à la réconforter de son aile grande ouverte. « Là, là, reprit-elle en la caressant doucement de ses plumes, il ne faut plus y penser.

– Hélas, lamente-toi, ma gorge ! » gémit soudain Biche Tachetée, sa tristesse éclatant en irrépressibles sanglots. Elle se recroquevilla sur le sol et pleura toutes les larmes de son corps, tandis que Noirdazur, Zirac et Petitpas se pressaient silencieusement autour d'elle pour la caresser, la cajoler. Ils la laissèrent pleurer tant qu'elle voulut, car il n'y avait rien d'autre à faire. Après une crise qui parut interminable, elle se calma, se laissa tomber sur le côté avec un soupir pitoyable et sombra dans un profond sommeil. L'après-midi était bien avancée quand elle se réveilla, un peu rassérénée. Ses nouveaux amis la consolèrent tendrement et la prièrent de rester avec eux, à la mare Noire. Elle y consentit et, au cours des semaines et des mois qui suivirent, nos quatre amis parvinrent à une tranquille harmonie. Biche Tachetée trouvait de quoi brouter en abondance dans le voisinage et, peu à peu, sa tristesse s'estompa. Noirdazur passait d'ordinaire son temps en sa compagnie et elles ne tardèrent pas à devenir très proches. Zirac agrandit son terrier et explora les alentours de l'étang. Et que faisait Petitpas ? Apparemment, il passait le plus clair de ses journées à se chauffer au soleil sur sa branche préférée. Mais, comme cela arrive souvent, un accident vint brutalement troubler le cours de cette vie paisible.

Un jour, en effet, Noirdazur et Biche Tachetée manquèrent à l'appel lors de la réunion que les quatre amis tenaient, quoi qu'il advînt, chaque jour, à midi, au pied de l'arbre sous lequel Zirac s'était établi, afin d'échanger histoires, fables, plaisanteries et réflexions personnelles.

« Je me demande bien ce qui peut les retarder comme ça, s'inquiéta Petitpas quand Zirac et lui eurent attendu près d'une heure.

— Peut-être que je devrais aller faire un tour dans les champs pour voir, hasarda le rat.

— Tiens, quand on parle du loup ! » s'exclama Petitpas, car il venait d'apercevoir Noirdazur qui amorçait sa descente dans leur direction.

« Elle a l'air drôlement pressée », remarqua Zirac, tandis que la corneille, ailes grandes ouvertes, freinait vigoureusement et se posait en souplesse auprès d'eux.

« Bienvenue, dame de la Preste-Plume, la salua Petitpas. Où est donc la princesse Tachetée ?

— Vite, Zirac, haleta Noirdazur, on démarre. Biche est prise dans un piège.

— C'est pas Dieu possible ! dit Petitpas. Où ça ?

— À cinq ou six cents mètres d'ici, direction sud-est, s'étouffa la corneille. Désolée, Petitpas. Il faut qu'on y aille. Il y a urgence.

— Oui, oui, répondit la tortue. Allez-y. Foncez, toi et ton complice aux dents acérées. »

À cette époque, Noirdazur et Zirac avaient effectué de nombreux vols et mis au point des procédures de décollage et d'atterrissage relativement indolores pour la queue de ce dernier. Ils eurent tôt fait de prendre le départ et firent route en silence, jusqu'au moment où ils parvinrent auprès de la gazelle, qui attendait calmement, couchée sur le côté, l'une de ses pattes de derrière fermement retenue par un lacet de cuir. Zirac fit rapidement le tour de la situation.

« Ne t'en fais pas, dit-il à Biche Tachetée, je t'aurai sortie de là en moins de temps qu'il n'en faut pour le dire.

— Je ne m'en fais pas, répondit-elle avec un sourire, j'ai confiance en tes dents.

— Dépêchons-nous, intervint Noirdazur d'un ton pressant. Le chasseur qui a posé ce piège pourrait revenir d'un instant à l'autre.

— Oui, oui, répondit Zirac. Je voudrais juste poser une petite question à Biche Tachetée. Je peux ? »

Noirdazur haussa les ailes, fit claquer son bec et s'éloigna, manifestement exaspérée.

« Voyons, Biche Tachetée, fit Zirac en ignorant la corneille. Comment se fait-il que toi, que j'ai toujours connue excessivement méfiante, tu sois tombée dans ce piège ? Qu'est-ce qui s'est passé ?

— Ce n'est pas la première fois que je suis prise dans un piège, tu sais, sourit celle-ci. Dis-moi quel génie de la ruse a jamais échappé au destin ? La dernière fois que j'ai été capturée, je suis devenue l'animal favori d'un prince.

— L'animal favori d'un prince ? s'extasia Zirac. C'est pas vrai ! Raconte-nous un peu ça ! »

Noirdazur revint d'un bond. « Ce n'est pas vraiment le moment ! lança-t-elle. Biche est en danger, espèce d'idiot ! Ronge-moi cette lanière !

— Oh, ne te hérisse pas comme ça ! lui rétorqua Zirac. Je suis conscient de la situation et je vais m'y mettre. Je suis capable d'écouter et de ronger en même temps, tu sais !

— Je vous en prie, vous deux, gronda plaisamment la gazelle. Arrêtez de vous chamailler et détendez-vous. Tout ira bien. Ne vous faites pas de souci. Je vais raconter cette histoire pendant que tu travailles, Zirac. Noirdazur, calme-toi et écoute. Rien ne sert de paniquer.

— Très juste ! approuva Zirac.

— Chut », dit Biche Tachetée. Et elle commença son récit, dès qu'elle sentit les dents de Zirac attaquer le lacs de cuir.

Le prince et sa gazelle

Quand j'étais un faon sorti depuis à peine trois mois du ventre de ma mère, je courais déjà mieux qu'ordinairement à cet âge – même pour une gazelle. J'adorais courir en toute liberté, filer comme la flèche au-dessus du sol, lisse ou rugueux. Mais je ne savais rien des pièges et de la ruse des hommes. Un jour, je m'aventurai trop loin de la harde et, alors que je gambadais avec l'insouciante gaieté de la jeunesse – ignorant les appels et les avertissements des autres femelles, y compris de ma propre mère –, je tombai dans une fosse pourvue d'un filet, où je me retrouvai inextricablement piégée.

Le chasseur qui me captura, un serviteur attaché à la Maison royale, m'offrit au roi, qui me donna à son fils, un garçon de douze ou treize ans. Le prince raffolait de ma compagnie, à sa manière d'enfant turbulent et gâté. Il me choyait et me gavait de toutes mes nourritures préférées. Il lui arrivait aussi de s'accrocher à mon cou, de me tirer les oreilles, le nez, les lèvres, les cils ou la queue, de mettre ses doigts dans l'un ou l'autre des orifices de mon corps, quand la fantaisie lui en prenait, et d'enduire mon pelage

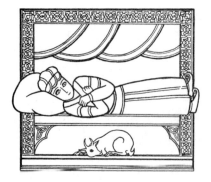

de parfums écœurants. Ses taquineries devinrent si insupportables qu'une nuit, pendant un orage, ce fut plus fort que moi. J'étais cachée sous le lit du prince et je contemplais les éclairs qui zébraient les nuages noirs à la course rapide. Soudain, il y eut comme un ébranlement de fin du monde, une gigantesque fissure de feu dans le ciel, puis un violent coup de tonnerre. Alors, je m'écriai : « Ô Seigneur, quand pourrai-je à nouveau courir à l'aventure avec la harde des gazelles, emportée par le vent et la pluie ?

– Qui a dit ça ? » s'enquit tout haut le prince. J'avais oublié qu'il dormait sur le matelas juste au-dessus de moi. « Qui a parlé ? » interrogea-t-il encore en allumant une chandelle et en scrutant la pièce, jusqu'au moment où il me découvrit frissonnante sous le lit. « Biche Tachetée ? demanda-t-il, car c'est lui qui m'avait donné ce nom. Biche Tachetée ? » répéta-t-il, tandis que ses yeux s'agrandissaient derrière la flamme vacillante de la chandelle.

Quelque chose de fragile parut bouger au fond de ses prunelles. « Ma gazelle m'a parlé », marmonna-t-il, puis il se redressa. « Ma gazelle m'a parlé ! » s'exclama-t-il plus fort cette fois. Puis il ouvrit brusquement les bras, projetant la chandelle allumée et son bougeoir à travers la chambre, et hurla : « *Biche Tachetée m'a parlé !* » Quand ses serviteurs arrivèrent pour le maîtriser, il hurlait comme un forcené par la fenêtre ouverte, délirant dans la tempête qui faisait rage.

Il fallut le ligoter avec des ceintures de soie pour le maintenir sur son lit. Il était fiévreux et terriblement agité. Le roi, qui était accouru au milieu de la nuit, en fut bouleversé. Le prince ne cessait de répéter que sa gazelle parlait. On me battit et l'on me malmena de toutes les façons, car on supposait, sans très bien comprendre pourquoi, que c'était moi la cause de sa folie. La plus grande agitation régna toute la nuit.

Le matin amena médecin sur médecin, tous incapables de trouver l'origine de la maladie du prince ou de la traiter, en dépit des énormes récompenses promises par le roi. Enfin, parut un vieux chaman, réputé pour savoir lire les signes.

« Tas d'imbéciles ! rugit-il dès qu'il fut admis dans la chambre. Qu'est-ce qui vous prend de battre cette pauvre gazelle ! » Il se précipita sur moi et me prit tendrement dans ses bras. Le roi arrêta d'un geste de la main les serviteurs, qui s'apprêtaient à jeter dehors cet énergumène. Nous nous approchâmes du lit du prince.

« Abominable enfant, commença sévèrement le chaman en fixant sur le jeune garçon un regard terrible, bien sûr que ta gazelle t'a parlé ! Ne sais-tu donc pas que tous les animaux parlent ? Mais jamais en présence des pitoyables humains ! Cette malheureuse créature de Dieu a exprimé son plus profond désir, oubliant que tu étais là. L'orage a réveillé chez elle le désir fou d'être avec ses pareilles et elle a bien dit ce que tu as entendu : "Ô Seigneur, quand pourrai-je à nouveau courir à l'aventure avec la harde des

293

gazelles, emportée par le vent et la pluie ?" Tu n'as donc rien. Cette maladie est pure invention de ton esprit. Je vais compter jusqu'à trois, dénouer tes liens et tu seras guéri à jamais de ce délire absurde. »

Le vieil homme me posa par terre et compta jusqu'à trois. Il libéra le prince de ses liens et dit : « Et maintenant, lève-toi, et qu'on n'en parle plus ! Tu n'as rien du tout ! » L'enfant se leva, bien guéri en effet. Un grand sourire épanouit son jeune visage et le roi bondit pour le serrer sur son cœur.

Le vieux chaman refusa toute récompense. « Je ne veux pas de votre or, dit-il au roi, ce que je veux, c'est que vous compreniez. » Il quitta le palais et je ne le revis jamais. Le lendemain, le prince me gâta comme jamais auparavant, puis on m'emmena sur les lieux où j'avais été capturée et l'on me remit en liberté. Je ne tardai pas à rejoindre ma harde et je vécus heureuse pendant de nombreuses années, jusqu'à la calamité qui m'a chassée jusqu'ici.

« Eh bien, c'est fini maintenant, dit Zirac quand la gazelle eut achevé son récit, te voilà libre ! Lève-toi et cours, mon enfant. »

Il n'était pas question de résister à une telle invitation. La gazelle se releva, rejeta le lacs rongé par Zirac d'un mouvement plein de grâce, puis en un seul et unique bond, extraordinaire à voir, elle se propulsa à une dizaine de mètres de là, se retourna et, d'un regard de ses yeux noirs, un regard d'une douceur et d'une modestie bouleversantes, adressa un sourire de remerciement au rat et à la corneille, avant de se livrer à une lente parade d'une délicate et touchante beauté, cavalcadant et pirouettant gracieusement en un large cercle autour d'eux. « Oh ! s'écria-t-elle en s'arrêtant soudain, puis en reculant, surprise par quelque chose qui remuait à ses pieds.

– Ho ! ho ! ho ! répondit en écho une grosse voix familière depuis les profondeurs de l'herbe. Alors, tout va bien, princesse Tachetée ? Pour une bonne nouvelle, c'est une bonne nouvelle ! » Le rat et la corneille se précipitèrent, Biche Tachetée ne sut que sourire.

« Que fais-tu ici, Petitpas ? Tu es devenu fou, ou quoi ? s'écria Zirac. On n'est pas ici pour pique-niquer ! Que se passera-t-il, si le poseur de pièges revient pendant que tu es en train de traîner dans le coin, espèce d'idiot ?

– C'est vrai, renchérit Noirdazur. C'était idiot de venir ici.

– Hé ! hé ! répondit Petitpas d'un ton bonhomme. Que vaut une vie sans amis ? J'étais mort d'inquiétude à l'idée du danger que courait Biche Tachetée, et il m'était impossible de rester dans mon coin. Une vie sans amour est sans joie, comme un arbre sans feuilles ; et la paresse est mortelle. Je suis venu pour donner de ma personne au moment où l'on pouvait en avoir besoin, et non après, une fois le besoin passé. »

Petitpas achevait à peine ce discours qu'un chasseur arriva. Biche Tachetée disparut d'un bond. Noirdazur s'envola. Zirac se cacha dans l'herbe. Petitpas courut comme il put.

« Que diable se passe-t-il ici ? » s'exclama le chasseur, car il avait vu la corneille et la gazelle. Alors qu'il inspectait

son lacs et s'étonnait fort de le trouver tranché, il entendit Petitpas qui tentait de s'enfuir et courut voir ce que c'était.

« Ah ! ah ! dit-il à la tortue qui se débattait. Le sort me prive d'une proie, mais il m'en fournit une autre. Bon, la soupe de tortue, c'est mieux que rien. » Retirant du sol le pieu qui maintenait son piège, il retourna Petitpas sur le dos et y attacha ses grosses pattes à l'aide de la lanière de cuir. Puis il mit le pieu sur son épaule et s'en alla à grands pas.

Les trois amis, qui n'étaient pas partis bien loin, se rassemblèrent aussitôt. Biche Tachetée et Noirdazur trouvèrent Zirac qui se roulait par terre, fou de douleur.

« Oh, cruelle destinée ! Sort fatal ! Dieu ! Funeste hasard ! Caprice des Puissances Invisibles ! Aléas de la fortune ! gémissait-il. Pourquoi, à force de désastres, réduire ma vie à si peu ? J'ai perdu argent, pouvoir, prestige, foyer – et maintenant, Petitpas ! Frappez les infirmes ! Affamez les crève-la-faim ! Accablez les humiliés ! Le malheur fait rage : les temps sont entrés en folie !

– Ce qui est sûr, c'est que du temps, tu es en train d'en perdre avec tes éloquentes divagations ! interrompit Noirdazur, irritée. Accorde un peu de repos à ton visage, Griset. C'est le moment d'agir, et non de jacasser. Biche et moi avons besoin de ton aide. »

Zirac regarda ses amis d'un air honteux et se releva en hâte. « Tu as raison, répondit-il à Noirdazur en la fixant droit dans les yeux. Ta remontrance est un vrai tonique. Me voici, fini de gémir. Que puis-je faire ?

– Biche et moi avons besoin de tes
dents, bien sûr, expliqua la corneille.
Voici notre plan : nous allons prendre
discrètement de l'avance sur le chasseur et aller jusqu'à l'endroit où son
chemin passe au plus près de la mare.
Il faut que tu coures après lui immé-

diatement. Biche va faire la morte et je vais jouer les cor-
beaux charognards en faisant semblant de lui picorer les
yeux. Il va poser Petitpas pour voir ça de plus près et,
pendant ce temps, tu vas trancher ses liens, pour qu'il
puisse s'échapper.

– C'est bon, dit Zirac, allons-y ! »

À un ou deux détails près, l'opération de sauvetage se
déroula exactement comme prévu. Jamais Zirac ne rongea
plus vite, et Petitpas alla littéralement au galop se réfugier
dans l'étang. Quand le chasseur s'approcha, Noirdazur
s'éloigna nonchalamment de la prétendue carcasse, puis
vira brusquement sur l'aile et piqua en direction de son
visage, ergots dressés, en poussant des croassements mena-
çants. Cette aventure fit perdre la tête au pauvre homme
et, surtout, gagner du temps à Petitpas, qui fuyait en se
hâtant lentement. À la fin, le malheureux ne trouva pas
plus de gazelle morte que de beurre en broche, car Biche
Tachetée s'était évaporée pendant que Noirdazur faisait
diversion. Il se mit à jeter des coups d'œil apeurés autour
de lui, comme si l'endroit était hanté ou enchanté. Et
quand il s'aperçut de la disparition de la tortue, il ne lui
en fallut pas plus.

« Aaaaaahhhhhh ! » se mit-il à hurler en fuyant à toutes jambes, de peur qu'un démon ne lui sautât dessus.

C'est ainsi que la mare Noire devint un lieu tabou pour les humains. Des bruits terrifiants se répandirent à son sujet dans maint pays. Et comme personne n'osait les déranger, les quatre amis vécurent heureux le reste de leurs jours.

L'ORDONNANCE DE MAÎTRE BIDPAÏ

Quand Bidpaï eut achevé l'histoire de Zirac et de ses amis, il y eut un moment de silence, tandis qu'une expression de contentement mêlé de perplexité se lisait sur le visage du roi Dabschelim. À nouveau, les bougies s'allumèrent dans leurs chandeliers de cuivre, leur douce flamme tremblant légèrement dans l'air calme du soir.

Bidpaï prit un verre d'eau et se rafraîchit d'une longue gorgée. Puis, profitant de ce que leur humeur flottait en vue des rivages du possible, il se pencha en avant et fit la déclaration que voici. Le crépuscule était proche, et le roi n'oublia jamais l'impression que lui firent les paroles du vieil homme.

« Sire, je dois à présent informer Votre Majesté que je lui ai raconté tout ce que je pouvais des histoires qui illustrent les préceptes du roi Houschenk. Bien sûr, il existe beaucoup d'autres histoires ; certains conteurs prétendent même que le stock en est infini, car il se reconstitue constamment. Mais dans votre cas, Sire, l'abondance doit se tarir pour un temps. Il m'est pour le moment interdit de vous en conter davantage.

299

« "Mais pourquoi ?" me demanderez-vous. Je vous répondrai donc. Les rois se voient rarement refuser l'objet de leur désir. Mais souvenez-vous que nous avons affaire ici à une sorte de remède, et non à quelque friandise offerte à votre royal plaisir. L'action de ce remède est assujettie à certaines conditions d'emploi. L'une d'elles, Votre Majesté, est le temps – il faut lui laisser le temps d'opérer. Il nous faut par conséquent attendre pour voir si les contes des deux journées écoulées ont des effets bénéfiques sur votre sensibilité. Pendant ce temps, vous ne sauriez mieux vous employer qu'en vous répétant dans vos propres termes, à haute voix ou en silence, tout ce qui vous reste de ce que vous avez entendu – mais sans procéder à aucune inter-prétation. Je dois insister sur ce dernier point : mes histoires ne demandent, à ce stade, aucun commentaire, aucune élucubration, aucune analyse de votre part, de la mienne ou de quiconque. De toutes les habitudes, la pire serait d'en gaspiller la substance active en recettes de comporte-ment. Il faut résister obstinément à la tentation de les assortir de gentilles petites rationalisations, de formules percutantes, de résumés analytiques, de marques symboli-ques ou toute autre commodité de classement. L'encapsu-lage mental pervertit le remède et le rend inopérant. Il revient en fait à court-circuiter le véritable but du conte, car expliquer, c'est oublier. C'est aussi une forme d'hypo-crisie – quelque chose de toxique, un antidote à la vérité. Ainsi, laissez les histoires dont vous vous souviendrez agir d'elles-mêmes par leur diversité même. Familiarisez-vous avec elles, mais n'en faites pas un jouet. Me suis-je bien fait comprendre sur ce point, Votre Majesté ?

– Oui, oui, répondit le roi, on ne peut plus abondamment ! Et pour l'amour du Ciel, laissez là les formules de politesse. À partir de maintenant, je vous en prie, appelez-moi simplement Dabschelim ! » Dans un accès d'agitation, le roi se leva brusquement en repoussant son siège, dont les pieds raclèrent bruyamment les dalles du sol. Il alla à l'une des fenêtres à claus-

tra et scruta le jardin où, sans raison particulière, son attention se fixa sur un rosier rose.

« Quoi, Votre Majesté ? demanda Bidpaï au roi qui lui tournait le dos, pour risquer d'être un nouveau Schanzabeh ou pour susciter un Dimna à la cour ? Non, Sire, je vous remercie, je ne puis jouer avec ce genre de familiarité. Vous êtes le roi, Sire, et je suis votre sujet : c'est ainsi qu'il est écrit, et ainsi que je me conduis.

– Oh, vous avez raison, je suppose », dit Dabschelim en se retournant. Il avait l'air triste à présent et avait pâli légèrement. « Mais qu'en est-il des autres préceptes de Houschenk ? Quand me conterez-vous les histoires qui restent ? »

Bidpaï quitta son siège, s'inclina et, souriant avec bonté, s'approcha du roi. Puis il s'inclina de nouveau, les mains négligemment croisées derrière le dos, et sur un ton empreint de douceur parla en ces termes :

« Que Votre Majesté veuille bien excuser la vigueur de mes propos, mais tout viendra en son temps. N'ayez

301

aucune crainte, Sire, et défendez-vous d'une imagination pernicieuse. Dès que j'aurai la certitude que le remède agit, je pourrai poursuivre. Vous avez, au point où nous en sommes, reçu à peu près la moitié du trésor dont je suis porteur. Donner davantage maintenant, ce serait risquer la surdose, au sûr détriment du patient et aussi, naturellement, de l'ensemble de ses sujets. Pour le moment, il nous faut attendre et faire confiance au temps, qui après tout fait partie du traitement. Quand les signes voulus apparaîtront, je solliciterai une nouvelle audience, vous pouvez en être certain, et vous recevrez la dernière dose d'histoires. Souvenez-vous que notre but est le perfectionnement des rois : il est des choses que vous, Sire, en votre qualité de roi, devez découvrir seul dans cette entreprise.

« C'est pourquoi, Sire, je dois à présent, pour votre propre bien, solliciter l'autorisation de m'absenter. Permettez-nous, à ma femme et à moi, de regagner notre domicile habituel, tandis que vous poursuivrez votre tâche royale du mieux que vous pourrez. Gardons un paisible silence sur cet entretien ; ne dissipez pas ce remède en vains bavardages, cultivez-en les effets dans le secret – concentrez-en la force dans votre cœur, pour vous, et pour vous seul, Sire. Le temps de parler viendra. Je vous prie de ne pas me faire chercher. Au lieu de cela, gardez obstinément courage et tenez ferme le fort de la patience. Mais vous devez être fatigué. Je vous dis donc, en attendant de vous revoir : Dieu vous soit en aide ! »

Sur cette formule du passé, Bidpaï tourna les talons et, pour un temps du moins, sortit de la vie du roi Dabschelim.

« Là, tirant un gros livre en argent en forme d'un demi muy ou d'un quart de sentences, le puysa dedans la fontaine et luy dist : Les Philosophes prescheurs et docteurs de vostre monde vous paissent de belles parolles par les aureilles ; icy, nous realement incorporons nos preceptions par la bouche. Pourtant je ne vous dy : Lisez ce chapitre, voyez ceste glose. Je vous dy : Tastez ce chapitre, avallez ceste belle glose. »

Rabelais

Remerciements

La science dont s'est nourri le présent ouvrage n'est, pour l'essentiel, pas mienne. Les branches maîtresses de l'arbre généalogique des contes de Bidpaï aboutissent à des textes rédigés en sanskrit, en arabe, en syriaque et en persan. Je ne connais aucune de ces langues. Je me suis donc appuyé sur les traductions anglaises suivantes :

SANSKRIT   F. Edgerton, *Panchatantra*, Londres, Allen and Unwin, 1965.
ARABE   W. Knatchbull, *Kalila and Dimna*, Oxford, W. Baxter, 1819.
PERSAN   A. N. Wollaston, *The Anwar-i-Suhaili or The Lights of Canopus*, Londres, John Murray, 1904.
SYRIAQUE   I.G.N. Keith-Falconer, *Kalilah and Dimnah*, Cambridge, Cambridge University Press, 1885.

J'ai en outre puisé dans :

A.S.P. Ayyar, *Panchatantra and Hitopadesa Stories*, Bombay, D. B. Taraporevala Sons and Co., 1931.

305

Anonyme, *The Fables of Pilpay*, édition revue et corrigée, Londres, Frederick Warne and Co. Ltd., 1886.
F. Johnson, *Hitopadesa*, Londres, Chapman and Hall, 1928.

Il convient de réserver une mention toute particulière à un classique négligé, *The Morall Philosophie of Doni* de Thomas North, paru en 1570, qui marque l'entrée de Bidpaï dans la langue anglaise. J'ai travaillé sur l'édition de Joseph Jacobs, parue en 1888. Cette version (qui relate, sur un fond portant la marque de l'Europe chrétienne, l'histoire de Kalila et Dimna dans une prose renaissante pleine de verve) est assortie d'une introduction qui reste, malgré une vision empreinte de préjugés victoriens, une excellente voie d'accès au phénomène Bidpaï. On trouvera toutefois un précieux complément d'information dans celles d'Edgerton et de Keith-Falconer.

Ces huit versions, toutes utiles, chacune à sa manière, constituent donc la matière dont je me suis servi pour rédiger le présent ouvrage. Je les ai étudiées jusqu'à ce que m'apparaisse un schème commun. Je voulais écrire une histoire qui fût le plus juste possible pour un lectorat moderne. C'est en cela que mon objectif en tant qu'apprenti conteur diffère de celui de l'universitaire. Que le *Panchatantra* plagie l'*Answar-i-Suhaili*, cela ne me concerne pas. L'un et l'autre sont des documents remarquables, que l'on considère leur époque, leur lieu d'origine ou le public auquel ils s'adressaient. Mais pour le profane, aujourd'hui, il ne s'agit plus de savoir où est la poule et où est l'œuf – c'est une question qui relève de l'archéologie. C'est pourquoi j'ai cherché ici à lui présenter une poule bien vivante et d'un aspect propre à le réjouir d'une manière ou d'une autre. Rûmî a laissé quelques allusions à la saveur de certains morceaux de cette volaille : « Demande cette histoire à Kalila et cherche quelle en est la morale*. »

Ce livre n'aurait pu voir le jour sans les nombreux et généreux soutiens dont j'ai bénéficié. Je tiens à remercier en particulier Idries Shah pour m'en avoir donné l'idée ; Oliver Hoare pour les encouragements qu'il m'a prodigués durant des années ; John Wynne Williams, qui m'a fait confiance contre vents et marées ; Mme Jill Swart, secrétaire du Comité chargé de la bibliothèque du Royal Anthropological Institute, qui m'a autorisé à consulter le manuscrit de la traduction inédite (et inachevée) de *Alhlak-i-Hindi* (« Contes de Pilpay ») – extrait de l'*Hitopadesa* traduit de l'hindoustani par Mir Bahadur –, que sir Richard Burton fit en 1847 ; Yasin Safadi, directeur de la section arabe du Département des manuscrits et livres orientaux

---

* Voir *The Mathnawi of Jalalud'ddin Rumi*, Londres, Luzac and Co. Ltd., 1977, trad. R.A. Nicholson, pp. 50-75. (Djalâl al-Dîn Rûmî, *Le Mesnevi, 150 contes soufis*, Paris, Albin Michel, 1991). Voir aussi « Kalilah wa Dimnah » in *The Encyclopaedia of Islam*, Londres, Luzac and Co. Ltd., 1927, pp. 694-698.

Voir aussi : abbé J.A. Dubois, *Mœurs, institutions et cérémonies des peuples de l'Inde*, Paris, Imprimerie royale, 1825. (*Hindu Manners, Customs and Ceremonies*, Oxford, Clarendon Press, 1906, trad. H.K. Beauchamp, pp. 433-474.)

Pour complément d'information, voir : P. Brent, *Godmen of India*, Londres, Allen Lane, 1972 ; voir aussi *Kautilya's Arthaśāstra*, Mysore, Wesleyan Mission Press, 1923, trad. par Dr. Shamasastry.

de la British Library, pour avoir aidé Margaret Kilrenny en lui ouvrant l'accès aux manuscrits illustrés rares des Fables de Bidpaï ; et le professeur Esin Atil, conservateur du Département d'art islamique de la Freer Gallery, qui nous a aiguillés sur les merveilleuses illustrations du manuscrit MS Pocock 400 de la Bibliothèque bodléienne, à Oxford.

« Miens sont les défauts, les qualités appartiennent à d'autres. »

Ramsay Wood
Tellardyke, 1979.

Note de l'auteur pour la présente édition

Dans « Kashifi's Forgotten Masterpiece. Why Rediscover the *Anvari-i-Suhayli ?* », *Iranian Studies*, vol. 36, nº 4, décembre 2003, Christine Van Ruymbeke prend, en s'appuyant sur une abondance de détails d'ordre culturel, la défense de la version persane classique, souvent dénigrée, de *Kalila et Dimna*.

Autre référence historique précieuse : la traduction d'un remarquable document du XIᵉ siècle, le *Siyasatnama*, testament de Nizam al-Mulk, que Hubert Drake a publiée en 1978, dans la collection *Persian Heritage* de Routledge and Kegan Paul, sous le titre *The Book of Government or Rules for Kings (Traité de gouvernement*, Arles, Actes Sud, 1995, trad. Y. Thoraval). Nizam al-Mulk figure parmi les personnages du roman d'Amin Maalouf intitulé *Samarcande*, Actes Sud, 1999 (coll. « Sindbad »).

Postface

Les *Fables de Kalila et Dimna*, dont vous tenez entre les mains une version particulièrement savoureuse et moderne, ont été traduites en plus de cinquante langues. De ce fait, elles nous sont parvenues sous de nombreux noms : *Panchatantra* en sanskrit, elles devinrent en persan les *Fables de Bidpaï* (ou *Pilpay*), ou encore *Les Lumières de Canope*. Dès 1270, elles furent traduites en latin sous le titre *Directorium vitae humanae...* Mais c'est sans doute sous leur nom arabe et persan, *Fables de Kalila et Dimna*, qu'elles nous sont le mieux connues.

On aurait bien tort de ne voir dans ces fables qu'une collection d'historiettes tout juste bonnes à amuser les enfants. Ce genre littéraire qui, sous le déguisement d'aventures animalières plus ou moins cocasses, vient illustrer des attitudes et des situations tout humaines était dès notre Antiquité classique un moyen éprouvé de dispenser un réel enseignement sous une forme divertissante. Du reste, c'est bien ce que souligne La Fontaine dans les introductions qu'il donne à ses propres *Fables*. En ouverture de son deuxième recueil, il dit toute la dette qu'il a à l'égard de

« Pilpay, sage indien » : qu'on relise, pour s'en convaincre, « Les Poissons et le Cormoran » ou encore « La Tortue et les deux Canards ».

Tout le monde s'accorde sur l'origine indienne du recueil, ainsi que sur son adoption et sa traduction en persan pehlvi au sixième siècle de notre ère. L'importance capitale de ce texte est attestée par le fait que, lorsque le califat abbasside de Bagdad lança sa vaste entreprise de traduction en arabe des classiques grecs et persans, *Kalila et Dimna* figurait en bonne place, aux côtés du corpus aristotélicien ou de la pharmacopée de Dioscoride. Cette traduction arabe, la plus ancienne qui soit parvenue jusqu'à nous, permit la propagation de ces fables à travers tout le monde musulman, et jusqu'en Europe. Elle a également modifié sensiblement l'esprit original du texte : comme l'indique dans son introduction le traducteur Ibn al-Muqaffa, il a çà et là ajouté ou retranché des éléments, selon sa perception du contexte. Chargé de tout un bagage moral musulman qui lui était étranger, notre texte est devenu une création hybride qui devait, au fil des traductions et des aménagements de chaque époque, connaître de multiples métamorphoses. L'aspect moral, en effet, était à l'origine absent de ces fables, sans impact aucun sur leur déroulement qui, avec une logique implacable et une lucide ironie, expose les pièges tendus au Prince sur le chemin du pouvoir. Le Prince...

Il y a en effet des ressemblances frappantes entre ces fables et le célèbre opuscule de science politique écrit par Machiavel. Il n'est nullement facile de prouver que ce dernier ait eu une connaissance directe des fables persanes, mais rien n'est exclu, puisqu'une version latine avait paru en Italie quelques années auparavant. Du reste, une version italienne des *Fables* devait être publiée peu de temps après *Le Prince*. Les deux ouvrages ont choqué : l'un fut violemment attaqué au nom de la morale chrétienne, l'autre était contaminé par le moralisme musulman.

Ainsi, dans la version préislamique, le premier livre se clôt sur la victoire de Dimna – ce que la lecture de Ramsay Wood nous restitue. Cette victoire n'est pas morale. Elle est même choquante. De fait, elle choqua tant le traducteur arabe que ce dernier se fit un devoir d'interpoler tout un chapitre mettant en scène la découverte de la perfidie de Dimna, son arrestation, sa condamnation et son exécution. Arrivé à ce moment du récit, le lecteur attentif de la version arabe est perdu. À quoi rime tout ce qui précède si le vainqueur finit par être condamné ? Que devient la pertinence pratique du récit, quand il se clôt sur une pirouette invraisemblable ? Ce greffon moraliste venait tout obscurcir. Je suis heureuse que la présente version se soit attachée à rendre son intégrité à l'œuvre originale.

Dans leur état actuel, nulle culture ne peut revendiquer la paternité exclusive de ces fables. Leur succès leur a valu d'être adoptées partout et, depuis la version arabe jusqu'à La Fontaine, de s'adapter à l'inspiration de chaque auteur. Parmi ceux-ci, on ne peut pas ne pas mentionner Djalâl al-Dîn Rûmî, qui y puisa généreusement la matière de son *Mathnawi* mystique. Rûmî, plus que d'autres encore, adapte, détourne, ampute sans vergogne les fables en fonction de l'intention qui est la sienne. Il ira jusqu'à dire que les fables ne sont qu'une enveloppe dont il entend dévoiler le noyau spirituel... Le résultat, quelle que soit sa valeur propre, est bien éloigné de l'esprit originel de celles-ci.

Ne nous y trompons donc pas ! Bien sûr, cher lecteur, vous vous êtes délecté à la lecture de cet ouvrage. Cependant, je voudrais vous inviter à le relire maintenant avec attention et réflexion. Ne posons pas trop vite ce volume qui appelle de longues méditations. Car c'est d'un immense classique qu'il s'agit, d'un monument du patrimoine mondial. Et, comme tout vrai classique, il prend à chaque nouvelle lecture un relief différent...

Christine Van Ruymbeke,
professeur de persan,
titulaire de la chaire Soudavar,
Faculté d'études orientales de Cambridge
Cambridge, mars 2006.

Arbre généalogique
de Kalila et Dimna

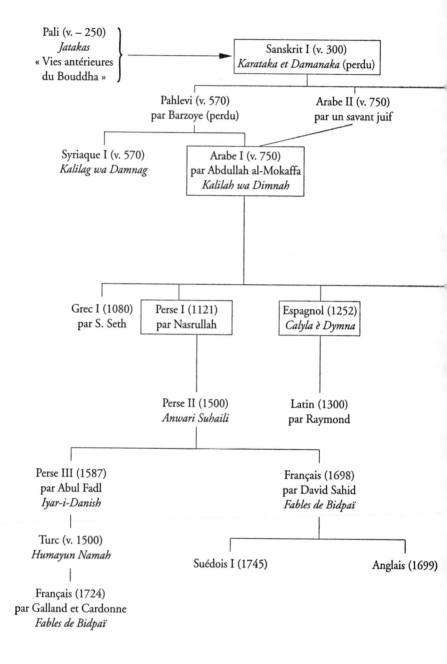

Pali (v. – 250)
Jatakas
« Vies antérieures
du Bouddha »

Sanskrit I (v. 300)
Karataka et Damanaka (perdu)

Pahlevi (v. 570)
par Barzoye (perdu)

Arabe II (v. 750)
par un savant juif

Syriaque I (v. 570)
Kalilag wa Damnag

Arabe I (v. 750)
par Abdullah al-Mokaffa
Kalilah wa Dimnah

Grec I (1080)
par S. Seth

Perse I (1121)
par Nasrullah

Espagnol (1252)
Calyla è Dymna

Perse II (1500)
Anwari Suhaili

Latin (1300)
par Raymond

Perse III (1587)
par Abul Fadl
Iyar-i-Danish

Français (1698)
par David Sahid
Fables de Bidpaï

Turc (v. 1500)
Humayun Namah

Suédois I (1745)

Anglais (1699)

Français (1724)
par Galland et Cardonne
Fables de Bidpaï

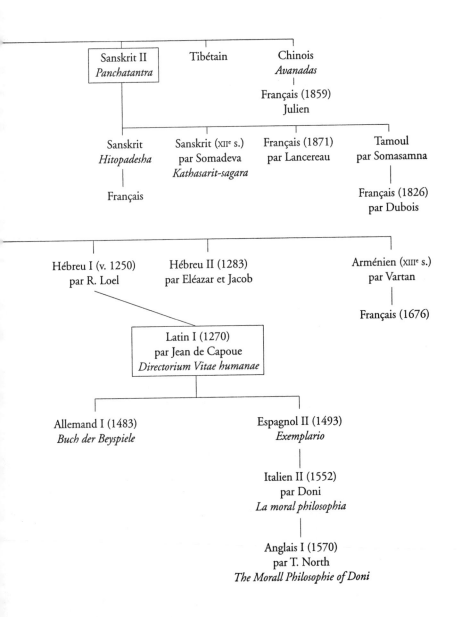

Sanskrit II
Panchatantra

Tibétain

Chinois
Avanadas

Français (1859)
Julien

Sanskrit
Hitopadesha

Sanskrit (XIIᵉ s.)
par Somadeva
Kathasarit-sagara

Français (1871)
par Lancereau

Tamoul
par Somasamna

Français

Français (1826)
par Dubois

Hébreu I (v. 1250)
par R. Loel

Hébreu II (1283)
par Eléazar et Jacob

Arménien (XIIIᵉ s.)
par Vartan

Français (1676)

Latin I (1270)
par Jean de Capoue
Directorium Vitae humanae

Allemand I (1483)
Buch der Beyspiele

Espagnol II (1493)
Exemplario

Italien II (1552)
par Doni
La moral philosophia

Anglais I (1570)
par T. North
The Morall Philosophie of Doni

Table

Composition IGS
Impression : Imprimerie Floch, août 2006
Éditions Albin Michel
22, rue Huyghens, 75014 Paris
www.albin-michel.fr

ISBN : 2-226-17289-0
N° d'édition : 24649 – N° d'impression : 66204
Dépôt légal : septembre 2006
Imprimé en France.